Fink
Papsttum

Karl August Fink

Papsttum und Kirche im abendländischen Mittelalter

Verlag C. H. Beck München

CIP-Kurztitelaufnahme der Deutschen Bibliothek

Fink, Karl August:
Papsttum und Kirche im abendländischen
Mittelalter / Karl August Fink. –
München : Beck, 1981.
ISBN 3 406 08135 5

ISBN 3 406 08135 5

Umschlagbild: Traum des Papstes Innozenz III.
Gemälde von Giotto (Mit freundlicher Genehmigung des Bildarchivs
Preußischer Kulturbesitz Berlin)
Umschlagentwurf: Bruno Schachtner, Dachau

Gesamtherstellung: Kösel, Kempten
Printed in Germany

Inhaltsverzeichnis

Einleitung

Unter Mittelalter wird hier der Zeitraum zwischen dem Ausgang der Spätantike (um 600) und der Mitte des 15. Jahrhunderts verstanden. Über den Begriff „Mittelalter" ist vieles geschrieben worden, doch sind die Anschauungen über Anfang und Ende des Mittelalters noch immer verschieden.[1] Die Frage der Periodisierung, näherhin die Frage „Wann fängt das Mittelalter an?" ist wohl am besten in der Untersuchung von K. F. Stroheker ‚Um die Grenze zwischen Antike und abendländischem Mittelalter' behandelt.[2] Den Übergang von der Spätantike zum frühen Mittelalter sah man in der Zeit von Diokletian bis zu Karl dem Großen und noch später. Inzwischen ist die Fixierung auf ein bestimmtes Datum aufgegeben worden, wenn auch viele Ereignisse als periodenbildend angesehen wurden, wie die Zeit Konstantins des Großen, der Vorstoß der Hunnen (375), der Tod Theodosius' I. (395), der Sturz des westlichen Kaisertums durch Odoakar (476), der Einbruch der Langobarden in Italien (568), der fränkische Staat des 6. Jahrhunderts, die Zeit Papst Gregors I. (590–604), vor allem aber das Eindringen des Islam in den Mittelmeerraum seit der Mitte des 7. Jahrhunderts. Über alle diese Grenzziehungen wird immer noch diskutiert, aber Einigkeit besteht weitgehend darüber, daß wohl eine sehr breite Brücke von Jahrzehnten oder Jahrhunderten zum frühen Mittelalter hinüberführt.

Wesentlich einfacher verläuft die Diskussion über das Ende des Mittelalters und den Anfang der Neuzeit. Schon seit einigen Jahrzehnten weist eine beachtliche Zahl von Historikern die Grenzscheide zwischen Mittelalter und Neuzeit etwa in die Mitte oder in die zweite Hälfte des 15. Jahrhunderts.[3] Gerade von der Kirchengeschichte her legt es eine Reihe von epochemachenden Ereignissen und Verhaltensweisen nahe, den Umbruch in dieser Zeit anzusetzen: die Krise des Großen Schismas und die Periode der Reformkonzilien, wodurch die bisherige Verfassung der Kirche theoretisch und praktisch in Frage gestellt wurde. Nur durch kirchliche Zugeständnisse an die sich ausbildenden nationalen Staaten konnte wenigstens der Kirchenstaat gerettet werden, aber die schon längst fällige Reform der Verfassung unterblieb, und die innerkirchliche Entwicklung verlief immer einseitiger auf das Papsttum zu.

Für das Mittelalter werden im Folgenden einige Schwerpunkte untersucht, die den Aufstieg des Papsttums, aber auch die Annahme oder Ablehnung durch die Kirche erkennen lassen. Dabei sollen die Schwerpunkte, die als entscheidende Wegmarken der Entwicklung gelten, möglichst so dargestellt werden, daß der Stand der Forschung erkennbar wird; auch wird die neuere Literatur angegeben, so daß auch die früheren Arbeiten nachgesehen werden können. Übrigens ist Kirchengeschichte von der allgemeinen und besonders der politischen Geschichte des Mittelalters nicht zu trennen.[4] Die Darstellung möchte von üblichen Sprachregelungen und Schlagworten abrücken und die eigene Urteilsbildung durch Darlegung des Forschungsstandes für die so schwierige und wichtige Frage des Verhältnisses von Papsttum und Kirche ermöglichen.

Als Grundlage dient die Entwicklung der Verfassung der hierarchischen Kirche; von ihr (Papsttum und Kurie) hängen die Entfaltungsmöglichkeiten ab, und nur so wird Kirchengeschichte als Machtgeschichte sichtbar. Sie am früheren Christentum zu messen, ist schwierig, weil es kein gültiges Bild des Christentums außerhalb der hierarchischen Kirche gibt. Es wird sich aber alsbald zeigen, daß es auch neben und außerhalb der verfaßten Papstkirche noch gültige Formen des christlichen Bekenntnisses gab, wofür der neuzeitliche Begriff der Konfessionen gewählt wurde.

Die politischen Entwicklungen werden als bekannt vorausgesetzt; denn ohne Kenntnis der politischen Vorgänge ist vieles nicht zu erklären. Die geistigen Bewegungen, die innerhalb und mehr noch außerhalb der Kirche zur Entfaltung kamen, weisen eine Lebendigkeit auf, eine Dynamik, ein Fragen und Bohren, wie man es auch später selten findet.

Die Forschung zur Geschichte der religiösen Bewegungen hat in den letzten Jahrzehnten ein umfangreiches Material bereitgestellt, und dieses gilt es zusammenzufassen. Da tut sich eine breitgefächerte Vielfalt vor unseren Augen auf und bringt die vielgepriesene Einheit und den Ordo des Mittelalters ins Wanken. Denn die Wirklichkeit war anders. Das häufig gebrauchte Wort vom Herbst des Mittelalters gilt für die Geschichte der mittelalterlichen Kirche nicht ohne weiteres. Die Frage, ob christliche Religion auch außerhalb der hierarchischen Kirche, also ohne „Dienstweg", möglich ist, wird hier oft gestellt werden.[5]

Neben der Verfassung gilt es, die religiöse Entwicklung unter dem Stichwort Askese, Mönchtum und christliche Individualität zu verfolgen, immer im Blick auf die begleitenden politischen Ordnungen; und anschließend die vielen, das Mittelalter auszeichnenden Versuche, die Bewältigung der bisherigen christlichen Vergangenheit zu verwirklichen. Die Entwicklung der kirchlichen Verfassung geht den Weg von der staatlichen Vormachtsstellung im frühen Mittelalter (Iberische Halbinsel, Frankreich, England, karolingisches Großreich) zum elften, dem sogenannten Reformjahrhundert. In der Geschichte der Kirche im Mittelalter nimmt, wie allgemein anerkannt, dieses Jahrhundert einen bedeutenden Platz ein und kann als wichtiger epochemachender Einschnitt und als Beginn des hohen Mittelalters gelten. Von hier ab vollzieht sich für einige Jahrhunderte die Umwandlung des bisherigen Status; die mehr lokal orientierte hierarchische Kirchenordnung wird durch den Aufstieg des Papsttums zur Weltherrschaft verdrängt, und erst im späten Mittelalter erfolgt der Aufstand gegen diese Machtansprüche. Wenn gesagt wurde, daß mangelnde Abgrenzung zwischen phantastischer Behauptung und konkretem Sachverhalt die gefährliche Neigung entspricht, „den Anspruch für die Wirklichkeit und die Geste für die Tat zu nehmen" (Baethgen), so gilt das weithin für die römische Kirche des Mittelalters.

Die auch heute noch aktuelle Frage, ob der „Papst" mehr Bischof von Rom als Haupt der Gesamtkirche sei oder umgekehrt, hat das ganze Mittelalter hindurch nie ihre Bedeutung verloren. Geht man davon aus, daß Rom als Hauptstadt des Imperium Romanum eine politische Sonderstellung einnahm und diese dann auch für das christliche Rom seit Ausgang der Antike von seinen Bischöfen gefordert wurde, so war die Bestellung des römischen Bischofs oder des später so genannten Papstes ein Politikum von größter Wichtigkeit. Sie unterschied sich von den Bischofswahlen in den großen Städten technisch nicht sehr, aber die politische Bedeutung Roms übertraf die aller anderen noch so einflußreichen Bischofsstädte. Wie allgemein im christlichen Altertum galt auch für Rom die Auffassung, daß der Bischof von Klerus und Volk zu wählen sei. Diese sehr weite und unscharfe Fassung ließ sich in vielfältiger Form vollziehen und fand im Laufe der Jahrhunderte zahlreiche, auf die jeweilige politische Lage zugeschnittene Ausführungsbestimmungen, die vor allem die sogenannte Beeinflussung durch Laien ausschließen sollte: durch den städtischen Adel, Adel der Campagna, Byzanz, Ravenna, benachbarte Fürsten, deutsche Könige und Kaiser. Aber auch innerhalb des für die Wahl zuständigen Klerus gab es verständlicherweise Gruppenbildungen bis in die neueste Zeit. Das gilt vor allem für das im hohen Mittelalter zum alleinigen Wahlkörper aufgestiegene Kardinalskolleg. Hatte das 3. Laterankonzil (1179) die Zweidrittelmehrheit für eine gültige Wahl vorgeschrieben, so wurde zur Vermeidung langer Sedisvakanzen durch das 2. Konzil von Lyon (1274) das Konklave eingeführt. Von außen gesehen, standen sehr oft eindeutige Machtfragen im Vordergrund; und mit Religion und dem Heiligen Geist hatte das ganze Verfahren offenbar recht wenig zu tun. Zufolge politischer Auseinandersetzungen, meist um die Herrschaft im Kirchenstaat, gab es im 13. Jahrhundert neun Jahre lang keinen Papst,[6] und einige Päpste der zweiten Häfte des 13. Jahrhunderts waren nie in Rom. Im späten Mittelalter, besonders während des Avignonesischen Exils und im Großen Schisma, nahm die Bedeutung des Kardinalkollegs noch zu, wie die Wahlkapitulationen zeigen. Sie forderten das Mitspracherecht bei der Aufnahme neuer Mitglieder, in der Politik des Kirchenstaates und allgemein die Selbständigkeit des Kollegs und stellten so eine höchst einflußreiche oligarchische Gruppe neben dem Papst dar. Nach vielen Kanonisten sind denn auch die Kardinäle die eigentlichen Nachfolger der Apostel, während die Bischöfe auf die 72 Jünger zurückversetzt werden. Durch das Aufgehen des mittelalterlichen Konsistoriums in den römischen

Kongregationen im 16. Jahrhundert schwand die innere Geschlossenheit des Kardinalkollegs dem Papst gegenüber. Aus dem bisherigen autonomen Kollegium wurde ein kuriales Beamteninstitut und ist es bei weiterer Entmachtung geblieben. Dem steten Aufstieg der innerkirchlichen päpstlichen Macht in der Enge der Neuzeit entspricht der Abstieg des Kollegs von einem beschließenden zu einem nicht einmal mehr beratenden Kollegium. So gibt es nur noch Kardinäle, aber kein Kardinalskolleg mehr. Eine wirkliche Reform könnte den alten Zustand wieder herstellen oder diese Schatteninstitution beseitigen und für die Papstwahl ein Gremium schaffen, das der Geschichte und den modernen Verhältnissen mehr entspräche.

Die Geschichte der Papstwahl zeigt die zunehmende Bedeutung des Rechtlichen in der Kirche des Mittelalters. Das ist auch festzustellen auf dem sogenannten dogmatischen Gebiet, auf dem kaum Glaubensentscheidungen von Wichtigkeit gefällt wurden, mit Ausnahme der etwas fragwürdigen Formulierung der Transsubstantiation auf dem 4. Laterankonzil (1215). Wie vieles an Lehrsätzen noch fließend war und wie vieles die Scholastik erst allmählich aufzuarbeiten und zu dogmatischen Traktaten zusammenzustellen versucht hat, ergibt sich aus den lange Zeit bestehenden Unterschieden über Wesen, Wirkung und Zahl der Sakramente. Von besonderem Interesse ist von der Lehre her das Problem der Reordinationen (nochmalige Erteilung der Weihen wegen Ungültigkeitserklärung der früheren), während sie im politischen Bereich eine Maßnahme der siegreichen Partei darstellen (Formosus). Auf das große und für die Bildungsgeschichte überaus wichtige Gebiet der Scholastik einzugehen, ist hier nicht nötig; denn die Entwicklung der Kirchenverfassung in Richtung Papst, Kurie und Konsistorium als letzte Instanzen verdrängte im Laufe des 13. Jahrhunderts die Entscheidungen von größeren und kleineren Synoden sowie die Autorität der Magisterkollegien an den Universitäten und besonders die lange Zeit als magisterium ordinarium geltende theologische Fakultät der Sorbonne in Paris.

I. Die Kirchenverfassung in der politischen Entwicklung vom Ende der Spätantike bis zur Mitte des 15. Jahrhunderts

Von Konstantin dem Großen bis zur Völkerwanderung

Die bei Konstantin dem Großen anhebende Reichskirche blieb nicht lange bestehen und erfuhr bald grundlegende Veränderungen. Das Imperium Romanum fand sein Ende in der Zeit der Völkerwanderung. Schon vorher waren die beiden Reichshälften verschiedene Wege gegangen, seitdem das Schwergewicht des Ostens immer deutlicher geworden war, Diokletian durch seine Tetrarchie den Reichskörper aufgeteilt hatte und die eigentliche Hauptstadt nach dem Osten verlegen wollte. Die Berührungen des Römischen Reiches mit den Germanen dauerten schon einige Jahrhunderte; fast alle Kaiser standen im Felde gegen germanische Stämme, und germanische Hilfstruppen halfen die Schlachten des Reiches schlagen, bis zu Beginn des fünften Jahrhunderts die Bedrohung ernst wurde, im Westen durch den Einbruch der Westgoten, die die italienische Halbinsel überfluteten, Rom belagerten und plünderten und die Regierung zur Zurückziehung der Legionen aus den Randprovinzen veranlaßte.

Im Laufe dieses fünften Jahrhunderts brach die Staatsverwaltung im Westen zusammen, der alte Palazzo wurde in mehrere Wohnungen aufgeteilt, die germanischen Staatsgründungen mit ihren Landeskirchen entstanden. Aufgrund der arianischen Konfession der meisten germanischen Stämme, die zwar mehr organisatorische als dogmatische Bedeutung hatte, gab es auch im religiösen Bereich Trennendes zwischen der alteingesessenen Bevölkerung und den neuen Machthabern. In dieser Lage war die Aufgabe der christlichen Kirche besonders schwierig. An vielen Orten trat die kirchliche Verwaltung an die Stelle der staatlichen; die schon früher den Bischöfen zugestandenen Ehrenrechte und die ihnen übertragenen Aufgaben nahmen aus der Not dieser Zeit heraus zu, so auf dem Gebiet der zivilen Gerichtsbarkeit und vor allem auf dem der Fürsorge für den Unterhalt der Bevölkerung. Das Auseinanderfallen (discessio gentium) blieb also im Westen nicht auf den staatlichen Bereich beschränkt, es wurde auch im Organismus der Reichskirche sichtbar. Rom war nun lange Zeit von geringer Bedeutung, neben ihm standen Trier und vor allem Mailand als wichtige lokale Zentren. An den Rändern des westlichen Reiches konnte man von Imperium Romanum nicht mehr sprechen, doch blieb die kulturelle Kontinuität latent erhalten.[1]

Anders verlief die Entwicklung in der östlichen Reichshälfte. Dort waren es Parther, Slawen und Germanen, die das Reich bedrängten und bedrohten und an den Rand des Abgrundes brachten. Der schon vorher einsetzende Prozeß der Abbröckelung an den östlichen Grenzen durch die Religionskämpfe und durch das Entstehen der neuen Kirchen der Nestorianer (Syrien) und Monophysiten (Ägypten) ging weiter, führte aber nicht zum völligen Zusammenbruch des Reiches wie im Westen. Im Verlauf der Zusammenziehung und Schrumpfung der östlichen Reichshälfte schieden zwar viele ungriechische Elemente aus und die griechischen erfuhren dadurch eine gewisse Stärkung. Das Gefüge des Reiches und die Verwaltung jedoch blieben erhalten und auch die geistig-theologische Tradition. So nahmen von jetzt ab der Westen und der Osten eine andersgeartete Entwicklung, die ganz entscheidende Folgen für die christliche Kirche zeitigen sollte. In der östlichen Reichshälfte konnte sich die bisherige reichskirchliche Form mit den kaiserlichen Pflichten und Rechten in Fragen des Glaubens und der kirchlichen Organisation auch weiterhin behaupten. Im Westen hingegen, wo diese Rechte im 5. Jahrhundert ausgesetzt waren, kamen sie unter der Regierung Justinians (527–565) noch einmal zum Vorschein.[2] Sie wurden schon von Theoderich, dem König der Ostgoten, in Italien im Auftrag von Kaiser und Reich wahrgenommen; bei der Erhebung der Bischöfe, besonders der römischen, war das von Wichtigkeit und gab oft Anlaß zu Entzweiungen. Die großen Unternehmungen Justinians im Westen beseitigten die vandalische Herrschaft in Afrika sowie die ostgotische in Italien und gliederte damit wichtige Teile dem Gesamtreich wieder ein. Doch waren diese Erfolge nur von kurzer Dauer, und bald war der Westen sich selbst überlassen und suchte nach neuen Lösungen in einem neuen oder doch erheblich veränderten Raum.

Der Aufbau der römischen Kirche im Frühmittelalter

Von der Restauration unter Justinian wurde das alte Gallien, wo jetzt die Franken saßen, nicht betroffen. Der fränkische Stamm entwickelte sich nach dem Übertritt zur großkirchlich-katholischen Form des Christentums im alten westlichen Reichsgebiet zur führenden Macht und ging dazu über, die restlichen germanischen Stämme aufzusaugen und sich anzugliedern. Das war trotz neuer Ansätze doch eine gewisse Fortführung alter politischer Formen. Der Raum der großen Entscheidungen im Westen blieb aber die Apenninenhalbinsel. War Rom in den Stürmen der Völkerwanderung beinahe zur Kleinstadt herabgesunken und eine Hauptstadt ohne Staat und Land geworden, so ging die kirchliche Entwicklung nach dem Zurückweichen der germanischen Landeskirchen doch um die Ewige Stadt und Ravenna. Nach dem Untergang der Ostgoten in Italien dauerte die von

Justinian wieder eingerichtete Herrschaft des oströmischen Reiches nur kurze Zeit. Schon in der zweiten Hälfte des 6. Jahrhunderts (568) kam ein neuer germanischer Stamm über die Alpen: der der Langobarden, die einen großen Teil der Halbinsel in Besitz nahmen, in Oberitalien ihr Königreich mit Pavia begründeten und in Mittelitalien die Herzogtümer Spoleto und Benevent einrichteten. Nur im Gebiet um Ravenna, um Rom und im südlichen Italien war die griechische Herrschaft noch unbestritten. Mit Einschränkung gilt dies freilich nur für Rom, wo allmählich der Bischof der Stadt wie auch in anderen Städten im weltlichen Bereich eine Reihe von Pflichten und Rechten erhalten hatte. Doch war die Oberherrschaft des Kaisers hier zunächst nicht zu bezweifeln, trat sie auch nicht immer und nicht stets kraftvoll in Erscheinung; auf jeden Fall bedurften die gewählten römischen Bischöfe der Bestätigung durch Kaiser oder Exarch. Dem harten Zugreifen der Langobarden gegenüber waren die römischen Bischöfe und der Exarch in Ravenna meist natürliche Verbündete, so etwa zur Zeit Gregors des Großen (590–604). Rom kann von der ersten Hälfte des 7. Jahrhunderts bis in den Anfang des 8. Jahrhunderts hinein weitgehend als eine griechische Stadt bezeichnet werden. Die große Zahl der Flüchtlinge aus dem Osten gab der alten Hauptstadt des Reiches ein griechisches Gesicht: mit der Übernahme griechischer Titel und Amtsbezeichnungen, dem gräzisierenden Latein und der griechischen Sprache auf den Synoden. Von 13 römischen Bischöfen zwischen 678 und 752 waren nur zwei römischer Herkunft, alle anderen Syrer, Griechen, Sizilianer. Noch heute erinnert eine Reihe von griechischen Namen für stadtrömische Kirchen an griechische Landsmannschaften in Rom (schola graeca): Tre Fontane (ad aquas Salvias), San Saba, Santa Maria in Cosmedin, Santa Anastasia, San Giorgio in Velabro, San Teodoro, San Cesario, Santi Cosma e Damiano, Santi Apostoli (Apostoleion), Santa Maria Antiqua. Diese griechische Überlagerung gebot den römischen Bischöfen größte Vorsicht in ihrer politischen Haltung und Stellungnahme. Das zeigt das Schicksal Papst Martins I. (649–655), dem vorwiegend aus politischen Gründen in Konstantinopel der Hochverratsprozeß gemacht wurde, wenn auch die spätere lokale Darstellung dies mehr der Verteidigung von dogmatischen Fragen zuschreiben mochte.

In diese Zusammenhänge gehört auch die lange Zeit umstrittene und in das primatiale Geschichtsbild nicht gut passende Verurteilung Papst Honorius I. (625–638) durch das VI. ökumenische Konzil in Konstantinopel (680/81) und später durch die römische Kirche. Neuerdings sind in der grundlegenden Untersuchung von G. Kreuzer die abschwächenden Bemühungen der kurialen Geschichtsschreibung bis in die neueste Zeit ausführlich behandelt worden.[3]

Im 8. Jahrhundert kommen große Veränderungen. Der Bilderstreit, der zunächst unter den Kaisern der Isaurischen Dynastie die östliche Reichshälfte erschütterte und erst in der Mitte des 8. Jahrhunderts zu einem unbedeutenden Ende kam, hatte für den Westen – also vor allem für Rom und Italien – eine geringere Bedeutung; und er war nicht allein auslösend für die Abzweigung der dem griechischen Einfluß noch unterstehenden Gebiete im südlichen Italien von der Jurisdiktion des westlichen (römischen) Patriarchen und der direkten Unterstellung des Patriarchen von Konstantinopel. Die Wegnahme der Patrimonien fügte der römischen Kirche schweren Schaden zu und war Anlaß zu jahrhundertelangen Jurisdiktionsstreitigkeiten. Bis zum Bruch im 11. Jahrhundert überragte die Autorität des Kaisers in Byzanz auch in Sachen des Glaubens die Autorität der römischen Bischöfe.[4]

Nach den großen Unternehmungen Justinians im Westen besann man sich in Konstantinopel wieder auf die wohl noch dringlichere Aufgabe, die Ostgrenze des Reiches zu sichern, die durch das Abbröckeln der schismatischen Landeskirchen schon genug geschädigt war. In Heraklius (610–641) erwuchs dem Reich ein starker Kaiser, der die inneren Verhältnisse festigte und vor allem den Ansturm der Perser zurückwarf. Doch waren seine heroischen Taten umsonst, da inzwischen im Islam eine tödliche Bedrohung zunächst für das Ostreich und dann bald für das gesamte Christentum entstanden war. Nacheinander wurden die östlichen Provinzen des Reiches überrannt, so Syrien, Teile von Kleinasien; durch die Wegnahme von Ägypten wurde der Zugang zum Mittelmeer geöffnet. In jährlicher Wiederkehr drangen arabische Scharen bis in die Nähe der Hauptstadt vor. Mit großer Mühe und nur durch kriegstechnische Überlegenheit konnte sich Konstantinopel selbst einer gefährlichen Belagerung (674–678) erwehren. Ein neuer Aufschwung unter der isaurischen Dynastie gewann im 8. Jahrhundert bedeutende Teile des Reichsgebietes zurück. Aber der Westen mußte vernachlässigt werden, als auch ihn der Islam zu bedrohen begann, zumal man wegen des Bilderstreites nicht gut aufeinander zu sprechen war. Von Ägypten aus zerstörten so in raschem Anlauf die Araber das vandalische Reich in Afrika und griffen dann durch den Einfall in Spanien im Jahre 711 nach Europa hinüber. In kurzer Zeit war auch das Westgotenreich zerschlagen, und um 720 drangen diese Scharen über die Pyrenäen vor. Wurden sie auch in der weltgeschichtlich bedeutsamen Schlacht zwischen Tours und Poitiers 732 von dem fränkischen Hausmeier Karl Martell zurückgeworfen, so stießen sie doch der Küste des Mittelmeeres entlang durch die Provence vor und gefährdeten Italien. Franken und Langobarden retteten Italien vor der Überflutung durch den Islam. In diesen Jahrhunderten sind die Anfänge neuer politischer Orientierung und neuer Bildungen im Westen zu suchen.

Die Anfänge des Kirchenstaates

Die kirchliche Bedeutung Roms und seiner Bischöfe wird nun langsam, wenn auch unter großen politischen Schwierigkeiten, in praktische Machtverhältnisse überführt. Das Ergebnis dieser Entwicklung ist für die folgende Zeit unter dem Gesichtspunkt „Papsttum und Kirche" von größter Tragweite, weil es die Institutionalisierung der christlichen Botschaft in den engen Formen der römisch-katholischen Kirche und Hierarchie mit sich brachte.[5]

In diese Zeit fallen auch die Anfänge des Kirchenstaates, wenn man nicht den großen Streubesitz der römischen Kirche in Italien und in der Umgebung Roms als Vorstufe ansehen will.[6] Die römische Kirche empfing nämlich seit dem Ausgang der Spätantike laufend Schenkungen innerhalb und außerhalb Italiens, vornehmlich in Rom und näherer Umgebung, aus denen allmählich durch faktische Übernahme der Staatsgewalt und durch den Zusammenschluß der nach Vorbild der kaiserlichen Domänen verwalteten großen Besitzungen (domus cultae) das sog. Patrimonium Petri oder der Ducatus Romanus entstand. Die politischen Ereignisse um die Mitte und in der zweiten Hälfte des 8. Jahrhunderts – Druck der Langobarden gegen das byzantinische Exarchat in Ravenna und gegen Rom bei Weiterbestehen der Oberhoheit des römischen Kaisers – legten den römischen Bischöfen nahe, im mittleren und möglichst auch im nördlichen Italien eine unabhängige Herrschaft aufzubauen. Die Leiter der römischen Kirche waren so meist die einflußreichsten Persönlichkeiten, oder es wurden die einflußreichsten Persönlichkeiten zu Leitern der römischen Kirche gemacht. Ihre innerkirchliche Bedeutung stand nicht im Vordergrund, sondern die politische Eignung und Haltung; so erklären sich auch für lange folgende Zeiten die oft mit wilden Mitteln ausgetragenen Kämpfe um den römischen Bischofsstuhl. Die politisch führenden Kreise und Familien der stadtrömischen Aristokratie und des Landadels der Umgebung trafen auf diesem Boden zusammen, und der Name Kirchenstaat ist nur zu einem Teil richtig. Er bezeichnet wie in Neapel und auch sonst ein Staatswesen oder ein Herrschaftsgebiet um Rom, das sich in der nächsten Zeit immer weiter ausdehnt und staatsähnliche Formen annimmt. Dabei sind geistliche und weltliche Belange oft nur sehr schwer zu unterscheiden, wie der Wechsel des Namens vom Patriarchium Lateranense zum Palatium Lateranense deutlich zeigt, ebenso auch die Angleichung der zentralen römischen Verwaltung an den Stil des kaiserlichen Hofes.

Schon bald wird für die politischen Unternehmungen eine merkwürdig anmutende biblisch-religiöse Phraseologie verwendet, und die Bewohner Roms und der umgebenden Territorien werden als besondere Herde des hl. Petrus und ihr Staat als Eigentum des Apostelfürsten bezeichnet (peculiaris populus s. Dei ecclesiae et b. Petri). Dieser Petrus-Mythos beherrscht auch in den folgenden Jahrhunderten den Stil der päpstlichen Kanzlei.[7]

In ein akutes Stadium treten diese Entwicklungen gegen die Mitte des 8. Jahrhunderts, als die Langobarden sich Ravennas bemächtigten, um nun folgerichtig auf Rom und seinen Staat loszusteuern. Schon in den Jahren zuvor hatten sich die römischen Bischöfe und Stadtherren an die Franken gewandt, nachdem von Ostrom Hilfe nicht mehr zu erwarten war. Die Anfrage Pipins wegen der Legitimität seiner Regierung an Papst Zacharias leitete eine neue Epoche ein. So kam es um die Jahrhundertmitte zu der entscheidenden Wende, die für die Geschichte des Christentums im Westen und für die Geschichte des Christentums überhaupt zu einer unsagbaren Belastung geworden ist. In wenigen Jahrzehnten kam unter den bedeutenden römischen Bischöfen Gregor II., Gregor III., Zacharias, Stefan II., und Hadrian I. der Bund zwischen Rom und den Franken zustande;[8] da der Bund aus der Not des Augenblicks geboren war, war man auf beiden Seiten mit Zugeständnissen nicht sparsam.[9] Was immer die rechtliche Bedeutung dieser Abmachungen sein mochte, sie verhalfen jedenfalls dem römischen Bischof dazu, seine Stadt gegen die wiederholten und ernstlichen Bedrohungen durch die Langobarden zu halten. Pippin und später sein Sohn Karl der Große zogen – dem Drang zum Mittelmeer folgend – in mehreren Unternehmungen über die Alpen und gliederten schließlich das langobardische Königreich dem fränkischen Gebiet ein.[10] Dabei wurde der Dukat von Rom, das Patrimonium Petri oder der Kirchenstaat beträchtlich erweitert, zumindest in Versprechungen, ohne daß aber eine staatsrechtliche Lösung des schwierigen Problems abzusehen war. Immerhin bedeutete diese Hinwendung zu den Franken ein Zurückdrängen des kaiserlich-griechischen Einflusses in Italien und seine Beschränkung auf den Süden; die neuen selbständigen Lösungen im Westen waren ohne vorwiegend griechische Beteiligung gesucht worden.

Mit der Sicherung Roms durch die Franken und die von ihnen gemachten „Schenkungen" kam es zu einer Art Souveränität über ein großes Territorium, dessen Grenzen in der Praxis immer fließend blieben. Die Zuweisungen von Gebieten durch die fränkischen Könige und die späteren deutschen Kaiser sind nur ungenau überliefert, blieben auch meist Theorie, so daß man zwischen Anspruch und tatsächlicher Herrschaftsausübung immer unterscheiden muß. Vor allem gilt dies für die langobardischen Herzogtümer Spoleto und Benevent. Im einzelnen lassen sich folgende Stadien erkennen: Als der römische Bischof Stefan II. zum Frankenherrscher Pipin zog, wurden ihm in Quierzy große, aber unklare Versprechungen gemacht: Rom, Ravenna, Venetien, Istrien und Korsika, und nach der Niederlage des Langobardenkönigs 756 wurden sie in Hinsicht auf Rom, Ravenna und die Pentapolis auch bestätigt. Der Langobardenfürst Desiderius fügte weitere Versprechungen hinzu: Bologna, Ferrara, Imola, Faenza,

Ancona, Numana und Osimo sowie die Anerkennung der römischen Oberherrschaft über die Herzogtümer Spoleto und Benevent; zur Ausführung kam es nicht. In einer neuen Auseinandersetzung mit Desiderius erschien Karl der Große 774 überraschend in Rom und bestätigte die Abmachungen mit Pippin in einer erweiterten, die Abgrenzungen deutlicher machenden Form. Aber schon Pipin konnte alle diese Versprechungen nicht erfüllen, und Karl wollte nach der Besiegung der Langobarden sein neues Königreich nicht zu sehr an Papst Hadrian, der seine bewußte Machtpolitik mit dem Bedarf des hl. Petrus begründete, ausliefern. Weitere Zusagen wurden 781 und 787 getroffen und brachten mit Orvieto, Soana, Viterbo, Grosseto, Piombino und einigen Städten im Süden des römischen Gebietes eine gewisse, wenn auch weitgehend nur in Ansprüchen bestehende Abrundung eines Territoriums, das man den Staat der römischen Kirche nennen konnte.[11]

Die Konstantinische Schenkung

In diese Zeit hinein gehört die Konstantinische Schenkung (Constitutum Constantini), die schon als eines der folgenschwersten Dokumente des Mittelalters bezeichnet wurde[12]. Nach dieser angeblichen Verfügung Konstantins des Großen erhält der römische Bischof Silvester den Primat über die ganze christliche Kirche, auch über die vier östlichen Patriarchate, den kaiserlichen Palast des Laterans, kaiserliche Insignien und Hofstaat, die weltliche Jurisdiktion über Rom, Italien und den ganzen Westen; der Kaiser selbst verlegt seine Residenz nach Byzanz. Der merkwürdige Text ist wörtlich zum erstenmal in den Pseudoisidorischen Fälschungen um die Mitte des 9. Jahrhunderts überliefert, fand aber erst später eine weite Verbreitung. Auch nachdem im 15. Jahrhundert durch Lorenzo Valla und andere die Konstantinische Schenkung als Fälschung erkannt wurde, wandten sich in der Neuzeit Generationen von mittelalterlichen Historikern der Entstehung des Textes, seiner Deutung und seinen Auswirkungen zu[13]. Man sah darin ein großzügiges Programm zur Ausweitung der Macht Roms und seiner Bischöfe, eine großartige Planung der neuen Wege gehenden Politik für die weitere Fundierung des Patrimonium Petri als Kirchenstaat und für die über das Kirchliche hinausgreifende Stellung des Papstes, brauchbar vor allem für die Verhandlungen Stefans II. im Frankenland. Als Zeit der Entstehung galt fast allgemein die Mitte des achten Jahrhunderts, näherhin die Jahre 750–780, als Ort Rom.

Allem Anschein nach hat das Constitutum Constantini seit seinem Bekanntwerden und bis ins 11. Jahrhundert nicht die ihm oft zugeschriebene Rolle in der päpstlichen Politik gespielt.[14] Auch sind die maßlosen kaiserlichen „Schenkungen" und die nicht gerade bescheiden formulierten

Forderungen oft Anlaß zu kritischen Fragestellungen über Sinn und Zweck des Dokumentes gewesen. Frühere Andeutungen über den phantastisch-unwirklichen und also politisch nicht realisierbaren Inhalt der eigentlichen Donatio hat neuerdings Horst Fuhrmann aufgenommen und in sorgsam abwägenden Formulierungen auf neue Möglichkeiten der Interpretation hingewiesen.[15]

Nach jahrzehntelanger kritischer Behandlung durch die Mittelalterforschung zeichnet sich in jüngster Zeit eine neue Auffassung ab, die wesentliche Abstriche an der bisherigen Wertung für die Zeit der Entstehung vornimmt.[16] Demnach wäre das Constitutum Constantini von einem Kleriker der Lateranbasilika in den Pontifikaten Stefans II. oder Pauls I., zwischen 754 und 767 als literarisch-hagiographischer Text in den Formen eines Diploms verfaßt und hätte erst durch die Aufnahme in die falschen Dekretalen Pseudoisidors seine politische Bedeutung erlangt.[17]

Von Interesse ist, daß Gratian das Constitutum Constantini nicht in sein Decretum aufgenommen hat. Von der sogenannten Reform des 11. Jahrhunderts an hat die Konstantinische Schenkung die Theologen und vor allem die Kanonisten beschäftigt, und es mußte, angefangen von Leo IX. und Humbert von Silva Candida bis zum 1. Vatikanischen Konzil, oft als Grundlage für primatiale Forderungen und noch mehr als Beweis für weltliche Herrschaft und Besitz der römischen Kirche herhalten. Diese unheilvollen Fälschungen: die Konstantinische Schenkung und die Pseudoisidorischen Dekretalen[18] haben in entscheidender Weise die einseitige Ausbildung der Kirchenverfassung beeinflußt, ja diesen einseitigen Ausbau beschleunigt und prägen bis in die neueste Zeit das Kirchenstaatsdenken des Papsttums und der römischen Kurie. War die Konstantinische Schenkung schon im 15. Jahrhundert des öfteren als Anfang der Pest (weltliche Herrschaft der Kirche) bezeichnet worden, so will man am Tage der Schenkung Engelsstimmen gehört haben: „hodie effusum est venenum in ecclesia sancta Dei".[19]

Karl der Große und seine Nachfolger

Mit Karl dem Großen, der wohl bedeutendsten Herrschergestalt an der Grenze vom frühen zum hohen Mittelalter, haben sich Historiker aller Richtungen ausführlich beschäftigt. Von den vielen Teilarbeiten zu wichtigen und geschichtsträchtigen Vorgängen in seiner langen Regierung abgesehen, gibt es seit einigen Jahren das monumentale Werk ‚Karl der Große. Lebenswerk und Nachleben', das im Anschluß an die vom Europarat veranstaltete Ausstellung in Aachen im Jahre 1965 erscheinen konnte und die ganze Epoche in großartiger Auffächerung darstellt[20].

Der Aufstieg der Franken unter dem karolingischen Haus und vor allem unter Karl dem Großen wird in der Zusammenfassung der meisten germanischen Stämme unter ihrer Herrschaft deutlich, seien es die Friesen, Sachsen, Alemannen oder Bayern. Was von der arabischen Invasion verschont geblieben und nicht griechisch war, wurde dem fränkischen Großreich eingeordnet, empfing die neue Verfassung und die christliche Kultur. In Verbindung mit erneuertem Romgedanken entstand ein neues Westreich nicht nur als renovatio der früheren römischen Herrschaft, sondern als eine Neuschöpfung: das christliche Abendland. Die Last des Ausbaus dieser neuen Epoche lag durchweg bei der königlichen und später kaiserlichen Regierung, so besonders bei der Missionierung, die, gegen die Ansicht der theologischen Berater, oft mit „eiserner Zunge" betrieben wurde und als Grundlage für die kirchliche und politische Organisation dienen mußte[21]. Viele der so zahlreichen Kapitularien betreffen die religiöse Hebung des Volkes und befassen sich mit Einzelheiten religiöser und liturgischer Unterweisung. Die „Klosterpolitik" war Teil der allgemeinen politischen Festigung des neuen Gebildes. Von universaler Bedeutung – und das ist für unsere Betrachtung besonders wichtig – war die überragende Stellung gegenüber dem kirchlichen Führungsanspruch der römischen Bischöfe und das Streben nach Gleichstellung zum Kaiser in Byzanz.

Ob die Krönung Karls des Großen an Weihnachten 800 eine neue Konzeption zum Ausdruck bringen sollte oder nicht, ob es eine wahre Kaiserkrönung oder eine Festkrönung war, ob sie im Einverständnis mit dem König oder zu seiner Überraschung erfolgte, – tatsächlich waren in dieser Zeit im Westen große Veränderungen vor sich gegangen und neue selbständige Lösungen ohne griechische Beteiligung erreicht worden.[22] Obwohl dem eigentlichen Kaiser nicht aufgekündigt war, zeigten doch die bisher Ostrom geschuldeten und nun den Franken erwiesenen symbolischen Formen das Bestreben nach weltlicher Selbständigkeit: Anbringen des neuen Kaiserbildes in den römischen Kirchen, das liturgische Gebet für Kaiser und Reich, die Laudes und Akklamationen, die Übersendung der Banner und Schlüssel der Stadt, Wahlanzeigen der römischen Bischöfe an den westlichen Kaiser und Datierung der Urkunden nach Kaiserjahren.

Das sind aber alles noch keine fertigen Lösungen, sondern Anzeichen eines neuen Wollens im Westen, während die Beziehungen zum Osten nie ganz unterbrochen wurden. Gestützt auf die neue Lage im Westen konnte sich Rom auch in Fragen des Dogmas und der Disziplin eine selbständige Stellung leisten, so zu den Synoden, die sich im 9. Jahrhundert mit der Frage der Bilderverehrung in Nicäa (787) und Konstantinopel (869/70) beschäftigten. Auch zu den Franken, in deren Großreich Rom lag und zu dem der Kirchenstaat irgendwie gehörte, sind die Beziehungen stark wechselnd. Nicht so leicht mochte man sich in Rom dazu bekennen, ein Teil des neuen germanischen Reiches und Reichsbischof von der Franken Gnaden zu sein. Dazu lagen Jahrhunderte andersgearteter Beziehungen zum Staat als im Osten dazwischen.

Das dunkle Jahrhundert

Die Reichsteilungen unter den Nachfolgern Karls des Großen im 9. Jahrhundert veränderten die Lage rasch, wenn auch nicht gleich allgemein von Niedergang gesprochen werden sollte. Unter den fränkischen Teilreichen ist das westfränkische in der spätkarolingischen Blüte der theologischen Wissenschaften und besonders auf dem Gebiete der Liturgie führend, wie denn überhaupt regionale Sonderentwicklungen wieder stärker auftreten. Doch bringen die neuen Verhältnisse in Italien den Kirchenstaat und Rom oft in eine schwierige Lage, und so erklären sich die Händel um die Herrschaft in der Stadt zwischen den Gruppen des Stadtadels und den Kreisen des höheren Klerus. Gegen Ende des 9. und 10. Jahrhunderts kann man aber schon von einem Niedergang des Kaisertums im Westen sprechen: Als Anwärter für die Kaiserkrone treten jetzt kleine Fürsten wie die langobardischen Herzöge von Spoleto und Benevent, die Herren von Capua und Salerno und die Herzöge von Friaul, Hoch- und Niederburgund auf, und für kurze Zeit besteht auch ein abendländisches Doppelkaisertum.[23] Die Vernachlässigung des Mittelmeerraums findet bald ihre Strafe in dem Wiederaufleben der Streifzüge der Sarazenen nach Südfrankreich, auf die Alpenpässe, in die Umgebung Roms und schließlich durch die Eroberung von Sizilien und Süditalien. Die Auseinandersetzung mit ihnen wird zur Hauptaufgabe der römischen Bischöfe und Stadtherren, wobei auswärtige Hilfe kaum zu erwarten ist. Macht der Kirchenstaat noch zunächst den Eindruck eines geistlichen Fürstentums, dessen Herr der Papst war, wird er in der ersten Hälfte des 10. Jahrhunderts zu einem von weltlichen Mächten der Stadt oder der Umgebung umstrittenen Territorium, und der Papst selbst ist oft unbedeutend und nur der Exponent dieser politischen Gruppen.

Die „Papstwahlen" dieser Zeit zeigen ein sehr verschiedenes Bild und sind im wesentlichen durch die politischen Machtverhältnisse in Rom und Umgebung bestimmt. Gab es doch trotz der beschworenen Abmachungen mit den deutschen Königen und Kaisern mehrere Schismen, die immer mehr ein Eingreifen des Patricius notwendig machten. Eine Vielzahl von kämpferischen Bischofswahlen, von Weihen römischer Bischöfe, ohne daß die Zustimmung des Kaisers eingeholt worden war, von Unruhen, Gewalttätigkeiten, Absetzungen und Greueln an heiliger Stätte (Leichensynode des Formosus) sind charakteristisch für die Zustände des 9. Jahrhunderts. Daß man in 65 Jahren zwanzig „Päpste" zählte, von denen viele eines nicht natürlichen Todes gestorben sind, hat mit dazu beigetragen, daß seit Jahrhunderten die Kirchengeschichtsschreibung das 9. Jahrhundert als das dunkle brandmarkte und es damit zu einseitig im Sinne moralischer Verworfenheit verstand, gleichzeitig so die Probleme verharmloste.[24] Die Zustände sind aber nicht dunkler als in anderen Städten und Territorien

Italiens, nur fallen sie bei der Bedeutung Roms besonders auf und werden als kirchengeschichtliches Faktum angesehen.

Von der späteren Entwicklung her bereitet die Beurteilung der römischen Bischofsliste große Schwierigkeiten, besonders wenn man die Frage nach der Rechtmäßigkeit stellt bei Päpsten, die zwei- oder gar dreimal an die Regierung kamen. Wird sie gemessen an theologisch-kanonistischen Prinzipien, so würde man die Frage besser unterlassen, denn solche Prinzipien sind in den tatsächlichen Vorgängen nicht zu erkennen; so haben neue amtliche Papstlisten auch auf die laufende Nummerierung verzichtet. Hier wird einmal besonders deutlich, daß das Papsttum, geschichtlich gesehen, keine dogmatischen Ansprüche erheben sollte.

Rom und die Reichskirche

Inzwischen war aber nördlich der Alpen im ostgermanischen Gebiet ein neues Staatsgebilde im Entstehen: der deutsche Staat des Mittelalters unter den sächsischen Königen, die dann die Nachfolge im westlichen Kaisertum antraten und mit der Zeit eine hegemoniale Stellung erreichten. Das brachte naturgemäß ein Interesse an Italien und an dem Kirchenstaat mit sich und führte zu Eingriffen, zunächst aber für kurze Zeit zum Ausbau einer gemeinsamen westlich-christlichen Kultur. Aber vom ersten Italienzug Ottos I. (962) bis gegen die Mitte des nächsten Jahrhunderts dauerte die Unsicherheit der Lage im Kirchenstaat weiter an.[25] Wie vordem wird sie sichtbar in der Rivalität der stadtrömischen Adelsgeschlechter um die Besetzung des päpstlichen Stuhles. War wie oft in diesen Jahrzehnten der königliche oder kaiserliche Oberherr fern von Italien, so sanken diese Kämpfe auf das Niveau der Auseinandersetzungen der übrigen Kleinstaaten herab, wobei aber immer noch der imperiale Anspruch der Stadt durchschimmerte. Im neuen Staat und im Verband des Reiches kam es indes zum Ausbau einer neuen Art von Reichskirche: Bischöfe und Äbte wurden in der staatlichen Verwaltung – gleichsam als Pfeiler des Reichsgedankens – in den alten Stammesherzogtümern herangezogen. Bis vor die Tore Roms breitete sich das Netz der Reichsbistümer und Reichsabteien aus, und der Papst war weitgehend der erste Bischof des Reiches, vom König oder Kaiser eingesetzt und auch wieder ausgeschaltet. Rasch verblich der Glanz der ersten Stadt des Westens, ja nach dem römisch lokalen Anspruch der ersten Stadt der Christenheit überhaupt, wenn die stützende und bisweilen zwingende Hand der sächsischen und fränkischen Herrscher sich zurückzog. In diesem Zeitraum fand trotz der politischen Schwäche die Idee der Ewigen Stadt besonders feierliche Ausprägung, nicht zuletzt durch Otto III., den Sohn der Griechin, der seine Residenz in der Apostelstadt aufschlug. Bei den Träumen über die Erneuerung des alten Imperium Romanum: „Roma caput mundi regit orbis frena rotundi" vergaß man freilich allzu leicht, daß von diesem Imperium nur Reste in Italien übrig waren, während die großen staatstragenden Provinzen des alten Reiches schon längst nicht mehr christlicher Herrschaft unterstanden.

Die Anfänge der sogenannten Reform

In der neuen Reichskirche wurden Kräfte lebendig, die die Zustände in Welt und Kirche nicht hinzunehmen gewillt waren. Mit dem Ausbau der allgemeinen Kultur und Bildung, mit der Festigung der politischen Macht, der kirchlichen Organisation und der Ordnungen tauchten Probleme und Fragen auf, denen man vorher nicht nähertreten mochte oder konnte, die aber einer Entscheidung harrten. Aus vielen Quellgründen ist das entstanden, was man die Reform des 11. Jahrhunderts zu benennen beliebt. Damit ist nicht nur die klösterliche Reform des burgundischen Cluny allein gemeint, sondern auch die der alten Reichsklöster im lothringischen Raum ebenso wie eremitische Bewegungen im nördlichen und mittleren Italien.

Waren Staat und Kirche, um moderne Formulierungen anzuwenden, unlösbar ineinander verschlungen, so wurde allenthalben die Frage nach der jeweiligen Zuständigkeit, Abhängigkeit, Unter- oder Überordnung, also nach der Abgrenzung, gestellt. Entsprach das System der Reichskirche mit der Besetzung der Bistümer und Reichsklöster durch den König in den Formen der Investitur der richtigen Ordnung der christlichen Dinge? War der König nicht auch ein Laie und seine Betätigung in der besagten Weise etwa Simonie? Durch Kaiser Heinrich III. (1039–1056) wurden diese Reformgedanken auch in Rom heimisch; seine Herrschaft in der Kirche brachte unter einigen Päpsten deutscher Herkunft auch den aus Lothringen stammenden Leo IX. (1049–1054) auf St. Peters Stuhl. Und damit beginnt eine neue Epoche, zunächst einmal durch das Herausheben der römischen Kirche aus ihren lokalen Gegebenheiten und Bindungen durch den aus Lothringen mitgebrachten Kreis von Reformfreunden, durch deren Eingliederung in den höheren stadtrömischen Klerus. So entsteht eine neue kirchliche Oligarchie. Diese neuen Männer fassen die aufgegebenen Fragen mit großer Energie an; ihnen gelingt es, den römischen Stuhl aus der Abhängigkeit vom damals schwachen Königtum zu lösen und aus den konkreten Vorgängen verbindliches Recht zu proklamieren. Das findet zunächst seinen Niederschlag im sogenannten Papstwahldekret von 1059. Zu den Führern der neuen Gruppe gehört der Archidiakon der römischen Kirche, Hildebrand, der dann als Gregor VII. (1071–1084) den Höhepunkt in der zu vereinfachend ‚Investiturstreit' genannten Auseinandersetzung herbeiführt.

Die eingehenden Forschungen der letzten Jahrzehnte zum hohen

Mittelalter haben fast immer auf den allgemeinen Aufbruch in Kultur, Gesellschaft und Religion hingewiesen. Dieser Aufbruch wird sichtbar im Wechsel der Strukturen, im Übergang zu städtischen Formen und zur Geldwirtschaft, in der Abwendung von der alten Feudalität durch den Aufstieg der Ministerialität, im mehr geistigen Bereich in der Erweiterung des Gesichtsfeldes, der Bildung und der Information durch Verkehr, Handel (Fernhandel), durch die Kreuzzüge, durch Synoden, Universitäten und fahrende Scholaren. Dabei steht die Bedeutung des sozialen Wandels nicht an letzter Stelle, denn er ermöglicht eine Veränderung der Bildung für weite Kreise, er weckt ein neues Lebensgefühl, was sich vor allem auf dem Gebiete der Religion in ganz besonderer Weise auswirkt. Ein bedeutender Unterschied zu früheren Bewegungen besteht darin, daß nicht nur Geistliche im engeren und weiteren Sinne, sondern neben ihnen auch Laien in großem Umfang beteiligt sind. Denn diese Bewegungen sind nicht vorwiegend lehrhaft interessiert, sondern betonen die praktische Anwendung der christlichen Lehre im Zusammenleben der verschiedenen Stände. Gewiß sind auch hier politische Gegebenheiten als Auslöser nicht zu übersehen. Nicht erst das sogenannte Gregorianische Zeitalter mit seiner Auseinandersetzung zwischen Rom (Kurie) und deutschem Königtum gab Anlaß zur Abgrenzung zwischen Geistlichem und Weltlichem und zum vertieften Überdenken. Schon vorher, vom Beginn des 11. Jahrhunderts ab, kam die Problematik mit der Reform des Mönchtums zum Vorschein. Es ist nicht leicht zu erklären, warum etwa seit Beginn des 11. Jahrhunderts an vielen Orten in Italien, Deutschland und Frankreich und in anderen Teilen Europas vom Auftreten von Wanderpredigern, vom Streben nach der Vita apostolica berichtet wird, mit Zustimmung oder aber weit mehr mit Besorgnis der kirchlichen Kreise. Daß die von Gregor VII. zum Kampf gegen die Simonie aufgerufenen Laien (Pataria) über das von ihnen Verlangte hinausgingen, ist oft genug betont worden. Auch daß die Rückführung kirchlicher Güter aus Laienhand (Investiturstreit) zu einer Feudalisierung der reformierten Kirche in großem Umfang hinleitete.

Der Aufbruch um die Jahrtausendwende verläuft im geistig religiösen Bereich in verschiedenen Bahnen: in der Kirchenverfassung, in der Religiösen Bewegung innerhalb und außerhalb der Kirche. Wenn auch in Rom selbst noch Nachwehen der düsteren Jahre (saeculum obscurum) sichtbar werden – in undurchsichtigen und manchmal dramatischen Bestellungen der römischen Bischöfe –, so sind doch in vielen Vorgängen Anfänge der Reform zu verzeichnen. Bei den Versuchen allerdings, die Tusculanerpäpste Benedikt VIII., Johannes XIX. und Benedikt IX. von vielen Makeln, die ihnen die zeitgenössische und vor allem die spätere Geschichtsschreibung aufgebürdet hat, zu befreien, wird eher zuviel als zuwenig getan.[26]

Die Papstreihe der ersten Hälfte des 11. Jahrhunderts bereitet noch mehr als die der vorangegangenen zwei Jahrhunderte den Theologen und Kanonisten erhebliche Sorgen, da die Legitimität (die ununterbrochene rechtmäßige Nachfolge der Inhaber der sedes Petri) nicht mit Sicherheit erkannt werden kann, was man offenbar für notwendig hält. Auch die fortschrittliche Papstliste im ‚Annuario Pontificio' seit 1947 tut sich schwer, wenn sie nur von den Fakten ausgehen will. Aufschlußreich ist die Anmerkung zu den Päpsten der ersten Hälfte des 11. Jahrhunderts: „Nur an einigen Stellen entfernen wir uns von der genannten Ausgabe (Duchesne), und zwar da, wo in ihr die schwierige Frage nach den rechtmäßigen Päpsten nur mit historischen Gründen beschieden wird, während unser Zweck uns auferlegt, gleichmäßig die Kriterien des kanonischen Rechtes und der Theologie zu werten".[27] Immerhin wurde zugegeben, daß eine fortlaufende Nummerierung nicht mehr möglich ist, und eingestanden, daß man eben oft nicht wisse, wer jeweils der legitime Inhaber des Heiligen Stuhles gewesen sei.[28]

Der unklaren Lage um die Mitte des fünften Jahrzehnts, als gleichzeitig drei römische Päpste vorhanden waren, nahm sich Kaiser Heinrich III. an; er ließ auf den berühmten Synoden 1046 in Sutri und anschließend in Rom alle drei angeblichen Päpste absetzen. Gewiß ein schwerer, wenn auch notwendiger Eingriff in die römische Bischofswahl, aber auch ein Signal, das die Heraushebung der römischen Bischöfe aus dem stadtrömischen Parteiengezänk sichtbar machen sollte. Auf Vorschlag oder Druck des Kaisers wurde dann in Rom der Bischof Suidger von Bamberg gewählt; dieser nannte sich Klemens II. (1046–1047); man wollte damit nach allgemeiner Ansicht die Rückwendung in das frühchristliche Rom zum Ausdruck bringen. Auch die weiteren auf ihn folgenden, meist nur kurz amtierenden (deutschen) Päpste Damasus II. (Bischof Poppo von Brixen, 1048), Leo IX. (Bischof Bruno von Toul, 1048–1054), Viktor II. (Bischof Gebhard von Eichstätt, 1054–1057) und Stephan IX. (Friedrich von Lothringen, Abt von Montecassino, 1057–1058) gelten als Reformpäpste; auch der nach dem Ableben Stephans IX. (gestorben in Florenz) sofort vom stadtrömischen Adel erhobene Benedikt X. (Johannes von Velletri, 1058–1060) stand den Forderungen der Reformer nicht ablehnend gegenüber und war vor der Wahl Stephans IX. von diesem vorgeschlagen worden. Mit Nikolaus II. (Bischof Gerhard von Florenz, 1059–1061) beginnt die Konsolidierung der neuen Anschauungen über die Wahl des römischen Bischofs. Sie zeigt sich in der von allen bisherigen Formen abweichenden Erhebung Nikolaus' II. durch die nach der Wahl Benedikts X. aus Rom geflohenen Kardinalbischöfe in Florenz und Siena.[29]

Für die Besetzung des römischen Bischofsstuhles kamen nach alter Tradition nur Angehörige des stadtrömischen Klerus in Betracht. So war die Erhebung eines Bischofs aus der römischen Umgebung eine Seltenheit und führte, vor allem im dunklen Jahrhundert, zu großen politischen und theologischen Auseinandersetzungen. Erst von der Mitte des 11. Jahrhunderts an gab es eine ganze Reihe von römischen Bischöfen, die vorher schon Diözesanbischöfe waren und jetzt ihr früheres Bistum beibehielten. Diese Fakten haben verschiedene Erklärungen gefunden,[30] aber sie sind offenbar ein Zeichen dafür, daß der römische Bischof jetzt weniger als Stadtbischof verstanden werden soll, sondern mehr als Summus Pontifex, was früher immer wieder als Anspruch behauptet worden war. ,,Die Erscheinung (papa qui et episcopus) findet sich nicht zufällig an jener hochmittelalterlichen Gelenkstelle, da das Papsttum sich anschickte, die Kirchen und Völker des Abendlandes nun wirklich unter seine Verfügungsgewalt zu nehmen und in seine Verantwortung zu ziehen. Als das Papsttum in seiner äußeren Erscheinungsform Abschied nahm von stadtrömischer Enge, von der ersten Stelle inmitten aller Bischöfe, und sich statt dessen als über allen Bischöfen stehend neu zu begreifen lernte, da kam es zu jenem Übergangs-Phänomen der papae qui et episcopi. Unser Thema markiert damit den tiefsten Einschnitt in der Geschichte des Apostolischen Stuhles bis heute.''[31] Es gelang der Gruppe der Kardinalbischöfe, für ihre Wahl des Florentiner Bischofs (Nikolaus II.) die Zustimmung der deutschen Regierung zu gewinnen. Damit war Benedikt X. erledigt und wurde nach einigen Monaten von einer römischen Synode unter dem Vorsitz Hildebrands abgesetzt und degradiert. Wichtiger aber war die in diesem Zusammenhang von Nikolaus II. und den Kardinalbischöfen erlassene und von einer Synode 1060 bestätigte neue Papstwahlordnung: das sogenannte Papstwahldekret von 1059.

Nach einer längeren Pause ist in den letzten Jahren dem sogenannten Papstwahldekret von 1059 große Aufmerksamkeit geschenkt worden, vor allem seit der im Jahre 1960 erschienenen Monographie von Krause[32]. Eine Reihe von Studien hat sich dem für die Anfänge oder doch die Fortsetzung der Reform wichtigen Text zugewandt.[33] Sein Ziel ist es, den Einfluß der Laien – seien es die stadtrömischen Adelsparteien, sei es das deutsche Königtum – auszuschalten. Aber die Deutung des sogenannten Königsparagraphen[34] ist schon vom Text her schwierig, zumal er auch in einer verfälschten Form (früher kaiserliche Form genannt) überliefert wird. Diese ist wahrscheinlich um 1085 entstanden und soll die Erhebung des ,,Gegenpapstes'' Klemens III. (Wibert von Ravenna) rechtfertigen, aber auch die Vorherrschaft der Kardinalbischöfe beseitigen und für die Zukunft die Beteiligung des Königs an der Papstwahl sichern. Zur Erklärung des Königsparagraphen sind verschiedene Ansichten vorgetragen worden: Die zugestandene Mitwirkung des Königs ist gegründet auf das Kaisertum oder auf seine Stellung als Patricius Romanus; die gegen die bisher üblichen Formen erfolgte Wahl Nikolaus II. (1058) in Florenz-Siena soll nachträglich legitimiert und die Vorrangstellung der Kardinalbischöfe beim Wahlvorgang betont werden.

Der Ruf nach Reform erklang wohl nicht zuerst in Rom, sondern kam hauptsächlich von auswärts, und zwar mit den schon genannten Päpsten und Kardinälen. Aber, und das ist wichtiger, er kam vorwiegend aus mönchischen Kreisen wie Cluny, Gorze, Fruttuaria, um nur die frühen Zentren zu nennen. Diese Mönchspäpste und Mönchskardinäle brachten ihre klösterlichen Vorstellungen des christlichen Lebens mit und wollten sie für alle Christen verbindlich machen. Ihre Forderungen richteten sich daher mit aller Schärfe gegen die Verheiratung des Klerus, gegen Priesterkinder, gegen die Investitur durch Laien – und sei es selbst der König –, um den kirchlichen Besitz so am ehesten ungeschmälert zu erhalten. Gleichzeitig sprachen sie sich für die Vita communis des Klerus an Kathedralen und Stiftskirchen aus. Und diese Forderungen sollten mit Hilfe der Laien durchgeführt werden unter Beiseiteschiebung bisheriger Traditionen und bischöflicher Rechte.[35] Dadurch wurden die Bischöfe ausgeschaltet und wurde die auf einem synodalen System aufgebaute Hierarchie der Kirche dem römischen Bischof untergeordnet.[36] Den Höhepunkt erreichte diese Entwicklung unter Gregor VII.[37] Der von Gregor ins Extrem gesteigerte römische Primat sollte als Mittel für die Durchführung dieser Reformen dienen, da dann frühere canones nicht mehr widersprechen könnten. In der Papstliste der zweiten Hälfte des 11. Jahrhunderts folgen auf die sogenannten deutschen Päpste römische Bischöfe, die früher Mönche waren, wie Gregor VII., Viktor III., Urban II., Gelasius II.; auch schon vorher waren Stephan IX. und Nikolaus II. mönchischer Herkunft.[38]

Was bedeutet aber nun Reform, Reformjahrhundert, Gregorianische Reform? Obwohl „Reform" und „Gregorianische Reform" nicht eindeutig sind, sich aber doch eingebürgert haben, wird man sie als Verabredungsbegriffe beibehalten müssen. Man könnte aber statt „Reform" von der späteren Entwicklung her besser „Veränderung" sagen. Der Begriff Reform (re-formatio) enthält die Vorstellung der Rückkehr zu einer früheren, besseren Zeit; wie immer bei der Berufung auf die gute alte Zeit war das Bild der Vergangenheit besonders des frühen Christentums idealisiert. Ob aber das sogenannte Reformjahrhundert trotz seiner unbestrittenen Erneuerung vor allem in moralischer Hinsicht eine bessere Form des Christentums gebracht hat, darüber kann man verschiedener Ansicht sein. In bezug auf die Kirchenverfassung ist eher eine Fehlentwicklung anzuzeigen und eben nicht Rückkehr zu früheren synodalen Formen.[39]

Der Investiturstreit

Vor einer näheren Betrachtung der Entwicklung der Institutionen im einzelnen soll hier eine kurze Übersicht über die politischen Ereignisse bis zum Wormser Konkordat gegeben werden. Zum Verständnis des sogenannten Gregorianischen Zeitalters ist eine Bemerkung über die Quellenlage vorauszuschicken. Von keinem der römischen Päpste bis zu Innozenz III. gibt es so viele Quellen wie von Gregor VII., vor allem amtlicher Natur. Da ist an erster Stelle das berühmte Register seiner Briefe (Reg. Vat. 2) im Vatikanischen Archiv zu nennen, das etwa 360 Einträge enthält und dessen Stellung im Geschäftsgang immer noch nicht geklärt ist.[40] Da außerhalb dieses Registers zahlreiche Briefe und Dokumente überliefert sind,[41] entsteht die Frage, ob Reg. Vat. 2 ein Originalregister mit der wesentlichen Korrespondenz des Papstes darstellt oder als Sammlung von ihm wichtig scheinenden Dokumenten anzusehen ist.[42] Wenn auch die Ansicht Santifallers über Registerbände aus Papyrus fragwürdig geworden ist, so wird man doch Reg. Vat. 2 nicht als Originalregister ansehen können.[43] Das mindert nicht den Wert von Reg. Vat. 2 für die Überlieferung. Aber da von vielen Päpsten vor und nach Gregor VII. erheblich weniger über ihre Person, ihr Handeln, ihr Selbstverständnis überliefert ist, sind Vergleiche kaum möglich, und so liegt es nahe, die durch die Fülle der Überlieferung herausragende Gestalt Gregors VII. zu überschätzen, wie es seit langem geschehen ist und immer noch geschieht, vor allem bei den sogenannten Profanhistorikern.

Seit der Mitte des 11. Jahrhunderts war Hildebrand als Kleriker der römischen Kirche ein einflußreicher Mann, dem das entscheidende Wort bei den Papstwahlen zugeschrieben wird. Er gehörte in den Kreis der sogenannten Reformer, die sich seit dem Pontifikat Leos IX., vor allem in dem sich zur Korporation ausbildenden stadtrömischen Kardinalskolleg, in der Verwaltung des römischen Distriktes und darüber hinaus betätigten. In diesem Kreis nahm er als Archidiakon eine führende Stellung ein, besonders in den Beziehungen zum deutschen Königtum. Nach dem Ableben Alexanders II. (1073), in Rom tumultuarisch zum Papst erhoben, nahm er alsbald die Regierung der römischen und allgemeinen Kirche fest in die Hand und begann, das Programm der sogenannten Reformer mit eiserner Energie und ohne Rücksicht auf die synodale Tradition durchzuführen. Der Ruf nach Freiheit der Kirche (libertas ecclesiae), zu dessen Unterstützung die Laien gegen Klerus und Bischöfe aufgerufen wurden, überdeckte oft das eigene Machtstreben; auch gegen die bisher übliche Form der Besetzung kirchlicher Ämter, vor allem in der Reichskirche ging er vor und geriet dadurch in Konflikt mit dem deutschen Königtum. Aus mehr zufälligen, lokalen Kontroversen entstand der sogenannte Investiturstreit, der später zu Unrecht der ganzen Epoche von Mitte des 11. bis Anfang des 12. Jahrhunderts den Namen gab. Die schon auf früheren Synoden in Rom und in Oberitalien verkündete Forderung nach Abstellung der sogenannten Simonie bei der Erwerbung kirchlicher Ämter und nach zölibatärem Leben der Geistlichkeit wurde jetzt allgemeiner Kampfruf und begleitete den Streit in den nächsten Jahrzehnten. Da mehrere deutsche Bischöfe vor und nach dem Regierungsantritt Gregors VII. wegen Simonieverdacht nach Rom zitiert wurden, war die Stimmung im deutschen Episkopat dem Papste nicht günstig.[44] Auch der junge König Heinrich IV. fühlte sich durch das immer wieder verkündete Verbot der Laieninvestitur betroffen, und so war es auch von seiten der Kurie gemeint. Und nur so erklärt sich die auf der Tagung in Worms im Januar 1076 beschlossene Aufkündigung des Gehorsams, wenn auch zur Begründung des Vorgehens andere Gründe vorgebracht wurden: unerlaubtes Streben nach dem Amt des Papstes trotz früheren geschworenen Eiden, Mitarbeit am Papstwahldekret von 1059, Wahl ohne Rücksicht auf die deutsche Zuständigkeit und ein unklares Verhältnis zur Markgräfin Mathilde von Tuscien.[45] Die Ereignisse des Jahres 1076 mit Schlag und Gegenschlag bilden einen Höhepunkt in dem heftigen Streit zwischen Heinrich IV. und Gregor VII. Auf das Wormser Schreiben des Königs und der Bischöfe folgte auf der Fastensynode im Februar zunächst die Warnung des Königs und Lösung der Untertanen vom Treueid, dann langsamer Abfall vieler Bischöfe und Aufstand der Fürsten. Die Szene auf der Burg Canossa ist in ihrer Bedeutung noch immer umstritten. Für Heinrich IV. war sie in der damaligen Lage wenn nicht ein Sieg, so doch eine Atempause, verhinderte sie doch seine Absetzung durch die Fürsten und Gregor auf einem Tag in Deutschland.[46]

Die einzelnen Stadien des nun beginnenden Kampfes sind genugsam bekannt und brauchen hier nicht einzeln aufgeführt zu werden: Sie sind wichtige Kapitel in der deutschen und allgemeinen Geschichte des 11. Jahrhunderts.

Gegen Ende der Regierung Gregors VII. gelang es dem deutschen König nach seiner erneuten Bannung durch den Papst, diesen aus Rom zu vertreiben, nachdem viele seiner bisher Getreuen ihn verlassen hatten, darunter die meisten Kardinäle.[47] Im Schutz oder im Gewahrsam der Normannen soll er sterbend in Salerno (25. Mai 1085) die oft zitierten und sehr verschieden kommentierten Worte gesprochen haben: „Dilexi iustitiam et odivi iniquitatem, propterea morior in exilio".[48]

Die im sogenannten Jahrhundert der Reform sich abzeichnende Entwicklung zum Umbruch im politischen, sozialen und religiösen Bereich hat im Pontifikat Gregors VII. eine Beschleunigung erfahren, die alsbald die Grenzen eines gesunden Wachstums überschritt, der gesamten Epoche jedoch die Bezeichnung Gregorianisches Zeitalter einbrachte. Selbst wenn diese Bezeichnung zu sehr auf die Persönlichkeit Gregors VII. bezogen ist, so muß in Betracht gezogen werden, daß er im Mittelpunkt der Bewegung stand, und deshalb muß versucht werden, eine Beurteilung seiner Person und seines Tuns von unserer Themastellung her wenigstens anzudeuten. Zunächst fällt auf, wie sehr der Papst, durch die einmalige Quellenlage bedingt, die Historiker fasziniert hat, vor allem in unserem Jahrhundert. Die neueren Studien zu seiner kompromißlosen Persönlichkeit und ihrer tiefen religiösen Verwurzelung sind von großem Interesse und höchst wichtig.[49] Doch darf die politische Seite, die oft durch die religiöse Phraseologie absichtlich oder unabsichtlich verdeckt wird, nicht vergessen, dürfen die verhängnisvollen Auswirkungen seiner gewalttätigen Persönlichkeit nicht übersehen werden.

In Hinblick auf seine Rolle in der Geschichte der christlichen Kirche und ihrer Ideen wird man ihn nur mit Vorbehalten bewundern dürfen. Seine Überspannung des hierarchischen Prinzips, seine kämpferischen Methoden, die Wendung des christlichen Leidensgedankens in den kirchlichen Aktivismus, die unerhöhrte Heraushebung des römischen Papsttums, der Anspruch, auch in weltlichen Dingen die oberste Entscheidung zu haben und Fürsten absetzen zu können, das ist eine Umwälzung der bisherigen Anschauungen in der einseitigsten und härtesten Form. Wenn er in seinem berühmten ‚Dictatus papae' die These aufstellte, daß der Papst der unumschränkte Herr der Universalkirche sei, daß er Metropoliten und Bischöfe einsetzen und absetzen könne, daß er allein eine allgemeine Synode berufen dürfe, daß er der oberste Herr der Welt sei, daß er die kaiserlichen Insignien tragen dürfe, daß er sogar den Kaiser seiner Würde entsetzen und die Untertanen vom Treueid entbinden könne, so steht das weitgehend im Widerspruch zur alten kirchlichen Tradition und zur geschichtlichen Wirklichkeit. In der Person Gregors VII. und in den von ihm gebrauchten Formulierungen werden Strömungen sichtbar, die zu neuartigen kanonistischen Richtungen führen. Noch gab es in der regen kanonistischen Sammeltätigkeit des 10. und 11. Jahrhunderts das alte Synodal- und Bischofsrecht, aber immer häufiger wurden nach der Mitte des 11. Jahrhunderts die Sammlungen des neuen Typs. Auch in die Öffentlichkeit drangen die großen Kämpfe in publizistischer Form, mit dem Ergebnis, daß in den sozialrevolutionären Bewegungen der unteren Volksschichten, vor allem in Oberitalien, gefährliche Gegner der auf dem Fundament des Feudalismus aufgebauten kirchlichen Einrichtungen erwuchsen, mochten sie auch vorübergehend sich gegen den Kaiser verwenden lassen. Wenn sich Gregor auf singulare Privilegien und göttliche Eingebungen beruft, so sind das weitgehend unkontrollierbare Behauptungen, denen schon von den Zeitgenossen widersprochen wurde. Sie haben die von ihm oft gebrauchten Begriffe der iustitia, der veritas und der lex nicht als die veritas und iustitia Gottes angesehen, und damit die Einseitigkeit seiner Haltung, seine Überheblichkeit gegenüber der Tradition, gegen die geschichtlich gewordene Verfassung der Kirchen aufgezeigt; ebenso haben sie seiner Auffassung, seine Sache sei die Sache Gottes, energisch widersprochen.[50]

In der schon seit Jahrzehnten erforschten Publizistik des Investiturstreits ist in letzter Zeit auch die Gegenseite sehr zu Wort gekommen.[51] Nach dem grundlegenden und materialreichen Werk von Ullmann[52] sind zwei neue Studien zu nennen, die sich zwar manchmal überschneiden, die Entwicklung von regnum und sacerdotium im 11. und 12. Jahrhundert jedoch auf der Grundlage sehr gründlicher Quellenstudien behandeln.[53] Um die Mitte des 11. Jahrhunderts wird nach den Erfahrungen in den Pontifikaten der Tusculanerpäpste und nach dem starken Eingreifen Heinrichs III. in den Kreisen der Reformer die Stellung des deutschen Königtums im Gefüge der römischen Kirche in Frage gestellt und im Papstwahldekret sichtbar. Wie aufgezeigt wurde, kommt jetzt der Begriff eines Deutschen Reiches anstelle des Imperiums in Gebrauch, wohl mit dem Ziel das Regnum Teutonicum auf Deutschland nördlich der Alpen zu beschränken und von Italien, das weithin zum Imperium gerechnet wurde, zu trennen.[54] Hierher gehören auch die Bestrebungen nach Entsakralisierung des Königtums, da die Salbung nicht mehr als Sakrament gelten soll, die Bestreitung des Königs als Vicarius Dei, Unterstützung der Fürstenopposition und deren Bestrebungen, aus dem erblichen Königtum ein Wahlkönigtum zu machen, wobei der Papst eine schiedsrichterliche Rolle (Prüfung der idoneitas) einnehmen sollte. Was sich z. B. hinter den Begriffen Simonie und Laieninvestitur verbirgt, ist oft religiös verbrämtes Machtstreben.

Das Aufgebot der Laien zu kirchlicher Aktivität aber ist nicht nur ideell, sondern auch handgreiflich gedacht; sie werden zur Anklage gegen den zu reformierenden Klerus aufgehetzt und das bedeutet im Grunde eine Durchbrechung der bisherigen Ordnung und der drei selbständigen Ordines, der praedicatores – continentes – coniugati. Den Laien wird Gehorsam nur gegen den Papst, aber nicht gegen die Bischöfe eingeschärft.[55]

Trennung vom Osten

Den Vorgängen im Westen hatte man von Osten her nicht untätig zugesehen, vor allem nicht nach der Überwindung der Krise des Bilderstreits in der sogenannten Blütezeit des byzantinischen Kaisertums unter der makedonischen Dynastie (ca. 850–1000). Seit der Schaffung eines neuen Staatswesens im Westen und der in Rom üblich gewordenen Kaiserkrönung waren die Beziehungen nicht unterbrochen, besonders nicht auf wirtschaftlichem und kulturellem Gebiet. Doch kam es zu schweren Rivalitäten auf dem Missionsfeld des Balkans, wo die beiden Kirchengruppen zusammenstießen. Dabei wurden von beiden Seiten die Ansprüche in scharfem Ton formuliert, und einige Synoden, die je nach dem Erfolg als ökumenisch gelten, waren diesen Fragen gewidmet. Wichtiger noch ist die Tatsache, daß wir in den Kämpfen um die Besetzung des römischen Bischofsstuhles im 10. und 11. Jahrhundert oft auch eine nach Byzanz hin orientierte Partei finden und daß von den römischen Bischöfen dieser Zeit nur ganz wenige in den Diptychen des Patriarchen von Konstantinopel geführt werden. So hatten sich Westen und Osten auseinandergelebt in langsam fortschreitender

Entfremdung, zu der auch die Vertreibung der Griechen aus Süditalien durch die Normannen beitrug.

Die vordergründig angegebenen dogmatischen und disziplinären Differenzen dürfen nicht über die politischen Hintergründe dieser Entwicklung hinwegtäuschen. Zwei Imperien, zwei Reichskirchen, zwei Patriarchen standen einander gegenüber, als um die Mitte des 11. Jahrhunderts wieder einmal die Beziehungen abgebrochen wurden (1054).[56] Und dieses Mal sollte der Bruch nicht mehr geheilt werden, obwohl immer wieder Versuche zur Annäherung unternommen wurden. Auch machte die selbständige Entwicklung im römischen Bereich ein Zusammenkommen immer schwieriger.

Die Pataria

Unter den sozial religiösen Bewegungen im sogenannten Reformjahrhundert nimmt die Pataria wegen ihren Beziehungen zum Papsttum einen besonderen Platz ein.[57] Die Bewegung entstand in Mailand seit der Mitte des 11. Jahrhunderts in den wechselvollen Auseinandersetzungen um die Entwicklung zur Kommune, die in anderen lombardischen Städten ähnlich verlief und strahlte auf Ober- und Mittelitalien aus; doch ist gerade für Mailand die Quellenlage und die darauf aufbauende Forschung besonders ertragsreich. Wie fast bei allen, auch religiösen Bewegungen der Zeit sind soziale Spannungen in erheblichem Maße beteiligt; doch ist der Ruf nach Reform der kirchlichen Zustände als der eigentliche Ausgangspunkt nicht zu übersehen. Wenn die Pataria Anhänger aus allen Schichten der Bevölkerung aufweisen kann, so stammt doch offenbar die Masse der Beteiligten aus den mittleren und unteren Schichten, und diese bildeten ein leicht beeinflußbares fluktuierendes Potential. An die dem Klerus angehörigen Begründer der Bewegung, den Diakon Ariald und den Notar der Mailändischen Kirche Landulf, schlossen sich alsbald zahlreiche Laien an. Auch sind die Autonomiebestrebungen der lombardischen Metropole zu bedenken. Die Entwicklung zu einem neuen städtischen Regiment weist deutlich die Ablehnung von äußeren Einflußnahmen auf, sei es von seiten des deutschen Königtums oder aber von der römischen Kurie. Die Bemühungen der Pataria um die Besserung des Klerus wurden fast allgemein begrüßt, doch nicht das gewaltsame Vorgehen, mit dem dieses Ziel erreicht werden sollte.

Starken Widerstand fand die Pataria wegen ihrer engen Bindung an das Papsttum bei den neuen städtischen Herrschaftsformen. Die von der Kurie gegen das Stadtregiment eingesetzten Erzbischöfe konnten ihre Kirche ebensowenig regieren wie die vom König ernannten, es sei denn, sie waren vorher durch die Einwohnerversammlung bestimmt worden; dann ließ man sie ohne weiteres auch die Investitur durch den König empfangen. Denn Selbständigkeit der Ecclesia Ambrosiana stand für die Stadt an erster Stelle.

In diesem Zusammenhang wird deutlich, wie wenig das mit dem Investiturstreit im engeren Sinne zu tun hatte: Die speziellen Probleme des Investiturstreits wurden an den Rand gerückt; es ging bei den lange anhaltenden Kämpfen vorwiegend um politische Dinge, also um Machtfragen. Wie sehr die römische Kurie und vor allem Gregor VII. diese politische Lage in die übliche kirchliche Phraseologie zu kleiden verstanden, ist genugsam bekannt. Beispiele dafür sind nicht nur die an den Ritter Erlenbald, den Bruder des Landulf, von Alexander II. um 1063/64 übersandte Petrusfahne, sondern auch die in den Schreiben des Papstes und seiner Anhänger geläufigen Ausdrücke wie milites Sancti Petri, fidelis, Christi famuli; sie kämpfen für die Gerechtigkeit, für die Verteidigung des Glaubens, die im Kampf getöteten Ariald und Erlenbald gelten als Märtyrer, die Gegner sind Feinde Christi, Ketzer.

Allem nach wandten sich die Predigten und Aufrufe der Führer der Pataria in den Anfängen hauptsächlich gegen die – wie sie sagten – umziemliche Lebensweise der Kleriker, vor allem des höheren Klerus. Der Ruf nach würdiger Spendung der Sakramente gehört zu allen Äußerungen der Reform und war wohl in vielen Fällen nicht unbegründet. Doch erscheinen die Vorwürfe übertrieben, und mit Recht konnten sich die Gemaßregelten auf die Vergangenheit berufen, die in der Frage der Priesterehe duldsamer war, und im besonderen auf die anerkannten Sondergebräuche der Mailändischen Kirche verweisen, die die Verheiratung der Kleriker gestatteten.[58] Durch die bekannten Verfügungen der römischen Synoden gegen die Simonie wurde auch dieses Thema in den mailändischen Auseinandersetzungen wichtig, freilich war in diesem Punkt der Nachweis schwieriger und führte zu erheblichen Erschütterungen des Besitzstandes und zur theologisch fragwürdigen Ungültigkeitserklärung durch Laien. Bei diesen wie auch bei anderen Vorwürfen gegen den Klerus und bei dem oft gewaltsamen Vorgehen kam es zu unrechtmäßigen Bereicherungen der Angreifer. Die durch die Aufhetzung der Massen betroffenen Geistlichen fragten mit Recht, woher die Pataria die Autorität zu so schwerwiegenden Urteilen und Strafen hernehme. Es scheint, daß das Verbot der Verurteilung von Geistlichen durch Laien auf der Lateransynode von 1059 sich schon gegen die patarinischen Vorgänge in Mailand richtete.[59] Auch Alexander II., der die Pataria aus eigener Erfahrung kannte, aber wohl nicht zu ihren Gründern gehörte,[60] sah sich veranlaßt, gegen die Gewalttaten der Laien Stellung zu nehmen und ihre Verachtung der kirchlichen Justiz als Häresie zu bezeichnen. Das Verhalten der römischen Kurie und der von Rom nach Mailand entsandten Legaten war aber weitgehend von den dort oft wechselnden Machthabern abhängig. Auf dem Höhepunkt des Investiturstreites betrachtete man die Pataria weniger als Reformbewegung, denn als Kampftruppe der Kurie gegen das deutsche Königtum. Aber als ihre Führer sich eindeutig den politischen Weisungen der Kurie beugten, verlor die bisherige Reformbewegung an Bedeutung und Einfluß. Neue Untersuchungen stimmen in der Beurteilung der Päpste und deren Einflußnahme auf die Pataria überein. Mit dem Abflauen und der Beendigung des Investiturstreites war die Bewegung der Pataria noch nicht am Ende; die Forschung spricht von mehreren späteren Phasen bis zur Mitte des 12. Jahrhunderts, deren Ausstrahlungen durch ganz Oberitalien bis nach Florenz reichten, freilich mit starken lokalen Veränderungen.

Beurteilung Gregors VII.

Der von mönchischen Vorstellungen beherrschte Kampf gegen Simonie, Priesterehe und Laieninvestitur und für die Einhaltung der Vita communis des Klerus dient auch der Erhaltung des kirchlichen Besitzes, verhindert die Absplitterung von kirchlichen Gütern an Priesterkinder. Der Erreichung dieses Zieles dient nicht nur die Betonung und Herausstellung des römischen Primates entgegen der bisherigen mehr episkopalen Kirchenverfassung, die Umwandlung der Ecclesia Romana zu einer einzigen großen Diözese der Kirche,[61] sondern auch der kompromißlose Einsatz der Laien. Das gilt etwa für die Pataria in Mailand und später für die Mobilisierung der Laien gegen den Nebenpapst Wibert von Ravenna (Klemens III.) und Heinrich IV. Wenn auch Ergebnisse der ideengeschichtlichen Studie von Erdmann in Einzelheiten revidiert werden können, so stimmt doch seine Feststellung, daß Gregor VII. der kriegerischste Papst war, der je auf Petri Stuhl gesessen hat, daß er den Gedanken des heiligen Kirchenkrieges ins Extrem getrieben, daß er trotz Gottesfrieden (treuga Dei) auch in der Fastenzeit zu kriegerischen Aktionen aufgerufen hat. Er nahm bisher königliche Rechte und Rechtsbräuche in Anspruch und investierte Lehensleute mit der Petersfahne als Lehensfahne.[62]

Aus den Anfängen des Pontifikats ist in dem schon erwähnten berühmten Register (Reg. Vat. 2) eine Zusammenstellung von 27 Sätzen überliefert, die in einzigartiger Weise die Stellung des römischen Bischofs in der Kirche kurz und wuchtig angeben. Im Register werden sie als ‚Dictatus papae' bezeichnet, und trotz jahrzehntelanger Diskussion sind sie noch nicht restlos gedeutet. Sie lauten:

Die römische Kirche ist allein vom Herrn gegründet.
Nur der römische Bischof kann mit Recht der allgemeine genannt werden.
Nur er allein kann Bischöfe absetzen oder wieder einsetzen.
Sein Gesandter geht allen Bischöfen auf einem Konzil voraus, auch wenn er geringeren Grades ist, und er kann gegen sie das Urteil der Absetzung aussprechen.
Der Papst kann auch Abwesende absetzen.
Mit den von ihm Gebannten soll man unter anderem nicht in demselben Hause bleiben.

Ihm allein ist es gestattet, wenn es die Umstände erfordern, neue Gesetze zu geben, neue Gemeinden zu bilden, aus einem Domherrenstift eine Abtei zu machen, und andererseits ein reiches Bistum zu teilen und Arme zu vereinigen.
Er allein darf sich der kaiserlichen Abzeichen bedienen.
Des Papstes Füße müssen alle Fürsten küssen.
Sein Name allein wird in den Kirchen genannt.
Diesem Namen ist in der Welt keiner gleichzustellen.
Ihm ist es gestattet, Kaiser abzusetzen.
Er kann, wenn die Notwendigkeit dazu zwingt, Bischöfe von einem Sitz auf einen anderen versetzen.
In der ganzen Kirche kann er einen Geistlichen senden, wohin er immer will. Der von ihm Eingesetzte darf einer anderen Kirche vorstehen, aber nicht Vasall sein und darf nicht von irgendeinem Bischof einen höheren Rang annehmen.
Keine Synode darf ohne seine Einwilligung als eine allgemeine bezeichnet werden.
Kein Gesetz und kein Buch darf ohne seine Genehmigung als kanonisch gelten.
Sein Ausspruch darf von niemanden verworfen werden, er selbst darf allein die Bestimmungen aller verwerfen.
Er selbst darf von niemanden gerichtet werden.
Niemand soll es wagen, einen zu verurteilen, der an den päpstlichen Stuhl appelliert.
Alle wichtigen Angelegenheiten jeder Kirche müssen vor ihn gebracht werden.
Die römische Kirche hat niemals geirrt und wird auch nach dem Zeugnis der Schrift in Zukunft niemals irren.
Der römische Bischof wird, wenn er gesetzmäßig gewählt ist, unzweifelhaft durch die Verdienste des hl. Petrus geheiligt.
Nach seiner Vorschrift und mit seiner Erlaubnis dürfen die Untertanen Klage erheben.
Er kann ohne Mitwirkung bei der Synode Bischöfe absetzen und wieder einsetzen.
Niemand soll für einen Katholiken gehalten werden, der nicht mit der römischen Kirche übereinstimmt.
Er kann die Untertanen von ihrem Treueid gegen abtrünnige Fürsten entbinden.[63]

Gleichgültig, ob es sich um eine Art Index zu einer aus der verstreuten Überlieferung erhobenen, aber heute verlorenen, oder einer künftigen Kanonessammlung handelt, mit dem Ziel, die primatialen Rechte des römischen Bischofs und der römischen Kurie zu unterstreichen, ob der ‚Dictatus papae' Unionsforderungen enthält, ob er den Kriegsruf gegen Heinrich IV. verkünden soll, auf alle Fälle ist er in dieser Prägnanz und Schärfe ein Bruch mit der bisherigen Kirchenverfassung und kann in dieser geschlossenen Form nur als Ausdruck des päpstlichen Selbstverständnisses angesehen werden.

Zudem hat der bisher sogenannte ‚Dictatus' von Avranches[64] offenbar seine Heimat auch in Rom und gehört in die späteren Regierungsjahre des Papstes, in die Zeit seiner Bedrängnis durch den deutschen König und des Abfalls vieler bisher Getreuer. Hier sind es 37 Sätze,[65] die die früheren Aussagen des ‚Dictatus papae' noch verschärfen[66] und durch Aussagen über den liturgischen Vorrang des Papstes ergänzen.[67] Wenn die von Mordek vorgeschlagene Zuweisung nach Rom und auf den Papst zutrifft, und das ist sehr wahrscheinlich, würde das bisherige Bild eines gewalttätigen Hierarchen in geradezu unheimlicher Weise verstärkt. Der Eindruck des Unerhörten ist von den sogenannten Antigregorianern empfunden und herausgestellt worden.[68]

Gregor VII. gehört allem nach nicht zu den „juristischen" Päpsten, obwohl er auf die künftige Entwicklung der Kirchenverfassung und nicht so sehr des Kirchenrechtes entscheidende Einflüsse ausgeübt hat.[69]

Wie vielen Reformern des Mittelalters schwebte ihm ein utopisches Bild der kirchlichen Frühzeit (ecclesiae primitivae) vor, an das er die Kirche seiner Zeit zurückführen wollte.[70] Doch hielten viele Zeitgenossen die angewandten Mittel: Zitationen von Bischöfen nach Rom, herrisches Auftreten seiner Legaten und sein plebeius furor für ungeeignet; sie riefen starken Widerspruch und Erbitterung hervor.[71] Der Erzbischof Liemar von Bremen, ein durchaus kirchlicher Mann, verwahrte sich z. B. entschieden dagegen, daß der Papst die Bischöfe wie Gutsverwalter behandelte: „dieser gefährliche Mensch maßt sich an, Bischöfen zu befehlen wie seinen Gutsverwaltern: Wenn sie nicht alles tun, was er will, so müssen sie entweder nach Rom kommen oder sie werden ohne Urteil suspendiert".[72] Und der normannische Anonymus gab zu bedenken, daß auch der Papst nur ein Bischof unter Bischöfen sein.

Die oft gestellte Frage: „War er ein Reformer oder Revolutionär?" ist leicht zu beantworten. Läßt man die von seinen zeitgenössischen Gegnern und späteren Beurteilern gebrauchten Epitheta beiseite, so wird man nicht zögern dürfen, in diesem Papst einen Mann zu sehen, der in seiner Zeit die christliche Botschaft für politische Ziele in gefährlicher Weise mißbraucht hat. Mit ihm und mit der nach ihm – ob zu Recht oder zu Unrecht – genannten Epoche trat die Entwicklung der Kirchengeschichte zur Machtgeschichte in ein entscheidendes, bis heute noch nicht überwundenes Stadium ein.

Mehr ein Revolutionär als ein Reformer, hat er in seiner religiösen Gewalttätigkeit die Struktur der Kirche und die Lebensformen des Klerus für Jahrhunderte bestimmt und trägt die Verantwortung für den römischen Mythos: Die römische Kirche allein von Gott gegründet, die Macht des vicarius Christi von Gott verliehen. So ist es nicht verwunderlich, daß der von seinen Anhängern im Leben und gleich nach seinem Ableben als Heiliger verehrte Papst erst im 17. Jahrhundert nach vielen Protesten europäischer Regierungen kanonisiert wurde. Aber es ist auch nicht verwunderlich, daß noch um die Mitte unseres Jahrhunderts ein Papst zu panegyrischen Formulierungen greift, die, wenn man auch den erbaulichen Zweck des Schreibens berücksichtigt, doch dem geschichtlichen Bild nicht gerecht werden.[73]

Standen sich die Kämpfer im Investiturstreit noch jahrelang, vor allem im theoretischen Bereich, unversöhnlich gegenüber, so neigten die unmittelbaren Nachfolger Gregors VII. in der Praxis zu einer Abschwächung des intransigenten Standpunktes, der ohnehin schon zu seinen Lebzeiten auch in seinem Lager nicht allgemeine Zustimmung gefunden hatte. Das Verbot der Laieninvestitur wurde von Urban II. (1088–1099) nicht urgiert, und er hat auch nichts gegegen die Übertretung unternommen. Das Investiturverbot hatte sich offenbar in dem mit aller Härte von beiden Seiten geführten Machtkampf nicht als die beste Waffe erwiesen.[74]

Ende des Investiturstreits

Der Investiturstreit geht unter Heinrich V., dem Sohn und Nachfolger Heinrichs IV., langsam dem Ende entgegen. Das politische Geschehen und die kämpferischen Auseinandersetzungen treten zurück, aber es bleiben die geistigen Kämpfe und daneben intensive Fühlungnahmen. Nach langen Verhandlungen versuchten, von ihren Anhängern ermutigt, der neue König und Papst Paschalis II. (1099–1118) zusammenzufinden, um die allmählich unerträglich gewordenen Spannungen und die damit verbundene Lähmung des kirchlichen Lebens zu beseitigen.[75] Der nach den Vorbesprechungen vom 4. Februar in S. Maria in Turri in Rom am 9. Februar in Sutri abgeschlossene Vertrag sah vor, daß die königliche Partei auf die Investitur verzichten und die geistlichen Fürsten ihr „Reichsgut" an das Reich zurückgeben sollten, eine Gewaltlösung, über deren Hintergründe wir nicht mehr genau unterrichtet sind;[76] vor allem ist nicht mehr auszumachen, wer wen überrumpeln wollte. Offenbar entstammt der Vorschlag des Papstes nicht nur idealen Armuts-Motiven.[77]

Ein vielschichtiger und in der Deutung sehr umstrittener Begriff, um den aber seit Jahrzehnten die Verhandlungen kreisten, ist der der Regalien. In den Beziehungen zwischen Reich (Königtum) und Kirche ist er von größter Wichtigkeit. Seit dem Ausbau der „Reichskirche" bezeichnet er die jeweils dem Bischof oder Abt nach Wahl oder königlicher Ernennung durch Investitur mit Ring und Stab zugewiesenen Besitzungen (Territorien und Rechte). Aus den Regalien ergab sich, wie im Lehensrecht, die Pflicht zu Treueid und zu bestimmten Leistungen an das Reich (Kriegsdienst). Ob die durch den König nach der Wahl oder der Ernennung den Bischöfen oder Äbten verliehenen Regalien den gesamten Kirchenbesitz oder nur einen Teil ausmachten, ist hier nicht weiter zu erörtern. In dem berühmten Vertrag von Sutri ging es offenbar nur um die durch die Investitur verliehenen Güter und Rechte, nicht um den sonstigen Kirchenbesitz. Aber der Verlust des Reichskirchengutes hätte die Struktur der Reichskirche entscheidend verändert und damit das ganze Gefüge der Reichsverfassung. Mit der in kurialen Kreisen vertretenen Ansicht, daß die einmal geschenkten oder zur

Verfügung gestellten Dinge nicht mehr zurückgenommen werden könnten, waren die königlichen Unterhändler nicht einverstanden.

Eine besondere Schwierigkeit bestand hinsichtlich der Regalia s. Petri. Aus der Konstantinischen Schenkung zitierte man gerne im Rom der Reformer die Übergabe des Westens, die Verleihung der kaiserlichen Rechte und Ehrenzeichen an „Papst" Silvester, ohne zu bedenken, daß das Patrimonium Petri aus Gebieten bestand, die durch Karl den Großen und die sächsischen Kaiser an die römische Kirche gekommen waren. Freilich war die Diskussion um den Regalienbegriff mit einer Gefahr verbunden: die Kaiser als Nachfolger Konstantins könnten die Schenkung zurücknehmen. Hinter den Auseinandersetzungen stand immer das Bestreben der libertas ecclesiae Romanae, das Bestreben, den Besitz des Patrimoniums als eines eigenen, selbständigen, vom Reich unabhängigen Gebietes (Staates) durchzusetzen, und so wurde der Begriff Regalia s. Petri allmählich zur Bezeichnung des Kirchenstaates. Von hier aus sind auch die Versuche der Römer jetzt und später immer mehr zu verstehen, die Regalia s. Petri für sich zu beanspruchen und den Papst auf die kirchlichen Einkünfte zu beschränken. Während in Sutri die Bischöfe und Äbte die Regalien an das Reich zurückgeben sollten, war von einer Rückgabe der Regalia s. Petri nicht die Rede. Im Wormser Konkordat hat der Kaiser dies ausdrücklich bestätigt und sogar die Rückerwerbung und Sicherung der Regalia s. Petri versprochen.[78]

So kam es unmittelbar vor der geplanten Kaiserkrönung am 12. Februar 1111 zu einem folgenschweren Zwischenfall, zum heftigen Protest der deutschen geistlichen und weltlichen Fürsten. Daß die geistlichen Fürsten sich wehrten, ist ohne weiteres verständlich, aber auch die weltlichen Fürsten widersprachen nicht weniger heftig, weil sie durch den Vertrag eine große Stärkung der königlichen Macht befürchten mußten. Es kam zur Gefangennahme des Papstes und der meisten Kardinäle und einige Monate später zum Vertrag von Ponte Mammolo am 12. April, der dem Papst die Freiheit, dem König die Kaiserkrönung und das Recht der Investitur zusprach. Nach dem Vertrag wurde Paschalis von den alten Gregorianern stark angegriffen, der Vertrag auf einer Synode in Rom im März 1112 „Pravilegium" gescholten, Ungültigkeitserklärung und Exkommunikation des Kaisers gefordert. Trotzdem hielt sich der Papst, offenbar durch seinen Eid vom 11. April gebunden, zurück, obwohl auf einer Synode im Herbst 1112 in Vienne ihm mit der Anklage der Häresie und mit der Absetzung gedroht wurde. Die erste Exkommunikation wurde aber nicht in Vienne, sondern durch den im heiligen Land weilenden Kardinallegaten Kuno von Praeneste noch im Sommer 1111 in Jerusalem aufgrund der Nachricht von der Gefangennahme des Papstes ausgesprochen und wenig später in Konstantinopel wiederholt.[79] Durch allgemeine Bestätigung solcher Beschlüsse versuchte der Papst die Intransigenten zu beschwichtigen, sie aber gleichzeitig durch neue Kardinalsernennungen von der Kurie zu entfernen.[80] Mit großer Geschicklichkeit führte er eine zwiespältige Politik, die in ihren Einzelheiten nicht mehr ganz aufzuklären ist. Immerhin führte diese Politik dann doch zu dem Kompromiß von Worms im Jahre 1122.

In diesem zweiten Jahrzehnt des 12. Jahrhunderts sind die grundsätzlichen Positionen umstritten. Vor allem im Kardinalskolleg ändern sich die Anschauungen häufig, und zwar in kurzen Abständen. Das gilt selbst für Kardinäle, die das „Pravilegium" unterschrieben haben.

Trotz der vom Papst zugelassenen und auch gebilligten Bannung des Kaisers durch Synoden und Legaten, gingen die Sondierungen weiter, aber wir haben von den offenbar recht lebhaften schriftlichen und mündlichen Fühlungnahmen nur eine spärliche Überlieferung. Wenn auch beide Parteien auf ihren Forderungen bestanden, so zeichnete sich doch immer mehr das Bemühen um eine Verständigung zwischen „regnum et sacerdotium" ab. Doch trugen immer noch neue Männer an der Kurie und im Reiche zur Verstärkung der Opposition gegen den gebannten Kaiser bei und so dauerte es noch einige Zeit, bis die Lösung gefunden wurde. Im Herbst 1119 begannen in Straßburg die entscheidenden Verhandlungen zwischen dem Kaiser und den Abgesandten des Papstes, dem durch seine philosophische Gelehrsamkeit berühmten Bischof Wilhelm von Champeaux von Châlons und dem Abt Pontius von Cluny. Sie führten zu einem raschen Abschluß, und es sollten die Kardinäle Lambert von Ostia (der spätere Honorius II.) und Gregor von St. Angelo (der spätere Innozenz II.) die schriftliche Bestätigung des Kaisers einholen und den Termin für den Friedensschluß vereinbaren. Das zu gleicher Zeit in Reims tagende Konzil war als Ort der Einigung oder der Verkündigung der Einigung in Aussicht genommen: zuerst aber wollten Kaiser und Papst bei einem Treffen im Oktober in Mouzon die Verständigung beschwören.[81]

Wider Erwarten ergaben sich Schwierigkeiten hinsichtlich der Interpretation der verschieden interpretierbaren Texte, und die Schwierigkeiten wurden nach allgemeiner Ansicht der Forschung durch das Mißtrauen der päpstlichen Seite ausgelöst; es folgte der Abbruch der Gespräche und nach Rückkehr des Papstes zur Synode die erneute Bannung des Kaisers. Nach diesem Fehlschlag nahmen die deutschen Fürsten die Sache in die Hand und verpflichteten auf dem Würzburger Reichstag im September/Oktober 1121 den Kaiser durch ein consilium zum Friedensschluß mit dem Papst. So gingen im Frühjahr 1122 wieder Gesandte zu erneuten Verhandlungen an die Kurie. Als im Juli drei päpstliche Legaten kamen, beriefen sie eine allgemeine Synode (concilium universale) nach Mainz und luden auch den Kaiser dazu ein.[82] Offenbar hat die meist bestrittene Synode doch stattgefunden, wenn auch ohne Beteiligung des Kaisers, der sich in seiner Stadt Worms aufhielt und von dort die Verhandlungen führte, sich also nicht einem kirchlichen Tribunal stellte.[83] Er erreichte, daß die auf der Synode stark vertretene Gegenpartei und die Legaten ihm bis unmittelbar vor

Worms entgegenkommen mußten, wo dann am 23. September der Austausch der Urkunden vollzogen wurde. Die Urkunde des Kaisers ist im Original (Vatikanisches Archiv) und in vielen im Text veränderten Abschriften erhalten. Von der päpstlichen Urkunde gibt es viele Überlieferungen, die noch einer genauen Prüfung bedürfen.

Das Wormser Konkordat von 1122 ist ein bedeutender Einschnitt in der Geschichte des Mittelalters und ein Beleg dafür, wie durch Abgrenzung der Interessen Streitfragen entschärft werden können. Nicht als ob es die Lösung der schwierigen Fragen und die Beendigung des langen Streites gebracht hätte, denn es war ein Kompromiß, ein Ausweichen vor einer wohl kaum möglichen, eindeutig klaren Entscheidung, wie sie 1111 in Sutri versucht wurde. „Die enge Verflechtung von Reichsrecht und Reichsdienst mit Kirchenbesitz und Kirchenrecht hatte ja den Investiturstreit zu einem fast unlösbaren Problem gemacht". Es war ein Kompromiß, dem dann doch eine gewisse Beruhigung folgte, nachdem er zuerst von beiden Seiten heftig angegriffen und verurteilt worden war. Nach dem Wortlaut der Urkunden werden Spiritualien und Temporalien getrennt, wobei Ring und Stab als religiöse Symbole gelten und durch das Szepter ersetzt werden. Aber dieser Wechsel der Investitursymbole kann nicht verdecken, daß die sogenannten Temporalien und ihre Zuweisung Sache des deutschen Königs sind und auf altem Reichsrecht beruhen. Der Kaiser verzichtet auf Investitur mit Ring und Stab und gewährt kanonische Wahl und freie Konsekration. Der Papst hingegen konzediert für die Wahl der Bischöfe und Äbte im deutschen Reich die Gegenwart des Königs (in praesentia regis); bei Zwietracht soll er mit dem zuständigen Metropoliten und den Komprovinzialbischöfen dem sanior pars zustimmen. Im engeren deutschen Reich wird der *Erwählte,* in den übrigen Teilen des Imperiums (Italien und Burgund) der *Konsekrierte* durch das Szepter investiert und dem König leisten, quae ex his iure tibi debet, faciat. Näherhin sind die Leistungen nicht umschrieben: diese Formulierung und ebenso der Begriff der praesentia regis führten später zu verschiedenartigen Erklärungen. Die jahrzehntelange Diskussion darüber, ob die Urkunde Calixt II. nur – wie es der Wortlaut nahelegt – für Heinrich V. persönlich galt, hat keine befriedigende Antwort erbracht.

Inwieweit ähnliche Entwicklungen in Frankreich und England als Vorbild für das Wormser Konkordat dienten, ist nicht mit letzter Sicherheit auszumachen. Immerhin waren die auf beiden Seiten beteiligten Männer Kenner der Materie und wurden meist schon seit 1111 oder früher zu den Verhandlungen und zur Bezeugung der Abmachungen herangezogen. So erklärt sich die Kontinuität in den Formulierungen der ausgehandelten Texte von 1111 bis 1122.[84] Sollte es die Absicht der kurialen Reformer gewesen sein, Bischöfe und Äbte von den weltlichen Bindungen an König und Reich zu lösen, so haben sie ihr Ziel nicht erreicht. Im Gegenteil: das Reichskirchengut geht jetzt endgültig ein in die Lehenshoheit des Reiches.

Die innere Seite der Reform: die Institutionen

Die Reform des 11. und 12. Jahrhunderts ist in verschiedenen Teilaspekten genauer untersucht worden. Dabei wurde auch betont, daß Reformbestrebungen nicht erst im 11. Jahrhundert einsetzen, wenn sie auch seit der Jahrtausendwende eine rasche Verbreitung und Vertiefung erfahren. Die italienische Forschung vor allem hat in den vergangenen zwei Jahrzehnten auf internationalen Kongressen die allgemeinen Zustände in Welt und Kirche im 11. und 12. Jahrhundert zu durchleuchten begonnen. Da sind neben den noch zu erwähnenden Tagungen in Spoleto (Settimane di studio del centro italiano di studi sull'alto Medioevo) und in Todi (Convegni del centro di studi sulla spiritualità medievale) zunächst die von der katholischen Unversität in Mailand veranstalteten Zusammenkünfte auf dem Mendelpaß zu nennen, die freilich in unterschiedlicher Behandlung und Bedeutung allgemeine Probleme und Einzelfragen untersuchen, so im Jahre 1959 die Vita communis des Klerus im 11. und 12. Jahrhundert.[85]

Die unter Karl dem Großen und Ludwig dem Frommen eingeführte Aachener Regel (institutio canonicorum Aquisgranensis) konnte sich in den zwei folgenden Jahrhunderten nicht voll auswirken, da besonders durch die Einfälle der Normannen, Sarazenen und Ungarn zahlreiche Klöster und Kirchen zerstört oder geschädigt wurden und dadurch auch die Disziplin Schaden leiden mußte. Im Gegensatz zu vielen, den Zerfall übertreibenden Berichten späterer Reformer kam es noch im 9. Jahrhundert zu Wiederaufbau, wenn auch die Restauration im mönchischen Bereich (Cluny) mehr sichtbar wurde. Die schon erwähnte Tagung auf dem Mendelpaß hat diesen Fragen viele Referate gewidmet und ein buntes Bild der vielschichtigen, nach Ländern verschiedenen Zustände entworfen. Zwei Gebiete treten deutlich nebeneinander: das Reich (Reichskirche) und der europäische Westen und Süden. Nach der Aachener Regel wurde die Vita canonica wieder weitgehend beobachtet, hauptsächlich in den drei Formen des gemeinsamen Lebens: Bischof und Kapitel – Kapitel ohne Bischof – Kanoniker mit individuellen Pfründen. Die Gregorianische Reform galt nicht nur dem Mönchtum, wie es die Forschung der letzten Jahrzehnte wohl übertreibend herausstellte, sondern ebenso auch der Vita communis. Wenn es ein oder das Ziel der libertas ecclesiae war, verlorenen Kirchenbesitz vor allem für die Klöster zurückzugewinnen, so diente die Restauration der Kapitel und Stifte demselben Zweck und kam der Wiederherstellung der bischöflichen Sprengel und der Neuordnung der Seelsorge zugute, zumal mit der Vita canonica Predigttätigkeit verbunden war. Mönchtum und Vita canonica wurden als zwei verschiedene Formen der Vita apostolica empfunden. Das zeigte sich deutlich, als der Diakon der römischen Kirche, Hildebrand, auf der Synode 1059 in Rom die Kanoniker an die mönchische Lebensform angleichen wollte, aber auf Widerstand stieß. Gerade die Päpste Nikolaus II. und Alexander II. können als besondere Förderer der Kanoniker gelten.[86]

Gesichtspunkte der zweiten Tagung (1962) waren die vielfachen Formen des eremitischen Lebens, dem oft ein längerer Aufenthalt im Kloster voranging, und die nach Klima und Ländern verschieden waren. Durch die weite Verbreitung und die eifrige Predigttätigkeit gehörten die Eremiten zur Vorgeschichte der kommenden Reformströmungen.[87]

Ein weiteres Tagungsthema war (1965) die theologisch-soziologische Wertung der Laien mit den bekannten Ordnungsschemata: ordo praedicantium-ordo continentium-ordo bonorum coniugum. Oder: doctores-coniugati-contemplativi. Nach dem soziologischen Einteilungsprinzip: sapientes-milites-artifices, oder: oratores-bellatores-laboratores, oder: iudicantes-pugnantes-laborantes. Dazu galt die Aufmerksamkeit ihrer religiösen Bildung, ihrer Stellung als Konversen in Klöstern mit dem Ergebnis, daß im allgemeinen der Klerus als die höhere Form angesehen wurde.[88]

Die vierte Tagung (1968) stand unter dem Thema „Mönchtum und Kirchenreform von 1049 bis 1122" und behandelte in zahlreichen, nicht immer zusammen passenden Referaten allgemeine Fragen wie Bischöfe und Klöster, das Mönchtum und die Armut, die sogenannte Mönchstheologie und viele einzelne Klöster und Zellen.[89]

Von größter Wichtigkeit ist das Thema der fünften Tagung (1971) über die kirchlichen Institutionen des 11. und 12. Jahrhunderts. Wie schon der Untertitel angibt (Papato, cardinalato ed episcopato) wurden auf dieser Tagung grundlegende Fragen der Kirchenverfassung aufgegriffen, so die Theologie des römischen Primates im 11. Jahrhundert, synodale und primatiale Auffassungen innerhalb der römischen Kirche, das Verhältnis von Papsttum und Kaisertum, der Stand der Forschung über die Entwicklung des Kardinalkollegs und seine politische Bedeutung in der ersten Hälfte des 12. Jahrhunderts, der Aufbau der römischen Kurie.[90]

Von 1974 an wurden die Tagungen nach Milano verlegt, so die VI. Tagung mit dem Thema „Diocesi, Pievi e parrochie"[91]; die VII. Tagung griff auf die Anfänge zurück „Istituzioni monastiche e istituzioni canonicali in occidente (1123–1215)", da sich offenbar inzwischen neue Ergebnisse angeboten haben.[92]

Die Kardinäle

Über den Ursprung der Kardinäle im frühen Mittelalter gibt es gründliche Forschungen, doch sind offenbar noch nicht alle Fragen an den Begriff cardinalis beantwortet; allem nach wurde diese Bezeichnung dann gebraucht, wenn von einem Bischof, Presbyter oder Diakon die Rede war, der in einer fremden Kirche, für die er ursprünglich nicht geweiht worden war,

Dienst tat. Später setzt sich mehr die Zuordnung an eine Kathedrale (Bischofskirche) durch, so in Rom und in vielen anderen Bischofsstädten.[93] Bis ins 11. Jahrhundert gab es kaum Unterschiede zwischen römischen Kardinälen und den Kardinälen an den anderen Kirchen. Die folgende Aufzählung kann zeigen, wie weit verbreitet damals das Beiwort cardinalis war. Es gab Kardinäle in Aachen, Amalfi, Angers, Asti, Autun, Bergamo, Besançon, Chartres, Como, Compostela, Cremona, Fermo, Florenz, Genua, Köln, Lodi, London, Lucca, Magdeburg, Mailand, Neapel, Nevers, Novara, Orléans, Padua, Paris, Pavia, Piacenza, Ravenna, Reims, Rieti, Rimini, Salerno, Sens, Siena, Soissons, Spoleto, Toul, Trier, Troyes, Turin, Vercelli und Verona.[94] Dann aber änderte sich die Lage in Rom ganz erheblich: Aus den liturgischen Helfern des römischen Bischofs, den suburbikarischen oder Kardinalbischöfen, aus den Stadtpfarrern (Kardinalpriestern), aus den karitiativen Verwaltern bestimmter Stadtbezirke (Kardinaldiakonen) wurde durch Zusammenschluß ein Kolleg, das vorwiegend der großen Kirchenpolitik dienen sollte. Andererseits wurden die Kardinäle in den erwähnten Städten außerhalb Roms von dieser Entwicklung nicht berührt, und das römische Kardinalskolleg wurde von Persönlichkeiten von außen vermehrt.

Zunächst war es die Gruppe der Kardinalbischöfe, so vor allem unter Leo IX.: z. B. der Lothringer Humbert von Silva Candida und Petrus Damiani, der Eremit von Fonte Avellana. Durch die Beauftragung dieser Kardinäle mit kirchenpolitischen Aufgaben (Legationen) entstand ein sogenannter Senat des römischen Bischofs. Die Frage, wie sich im öfters gebrauchten Begriff der Ecclesia Romana römischer Bischof und römische Kardinäle zueinander verhalten, ist noch nicht endgültig beantwortet,[95] aber es scheint doch, daß die Kardinäle, vor allem die Kardinalbischöfe, kurz nach der Mitte des 11. Jahrhunderts mit dem römischen Bischof zusammen eine Art Kollegium bildeten und der Bischof an den Rat dieser Kardinäle gewiesen war. So läßt sich auch das Abrücken der meisten Kardinäle von Gregor VII. nach 1084 als Folge des autokratischen Regiments Gregors erklären.[96] Daß die Maßnahmen Klemens' III. (Wibert von Ravenna) entscheidend zur weiteren Ausbildung des Kardinalkollegs, besonders der zunehmenden Bedeutung der Kardinalpriester beitrugen, ist immer wieder unterstrichen worden. Wohl in der ersten Hälfte des 12. Jahrhunderts vollzog sich, nicht ohne größere Auseinandersetzung im Zusammenhang mit den Wahlen und nicht ohne längeren Widerstand seitens der Kardinalbischöfe, der Zusammenschluß der drei Gruppen der römischen Kardinäle zu *einem* Kolleg. Die Kardinäle, jetzt Senat der römischen Kirche und des römischen Bischofs, gewinnen immer mehr an Einfluß, was aber nicht besagt, daß die römischen Synoden schnell ihre frühere Bedeutung verlieren; für eine längere Zeit ist wohl ein Nebeneinander anzunehmen, während das am Ende des 11. Jahrhunderts erstmals belegte Wort curia nur noch den normalen Verwaltungsapparat bezeichnen dürfte.[97]

Die römische Kurie; die Wahlen des Jahres 1130

Zu den Neuerungen des Reformjahrhunderts gehört – und nicht an letzter Stelle – die Entstehung der römischen Kurie. Ist dieser Prozeß schon für die Beurteilung der zeitgeschichtlichen Vorgänge wichtig, so noch mehr für die daraus und darauf folgenden Entwicklungen des mittelalterlichen Christentums in dem verengten, bis heute noch bestehenden bürokratisch-iuristischen Rahmen der römisch-katholischen Kirche.[98]

Die Anpassung der stadtrömischen Kirche in der Spätantike und in der byzantinischen Epoche an die staatliche Verwaltung ist schon genug erörtert worden.[99] Im frühen Mittelalter gelang es den römischen Bischöfen, die mittelitalienischen Patrimonien, näherhin Rom und Umgebung, zu einer Art Fürstentum (Ducatus Romanus oder Kirchenstaat) zusammenzufügen, wobei die Verwaltungsformen sich zunächst stark an das byzantinische Vorbild anlehnten. Die weitere Entwicklung der Beherrschung und Verwaltung dieser Territorien hat man mit den Stichworten: Episcopium Lateranense – Patriarchium Lateranense – Sacrum Palatium Lateranense bezeichnend charakterisiert.[100]

Die Heraushebung Roms, der römischen Bischöfe aus der stadtrömischen und mittelitalienischen Politik führte zu einer neuen Struktur der ecclesia romana. War in der nachkarolingischen Zeit und besonders unter den Ottonen die römisch-bischöfliche Verwaltung stark an den deutschen königlichen Hof (Hofkapelle) angeglichen, so zeigten sich schon in der ersten Hälfte des 11. Jahrhunderts Bestrebungen, den stadtrömischen Bindungen zu entweichen.

Stärker machten sich solche Tendenzen unter Leo IX. und seinen nächsten Nachfolgern bemerkbar; neuen, von außen kommenden Persönlichkeiten wurden am römischen Hof die traditionellen hohen Posten wie Bibliothecarius und Cancellarius zugewiesen. In diesem oft schwer durchschaubaren Geschehen spielten die Kardinäle eine wichtige Rolle. Waren seit dem Papstwahldekret von 1059 zunächst nur die Kardinalbischöfe die Hauptbeteiligten an den Wahlen, so kamen in der zweiten Hälfte des Jahrhunderts die Kardinalpriester und in der ersten Hälfte des 12. Jahrhunderts die Kardinaldiakone hinzu. Die interne Diskussion über die Stellung der Kardinalsgruppen zueinander wirkte sich in der Wahl von 1130 aus, vor allem in den jeweiligen Begründungen für das eigene Handeln. Die sogenannte Vorwahl der Kardinalbischöfe wurde von den Kardinalpriestern und Kardinaldiakonen nicht anerkannt und die Mitwirkung der Kardinalbischöfe auf Bestätigung der vollzogenen Wahl beschränkt. Fast alle mit dieser Wahl zusammenhängenden Dokumente sind zur Rechtfertigung der eigenen Haltung abgefaßt und eignen sich wenig für ekklesiologische Erhebungen.

Deutlich sichtbar werden diese Entwicklungen – vor allem die schon längere Zeit bestehenden Rivalitäten zwischen den führenden stadtrömischen Familien der Frangipani und Pierleoni und ihren Kardinälen – in der für die theologische Beurteilung der legitimen Papstnachfolge so wichtigen Wahlen des Jahres 1130. War schon die Erhebung Honorius' II. im Jahre 1124 ein Gewaltakt mit starker stadtrömischer Beteiligung zu Lasten der Pierleoni,[101] so stellten die Gruppen der Kardinäle, freilich nicht ohne politischen Rückhalt, der Christenheit oder zunächst der Stadt Rom zwei römische Bischöfe, und zwar für die Dauer von acht Jahren. Trotz zahlreicher Untersuchungen sind die Vorgänge und die Hintergründe im einzelnen nicht mehr mit Sicherheit zu erkennen, zumal die Verschiedenheit der Standpunkte damals und später einer nüchternen Erkenntnis im Wege stehen: auf der einen Seite die starke Betonung der stadtrömischen Mitwirkung, auf der anderen die Herausstellung sogenannter spezieller religiöser Einflüsse.[102] Die Scheidung der an der Doppelwahl teilnehmenden Kardinäle in Konservative–Gregorianer–Alte und in Fortschrittliche–Junge ist wohl zu äußerlich, um die Lage und die Stimmungen im Kardinalkolleg verstehen zu können. Deswegen sind neue Studien, die aus einer Wertung der Unterschriften der Kardinäle in den „Bullae maiores" die Persönlichkeit und ihre politische Ausrichtung zu erfassen versuchen, zu begrüßen. So wird dann die jeweils um und mit dem Papst tätige Gruppe der Kardinäle greifbar: auf den römischen Synoden und noch mehr im „großen und kleinen Konsistorium", auf Legationen.[103]

Von den Vorgängen ist hier nur festzuhalten:[104] Vor dem Hinscheiden des kranken Honorius II. einigten sich die Kardinäle auf eine Wahlkommission, in der aber die Gewichte ungleich verteilt waren, und die dann auch bei den sich überstürzenden Ereignissen nicht zur Auswirkung kam. Der schon lange als Wortführer der sogenannten fortschrittlich-religiösen Partei geltende Kanzler Haimerich griff sofort zu, als Honorius II. im Kloster San Gregorio in Clivo Scauri auf dem Coelius in der Nacht vom 13. auf den 14. Februar 1130 starb. Nach vorläufigem Begräbnis des toten Papstes erhob in der Morgenfrühe unter Ausschluß der Öffentlichkeit[105] die Gruppe unter Haimerich, der vier Kardinalbischöfe angehörten, den Kardinaldiakon Gregor von S. Angelo zum Papst (Innozenz II). Noch am Vormittag des gleichen Tages versammelte sich in San Marco der größere Teil des in Rom und Umgebung anwesenden Kardinalkollegs, vor allem Kardinalpriester, Klerus und Volk von Rom, Adel und städtische Behörden (populus Romanus), die, nach Bekanntwerden der durch die Gruppe um Haimerich vollzogenen Erhebung Innozenz' II., den Kardinal Petrus Pierleoni (Anaklet II.) wählten und akklamierten. Über die genaue Zahl der bei den beiden Wahlen anwesenden Kardinäle[106] – für die Erkenntnis der Maiorität oder Minorität als wichtig angesehen – ist noch keine volle Einigung erzielt worden. Beide Wahlen sind unter kanonistischen Gesichtspunkten anfechtbar, die Anaklets jedoch weniger als die Innozenz' II. Da beide Gewählte sich behaupten konnten, mußte die Politik entscheiden. Während in Rom und im mittleren und südlichen Italien Anaklet Anerkennung fand, gelang es der Partei Innozenz' II. durch die Propaganda des hl. Bernhard von Clairvaux und die Häupter großer Orden und religiösen Gemeinschaften, sich nördlich der Alpen durchzusetzen und auch den deutschen König zu gewinnen. Doch erst mit dem Tode Anaklets im Jahre 1138 wurde Innozenz allgemein anerkannter Papst.

Interessanter ist die hinter den Vorgängen sichtbar werdende Problematik des päpstlichen Amtes. Die Beantwortung der Frage nach der Legitimität kann man ruhig der Dogmatik überlassen; für die geschichtliche Betrachtung ergibt sich etwa folgendes Bild: Es geht nicht an, Innozenz vor 1138 allein als Papst oder nicht als Gegenpapst zu bezeichnen.[107] Bis 1138 ist jeder der beiden Gewählten Papst und Gegenpapst. Eine den kirchlichen Maximen eher entsprechende Lösung wäre der Spruch einer allgemeinen von beiden Parteien beschickten Synode gewesen, was auch verlangt wurde. Die Ansicht, den Propagatoren Innozenz' II. (neue Orden, Regularkanoniker) sei religiös-spirituelle Aufgeschlossenheit zuzusprechen, ist übertrieben und hat neuerdings Widerspruch gefunden. So hat Tellenbach in sorgsam abwägenden Formulierungen über die neue „spirituelle Richtung" bei Honorius II., Innozenz II. oder Haimerich ernsthafte Zweifel angemeldet.[108] Das römische Ambiente darf nicht so weit ausgeklammert werden. Die kuriale Historiographie im engen und weiteren Sinne hat es auch hier verstanden, diesen höchst irdischen politischen Vorgängen und Praktiken den Mantel des Gottgewollten und des Mysteriums umzuhängen. Damit ist aber die für das Papsttum als kirchlicher Institution entstandene Aporie nicht überwunden, ebensowenig wie später in dem dreijährigen Konklave in Viterbo.[109]

Die Kreuzzüge

Aus dem Arsenal des Reformjahrhunderts stammt auch die Kreuzzugsidee, deren erste Verwirklichung durch vorwiegend französische Ritter unter maßgeblicher Führung der Kurie die neue Lage erkennen läßt. Der mächtige Aufbruch dieser Idee auf dem Konzil von Clermont im Jahre 1095 war in solcher Intensität nicht erwartet worden und ist ein deutliches Zeichen für die religiöse Lebendigkeit der Zeit. Der Papst, (Urban II. 1088–1099), der erst gegen Ende der Synode seine berühmte Kreuzpredigt hielt, war von dem gewaltigen Echo der Massen überrascht.[110] Die „bewaffnete Wallfahrt" wurde nun für lange Zeit zum Mittelpunkt der religiösen Betätigung, vor allem für das sogenannte „mönchische Rittertum" mit seiner höfisch-ritterlichen Ethik, zugleich ein Ersatz für das trotz der Gottesfrieden immer noch häufige Fehdewesen. Wenn auch die materiellen Anreize zum Auszug aus der Heimat nicht übersehen werden dürfen, so steht doch der reiche geistliche Lohn, der dem Kreuzfahrer versprochen wurde, im Zentrum der Bewegung – wenigstens in den ersten Kreuzzügen.[111] Ob die Befreiung der heiligen Stätten aus der Gewalt der seldschukischen Türken oder die Heimholung der griechischen Kirche für das Papsttum wichtiger war, ist schwer zu entscheiden. Päpste und Könige waren zunächst Träger und Ausführer der Kreuzzugsidee. „Während des 12. Jahrhunderts war der Kreuzzug aus einem Unternehmen der Barone zum Zug der Könige, dann zur Aufgabe des Kaisers und endlich (unter Innozenz III.) zum Werk des Papstes als Leiter der Christenheit geworden." Doch ging im 13. Jahrhundert die Durchführung bald an die westeuropäischen Könige und Fürsten über und statt eines gemeinsamen großen Zuges der Christenheit gab es nur noch Einzelunternehmungen.[112]

Beim ersten Kreuzzug gelang es, Jerusalem und das heilige Grab wieder in christlichen Besitz zu nehmen, das Königreich Jerusalem und die ersten Kreuzfahrerstaaten zu begründen, während als paradoxes Ergebnis des IV. Kreuzzuges das lateinische Kaisertum in Konstantinopel errichtet wurde. Doch ging bald vieles an die Sarazenen verloren, und auch die späteren Züge konnten trotz großer Bemühungen die Lage nicht verbessern. Mit dem Fall des letzten wichtigen Stützpunktes Akkon im Jahre 1291 war das heilige Land, für das so viele Opfer gebracht worden waren, ganz in der Hand der Muslim.

Wichtiger als der äußere Ablauf der Kreuzzüge sind für unsere Betrachtung die Gründe für das Versagen. Neben der Uneinigkeit und Rivalität unter den Führern und Ritterorden gab man der ungenügenden Organisation die Schuld. Ungenügend und vor allem korrupt war oft die finanzielle Seite. In der so lebhaften Kritik an der spätmittelalterlichen Kirche nehmen die Klagen über die Gleichgültigkeit und mangelnde Opferbereitschaft des Klerus eine beachtliche Stelle ein. Die Mißbräuche in der Kreuzzugspredigt, in der das unglückliche Ablaßwesen sich reich entfalten konnte, die Mißbräuche im Einzug durch die Kollektoren und die Verwendung der oft große Summen ausmachenden Kreuzzugsgelder, die schlimmen Praktiken in der Ablösung des Kreuzzugsgelübdes verwandelten echte Begeisterung in Haß. Nicht zuletzt öffnete die Politisierung die Augen vieler Gläubigen: Kreuzzugsgelder wurden für andere Zwecke verausgabt oder unterschlagen und flossen in die Kassen der Fürsten. Konnte man die Kreuzzugspredigt gegen heidnische Völker (Preußen, Litauer, Mongolen, Tataren) mit dem Ziel der Kreuzzüge noch einigermaßen vereinbaren, so war die Gewährung des Kreuzzugsablasses an Kämpfer zugunsten des Kirchenstaates oder der Politik der Kurie nicht zu verantworten, und es wurden diese Christenkriege auch von den Zeitgenossen hart getadelt. Gerade die Kurie gab hier das denkbar schlechteste Beispiel: mit der feindseligen Haltung der

Päpste des 13. Jahrhunderts gegen die in Italien wieder aufsteigende Macht der Staufer, mit der vorschnell verhängten Exkommunikation gegen den am Kreuzzug verhinderten Kaiser Friedrich II., mit der Indizierung der heiligen Stätten in Jerusalem und der politischen Kriegspropaganda gegen die letzten Hohenstaufen.[113] So braucht man sich über die große Ernüchterung den Kreuzzügen gegenüber nicht zu verwundern und auch nicht über den schwachen Erfolg der vielen Aufrufe gerade im 13. Jahrhundert zur Zahlung der Kreuzzugssteuern trotz weitgehender Öffnung des Kirchenschatzes in der Gewährung von Ablässen. Vom Enthusiasmus der ersten Züge blieb nicht viel mehr übrig als eine große Erbitterung gegen die Hierarchie und eine nicht mehr zu überwindende Resignation. Vom theologischen Standpunkt war die Ausdehnung der Kreuzzugsidee auf die Ostkolonisation und vor allem auf den Ketzerkreuzzug noch schlimmer, für das Ansehen der Kirche verderblicher, und sie beschleunigte den sogenannten Kulturwandel des späten Mittelalters.

Kaisertum und Papsttum

Das westliche Kaisertum erholte sich nur zögernd von der großen Einbuße im Investiturstreit. Das lange Fernbleiben deutscher Könige führte in Rom und im Kirchenstaat wie in früheren Zeiten zur Entwicklung mehr lokaler Bewegungen, beispielsweise brachen die Kämpfe der römischen Adelsparteien um die Besetzung des päpstlichen Amtes wieder aus, was wiederholt zu zwiespältigen Wahlen führte. Dann aber machten um die Mitte des 12. Jahrhunderts demokratisch-kommunale Strömungen wie in vielen anderen Städten den Bischöfen die Stadtherrschaft streitig, hier teilweise verbrämt mit antiken Vorstellungen wie der renovatio sacri senatus. Wichtig sind in diesem Zusammenhang die zur Abkehr von den weltlichen Funktionen mahnenden Stimmen des hl. Bernhard von Clairvaux und des ernsten Augustinerchorherrn Arnald von Brescia.[114] Erst unter Friedrich Barbarossa kam es nach langem Streit wieder zu einer Art von gegenseitigem Verständnis und Nebeneinander.

Das rasche Anwachsen der staufischen Macht durch die Erwerbung Siziliens brachte den Staat der Kirche und die Päpste als weltliche Macht in eine große Gefahr. Mit allen Mitteln kämpfte das Papsttum gegen diese Gefahr, die dann durch den frühen Tod Heinrich VI. beseitigt wurde. Zu diesen Mitteln gehörte die durch die Kanonisten besorgte Untergrabung des Imperiums zu Gunsten der sogenannten nationalen Staaten. Nach diesen Theorien ist die geistliche Gewalt, wie sie der Papst vornehmlich ausübt, nur *eine,* während die weltliche Gewalt in eine Reihe von selbständigen Einheiten aufgespalten wird: „Rex in temporalibus superiorem non recognoscens est imperator in regno suo." Dadurch wird der Imperator zum

Fürst neben anderen Fürsten, was die Auflösung des Imperiums und die Nationalisierung Europas bedeutet. Vom Papsttum angestrebt, gestützt und begrüßt im Kampfe gegen das Kaisertum, wird sie sich bald anders auswirken als man gedacht. Doch schien zunächst noch eine Zeit der Ernte gekommen zu sein, in der die Ideen aus dem Reformjahrhundert von der rechten Ordnung in geistlichen und weltlichen Dingen verwirklicht werden sollten. Von allen Seiten wurden dem jungen Papst Innozenz III. (1198–1216) gehuldigt.[115] Von den Bischöfen, deren Selbständigkeit durch die Ausbildung des kurialen Zentralismus immer mehr zurückging, von Fürsten, die ihn als obersten Lehnsherrn anzuerkennen vorgaben; selbst die griechische Kirche war durch die Errichtung des lateinischen Kaisertums (1204–1261) in Konstantinopel gedemütigt.

Bei der Frage nach der Machtstellung des Papsttums im Mittelalter kann man zwischen Theorie und Wirklichkeit unterscheiden. Über die Theorie ist trotz jahrzehntelanger Behandlung und Diskussion noch kein befriedigendes Urteil erreicht worden, weil hier bewußt oder unbewußt Erwägungen mitschwingen, die oft einem kirchlich-apologetischen Untergrund entstammen. Dazu kommt, daß immer neue mittelalterliche Autoren aus den scheinbar unerschöpflichen Handschriftenbeständen der Kanonistik erhoben werden und als Bausteine zur Errichtung einer Ekklesiologie dienen sollen. Aber Ekklesiologie als dogmatischen Traktat gibt es eben in dieser Zeit noch nicht, vielmehr beziehen sich die Kommentare der Theologen und Kanonisten zu den immer häufiger werdenden päpstlichen Dekretalen oft auf eine aktuelle politische Situation und sind auch so zu werten; aber trotzdem wurden sie durch Aufnahme in die Rechtssammlungen als allgemein gültiges Recht angesehen und weiter tradiert.

In den langen Auseinandersetzungen, ob das hochmittelalterliche Papsttum als Monismus (Hierokratie) oder als Dualismus zu verstehen sei, scheint man neuerdings dem hierokratischen System den Vorzug zu geben,[116] Aussprüche Innozenz III., die von Innozenz IV. in Anspruch genommene Rechtssetzung, die von vielen Päpsten, Theologen und Kanonisten gebrauchen Ausdrücke wie vicarius Petri-vicarius Christi und eine ganze Reihe ähnlicher Formulierungen geben eine deutliche Vorstellung vom römischen Selbstverständnis.[117] Die zentral geleiteten Bettelorden tragen wesentlich zur Machtstellung der Kurie bei; das wird besonders deutlich im großen Mendikantenstreit an der Pariser Universität. Durch das „Besetzungsrecht" für eine sehr große Zahl von höheren und oft gut dotierten Benefizien und durch die willkürliche und undurchsichtige Besetzungspraxis konnte das Papsttum über den Weltklerus und die Universitäten verfügen. Denn gerade die Universitäten waren für ihre Studenten auf die Gewährung der viele Namen enthaltenden Supplikenrotuli angewiesen.[118] Auch bei den Kanonisationen, für die im hohen Mittelalter sich die Kurie als allein zuständig erklärte, drängten politische Motive rein religiöse Erwägungen zurück, wie es auch später oft der Fall war.[119] Aber dieses Selbstverständnis ist weithin nur Anspruch und wird nicht ohne weiteres hingenommen, besonders nicht nach dem Umbruch im 13. Jahrhundert. Gegen die Ausuferung der plenitudo potestatis, gegen gewalttätige Eingriffe in die Verwaltung der Bistümer aus meist finanziellen Gründen, gegen die Reglementierung der christlichen Lebensführung wenden sich die „Untergebenen" (Klerus und Laien), sogar wenn nötig mit der nicht seltenen Appellation vom Papst an das allgemeine Konzil; gerade hier werden neue Forschungen noch wichtige Ergebnisse vorlegen können.

Das Papsttum konnte sich auf jener Höhe nicht halten. Der von Innozenz herangezogene und zum König und Kaiser erkorene junge Staufer Friedrich II. (1215–1250) sollte bald einer der kühnsten und erfolgreichsten Gegenspieler werden. Dabei zeigte es sich, daß nur in der Zeit des von den Päpsten mit allen Mitteln geförderten Niedergangs des kaiserlichen Amtes und noch vor dem Erstarken der Nationalstaaten die Kurie auch im weltlichen Bereich eine Zeitlang führend sein konnte. Daß es ihrem eigentlichen Beruf und ihrer religiösen Aufgabe widersprach, wurde von vielen Seiten und immer lauter geäußert. In der Nachfolge Innozenz' III. sind noch bis zur Mitte des Jahrhunderts einige kraftvolle Gestalten auf dem Stuhl Petri zu sehen, die indessen vorübergehend durch den meist in Italien residierenden Stauferkaiser zum Verlassen ihres Staates und auch Italiens gezwungen wurden. Nach seinem Tode vollzog sich der Abstieg und der Untergang des staufischen Geschlechtes in wenigen Jahren. Das Drama endete mit der Hinrichtung des jungen Konradin in Neapel (1268). Die Päpste sind an dieser Entwicklung in erster Linie beteiligt, aber sie werden ihrer neuen Verbündeten, der französischen Anjou, nicht froh. Die zweite Hälfte des Jahrhunderts ist mit dem Kampf um Mittel- und Süditalien ausgefüllt, das Reich wird zurückgedrängt. Aber diese kaiserlose Zeit wirkte sich in Italien doch so aus, daß die Bischöfe von Rom in ihrer Stadt oft nicht residieren, kaum zur Krönung erscheinen konnten; sie residierten meist in festen Plätzen wie Orvieto, Viterbo, Perugia und Anagni.

Lange dauerte die Erledigung des päpstlichen Stuhles infolge des Anwachsens vielfältiger politischer Einflußnahmen, verständlich nach der Ausschaltung des Kaisertums. So kommt es zu der für ein kirchliches Institut schwer zu rechtfertigenden Einrichtung des Konklaves. Im Ablauf der Papstwahl ist eine ähnliche Entwicklung festzustellen, wie sie auch bei anderen bedeutenden Ämtern anzutreffen war: bei der Königswahl durch das Kolleg der Kurfürsten, bei der Bischofswahl durch die Domkapitel. Schon im 11. Jahrhundert hören wir von einem Vorrecht der Kardinalbischöfe, seit 1179 sind nach den Erfahrungen bei der Wahl Alexanders III. zwei Drittel der Stimmen zur Gültigkeit erforderlich. Gerade diese Vorschrift machte die Wahl in der Folgezeit so schwierig, da bei etwa gleichstarken Gruppen eine Einigung meist nur auf dem Wege des Kompromisses zu erreichen war. Um rascher ans Ziel zu kommen, übernahm das 2. Konzil von Lyon (1274) Gebräuche, wie sie bei den Wahlen zu italienischen Stadtämtern üblich waren: nämlich die Einschließung des Wählerkollegs und Maßnahmen, die durch ihre Unbequemlichkeit (allmähliche Reduzierung der Nahrung usw.) ein Nachgeben leichter machen sollten.

Neue religiöse Ideen

Die Reformideen des 11. Jahrhunderts fanden Weiterungen, die ihren Urhebern nicht genehm sein konnten. Über ganz Europa verstreut haben wir Nachrichten von Reformern, die sich weniger mit der bisherigen Lehre der Kirche beschäftigten als mit den kirchlichen Einrichtungen und dem kirchlichen Leben. Die dem Zeitstil des Feudalismus entsprechenden Höfe bei Papst und Bischöfen förderten die Kritik an der kirchlichen Hierarchie, und diese Kritik schöpfte aus den urchristlichen Ideen der freiwilligen Armut und der apostolischen Nachfolge. Gewiß sind das Ideen, die das Christentum allezeit vertreten hat und die in den Hochformen der Vita religiosa Gestalt gewonnen haben. Aber diese starke Betonung, dieses Herausheben und Herausstellen kann zur Häresie führen, auf jeden Fall aber zum Zusammenstoß mit der bisherigen kirchlichen Ordnung, die jeweils gerne als die absolute ausgegeben wird. Die Forschung hat sich erst in jüngster Zeit diesen Fragen eifrig zugewandt und großartige Resultate gezeitigt, die laufend ergänzt werden.

In diese Zusammenhänge hinein gehört die Gruppe der Armen von Assisi, aus der der Franziskanerorden herauswächst, nicht ohne kräftige Mitwirkung der Kurie. Verständlich, daß es ihr angelegen sein mußte, die durch ihren Radikalismus gefährlichen Bewegungen zu zügeln und in bisher erprobte Formen einzufügen; das Problem der vollkommenen Armut ließ sich aber mit dem Abdrängen in einen Orden nicht ohne weiteres lösen und beschäftigte noch für ein Jahrhundert diese idealen Gemeinschaften und die Leitung der Kirche. Anders liegen die Dinge beim Dominikanerorden; sein Gründer Dominikus ist Spanier; als Domherr erlebt er in Südfrankreich die Macht der häretischen Bewegung, und er sieht, wie sie der Kirche Schaden zufügt. Er erkennt, daß sie mit ihren eigenen Mitteln – kirchlich autorisiert – zu bekämpfen ist; sein Orden führt später den Kampf gegen die Heterodoxie mit der Inquisition.

Während Innozenz III. auf dem 4. Laterankonzil (1215) seine Macht und die der Universalkirche zur Schau stellte, hatte schon eine furchtbare Gewalt nach den weltlichen Zutaten der Kirche gegriffen: die apokalyptischen Ideen des kalabresischen Sehers Joachim von Fiore († 1202).

Probleme der Papstwahlen

Viele glaubten gegen Ende des Jahrhunderts, daß das Reich der Geistkirche nun wirklich anbrechen sollte, als ein hochbetagter, weltfremder Eremit, Pietro del Morrone, aus der Einsamkeit der Hochabruzzen im Jahre 1294 zum Papst gewählt wurde.[120] Zweiundeinhalb Jahre hatte das Konklave gedauert, da sich die beiden etwa gleichstarken Gruppen der Kardinäle nicht einigen konnten, allen Vorschriften des Konklave zum Trotz. Den Papa angelicus, den Engelspapst, wollte man sehen in der Gestalt des ehrwürdigen Asketen.[121] Die nüchterne Betrachtung der Wirklichkeit sah freilich in dieser Wahl das Werk des klugen Königs Karl von Neapel, und statt nach Rom zog der neue Papst zunächst nach Neapel, um allerdings dann sein Amt nach wenigen Monaten verzweifelt in die Hände des Kardinalkollegs zurückzugeben. Sein Nachfolger war von anderer Art. In Bonifaz VIII. (1294–1303) ist noch einmal der Papstkönig im Sinne Innozenz' III. erstanden, und er hat in seiner berühmten Bulle ‚Unam Sanctam' die Oberhoheit des Papsttums in der herkömmlichen Form für die kirchliche Lehre verpflichtend festgestellt.[122] Doch zeigt seine Regierung mit den steten Kämpfen gegen die Kardinalsgruppe der Colonna in Sizilien und gegen den französischen König Philipp den Schönen das Ende des feudalen Papsttums und den Beginn der neuen Epoche, der Vormacht der Nationalstaaten, deutlich an. „Ein anderer wird dich gürten und führen wohin du nicht willst", dieses Wort der Schrift sollte an den folgenden Päpsten rasch in Erfüllung gehen.

Das Ende des gewaltigen Bonifaz VIII. durch den Überfall der französischen Scharen auf seine Sommerresidenz, das sogenannte Attentat von Anagni im Jahre 1303, gilt mit Recht als Ouvertüre des späten Mittelalters. Das Aufsteigen der nationalen Staaten mit Frankreich an der Spitze bedeutete die große Wende für die Macht und den Einfluß der zentral geleiteten Kirche im Westen. Von jetzt ab geht die politische Vormachtstellung Roms erheblich zurück, und bald wird sich diese Krise auch auf dem Gebiete der Kirchentheorie bemerkbar machen. Eigenartig war die Lage insofern, als in der innerkirchlichen Verwaltung sich der Einfluß der Kurie für einige Zeit noch steigern konnte. Die politische Lage und Verteilung der Kräfte spiegelt sich deutlich wider in den politischen Gruppen im Kardinalskolleg, die schon im 11. Jahrhundert mit einer gewissen Zwangsläufigkeit sich herausgebildet hatten. Es standen hier oft Fragen zur Entscheidung, in deren Beantwortung man wirklich verschiedener Ansicht sein konnte, auch im religiösen und kirchlichen Bereich. Seit dem Untergang der Staufer nahm der französische Einfluß stetig zu und kam vor allem in den Papstwahlen zum Ausdruck. Hier wurde oft monatelang, ja jahrelang um die Entscheidung gerungen; auch begann jetzt die im ganzen späten Mittelalter anzutreffende Übung der Wahlkapitulationen, d. h. Abmachungen vor der

Wahl, die den künftigen Papst in einer Reihe von wichtigen Punkten festzulegen versuchten. Dazu gehörten vor allem die Verwaltung und die Politik des Kirchenstaates sowie die Stellung und die Einkünfte der Kardinäle, die seit Ende des 13. Jahrhunderts zur Hälfte an den wichtigsten Einnahmen der Kurie beteiligt wurden, und schließlich die Ernennung neuer Kardinäle, die nur mit Zustimmung des Kollegs vorgenommen werden sollte und konnte. Dadurch blieb das Kardinalskolleg auf eine Zahl von etwa 20 Mitgliedern beschränkt und stellte eine kirchliche Oligarchie mit großem Einfluß dar.

Avignon und die kuriale Verwaltung

Als nach dem Tod des nur kurze Zeit regierenden Nachfolgers Bonifaz' VIII. die Kardinäle in Perugia den Erzbischof von Bordeaux zum Papst wählten, begann dieser nur zögernd den Weg nach Rom anzutreten.[123] Seine Unentschlossenheit und seine Abhängigkeit von Frankreich führten zur Krönung in Lyon (1305) und zum Bleiben in Avignon (1309). Damit begann das avignonesische Exil (1308–1378). Wie schon der Ausdruck Exil besagt, war in dieser Zeit Rom als Besitz des Papsttums nicht strittig, nur vermochten diese Päpste sich vom heimatlichen französischen Boden nicht zu lösen. Nach dem Tode des ersten Papstes in Avignon (Klemens V. † 1314) dauerte es über zwei Jahre, bis in Johannes XXII. (1316–1334) ein Nachfolger gefunden wurde. Da er vorher schon in Diensten des Königs von Neapel und zuletzt Bischof von Avignon gewesen war, blieb er dort und machte dadurch die Rückkehr des Papsttums nach Rom immer schwieriger. Bald kam auch das Avignon umgebende Gebiet an die Kirche, und ein stattlicher Palast – wohl der schönste und größte des Mittelalters – wurde gegen die Mitte des Jahrhunderts auf dem Felsen über der Rhone errichtet, in seinen Formen und seiner inneren Ausschmückung französisches und italienisches Kunstschaffen vereinend. Die Rückwirkungen auf Rom, auf den Kirchenstaat und Italien waren schon im politischen Bereich sehr bedeutend. Während die italienischen Territorien, so z. B. Mailand, Florenz und Venedig, sich zu geschlossenen staatlichen Gebilden entwickelten, zerfiel der Staat der Kirche immer mehr in einzelne selbständige Gebiete und Herrschaften. Die Ewige Stadt nahm nicht teil am kulturellen und baulichen Aufschwung anderer italienischer Städte, so daß die Gotik in Rom kaum vertreten ist.

Das stolze Wissen, Haupt des Erdkreises zu sein, ging zwar nicht unter; im Gegenteil die beginnende Renaissance entzündete sich gerade an diesen Motiven in Petrarcas klagenden und mahnenden Versen und in der ritterlich phantastischen Gestalt des Volkstribunen Cola di Rienzo (1347). Schon zuvor hatten Dante und die mit ihm in der politischen Haltung Verbundenen – Ghibellinen genannt – das Reich beschworen, den nach Italien ziehenden

König Heinrich VII. begeistert begrüßt und auch mit seinem frühen Tode ihre Hoffnungen nicht begraben. Wirklicher freilich war die Macht der Anjou als Senatoren von Rom und Generalvikare des Papstes in der Toscana und die ihrer Parteigänger, der Guelfen. Doch tat die kämpferische Auseinandersetzung der beiden Parteien in Wort, Schrift und auf dem Schlachtfeld der herrschenden Kirchenidee mehr Abbruch, als man beim Beginn des Streites ahnen konnte. Gegen die Ansprüche Frankreichs und der ihm hörigen Päpste verkündeten die wiederholten Appellationen Ludwigs des Bayern die Rechte des Reiches in der Wahl des Königs und Bezeichnung des künftigen Kaisers; sie brachte das Weistum zu Rhense (1338) zum Ausdruck und sie wurden in der goldenen Bulle (1346) wiederholt. Weiter zurück in die Geschichte der Kirche griffen die Franziskanertheologen am kaiserlichen Hof in München, vor allem Ockham und dann die Pariser Professoren, z. B. Marsilius von Padua, die die gefährliche Frage nach der Herkunft der angemaßten Rechte stellten und erörterten, wie die frühere Verfassung der Kirche in der guten alten Zeit sich mit dem Anspruch, Schiedsrichter in politischen Dingen zu sein, vereinbaren ließe. So wurden die Grundlagen des hochmittelalterlichen Kirchentums entscheidend bestritten. Der Niedergang des Kaisertums traf auch die Papstkirche empfindlich, nur wenige Jahrzehnte nachdem Bonifaz VIII. ein stolzes Programm verkündet hatte und sich als Papst und Imperator zu zeigen beliebte.

Auf dem Gebiete der kirchlichen Verwaltung sah es zunächst noch anders aus. Die Doppelfunktion Roms als lokaler Fürstenhof und Spitze der Gesamtkirche hatte im Laufe des Mittelalters zur Ausbildung einer Reihe von Abgaben oder Zuwendungen an die Kurie geführt, die allmählich die Form von festen Steuern annahmen.[124] Diese Entwicklung wurde beschleunigt durch das avignonesische Exil, das die Päpste weitgehend der Einnahmen ihres Staates beraubte, ja zur Erhaltung dieses Staates große Aufwendungen von ihnen forderte.[125] Neben den ordentlichen Abgaben (Servitien, Annaten), die immer mehr auf die vielen höheren Benefizien der Gesamtkirche ausgeweitet wurden, traten die außerordentlichen Forderungen (Zehnten, Subsidien), und diese waren es vor allem, die den Unwillen und den Widerspruch weiter Kreise herausforderten oder den schon lange darüber geäußerten Groll verstärkten. Gewiß wurde zunächst das Recht der Kurie auf Besteuerung der kirchlichen Benefizien nicht ohne weiteres bestritten, aber die ungenügende, ja schlechte Organisation, das herrische Auftreten der Kollektoren, die in den Behörden üblichen üblen Praktiken,[126] die leichtfertige Verhängung von kirchlichen Zensuren wegen Nichteinhaltung der Zahlungstermine, das alles führte zu einer schweren Krise des Vertrauens, bisweilen zu offenem Protest und Gewalttat gegen die von der Kurie eingesetzten Benefiziaten. Doch darf man nicht vergessen, wie stark weltliche Stellen von den Königen großer Länder herab bis zu den kleinen Territorialherren an dieser Entwicklung Schuld trugen.

Ein Bild des Umfanges der Benefizialpraxis vermittelt ein Blick auf die Hunderttausende von Urkunden(einträgen) in den Registerserien des Vatikanischen Archivs. Es geht bei diesen Pergamenten und Papieren weniger um pastorale Belange, als – wie man gesagt hat – um Wertpapiere, die an der kurialen Börse gehandelt wurden.

Ausbruch des Großen Schismas

Wieweit die Krise gediehen war, zeigen die Ereignisse des Jahres 1378 und noch mehr die daraus sich ergebenden Folgen. Die Rückkehr des Papstes nach Rom wurde immer dringlicher, sollte die Kurie ihres Staates nicht ganz verlustig gehen, und vor allem: den mit so großer Emphase in Anspruch genommenen universalen Charakter ihres Amtes nicht aufs Spiel setzen. Die bittenden und zugleich drohenden Rufe der heiligen Katharina von Siena fanden weithin Widerhall. So machte sich Urban V. (1362–1370) nach längerer diplomatischer und militärischer Vorbereitung im Jahre 1370 auf den Weg nach der verwaisten Stadt. Aber es gelang seiner Kurie nicht, wieder Fuß zu fassen, und so kehrte er kurz vor seinem Tode wieder nach Avignon zurück. Sein Nachfolger Gregor XI. (1370–1378) unternahm noch einmal den Versuch, kam 1378 nach Rom, starb aber dort nach wenigen Monaten. Das im Vatikan abgehaltene Konklave stand unter starkem Druck der römischen Bevölkerung, die von einer französischen Kardinalsmehrheit die Wahl eines Italieners drohend verlangte. Die Beurteilung der Wahl des Erzbischofs von Bari als Urban VI. (1378–1389) gehört zu den schwierigsten Problemen der mittelalterlichen Kirchengeschichte und ist mit späteren theologisch-kanonistischen Erwägungen allein nicht zu lösen. Jedenfalls bot die schroffe Persönlichkeit des wohl unter Druck gewählten, aber wie es scheint vorübergehend anerkannten Papstes, dem Kardinalskolleg willkommenen Anlaß, bei der ersten sich bietenden Gelegenheit Rom zu verlassen und in Fondi eine neue Wahl vorzunehmen, bei der der Bischof von Genf als Klemens VII. (1378–1394) zum Papst erhoben wurde. Seine Residenz wurde wieder Avignon. Damit hatte die gleiche Gruppe von Wählern die Entscheidung über die gültige Besetzung der höchsten kirchlichen Stelle in Anspruch genommen.

Die Stellungnahme, die nun von den Staaten und ihren Regierungen gefordert wurde, war schwerwiegend. Man kann wirklich nicht sagen, daß sie sich ihr entzogen hätten. Wie schwierig es für die Zeitgenossen war, die Tatbestände abzuklären, zeigen etwa die mehrere Jahre dauernden Untersuchungen und Verhöre in Kastilien. Meistens verhielt man sich zunächst neutral und übernahm kraft königlichen Amtes die Verwaltung der Kirche in den einzelnen Ländern. Die politischen Gegebenheiten legten aber bald die Anerkennung der einen oder anderen Kurie nahe. Die Gefahr der

Einwurzelung der Spaltung wurde immer größer, je länger keine Einigkeit erzielt werden konnte. Inzwischen war durch beiderseitige Verhängung von kirchlichen Strafen die ganze Christenheit irgendwie betroffen.

Das Ergebnis der Doppelwahl von 1378 war also: zwei Päpste mit eigenem Kardinalskolleg und eigener Kurie, Zerfall der damaligen Christenheit in zwei Gruppen: der römischen und der avignonesischen Obedienz, Zweiteilung der universalen Einrchtungen wie der zentral geleiteten Orden, die nun doppelte Generalsreihen aufweisen. Ungefähr der allgemein politischen Gruppierung entsprechend gehörten zur römischen Obedienz Italien, Mittel- und Osteuropa, England, während zu Avignon sich die westlichen Staaten bekannten. Die Grenzen zwischen den Obedienzen blieben fließend und erfuhren öfters kleine Veränderungen. Es fehlte von Anfang an nicht an praktischen Versuchen, diesen Zustand zu beseitigen. Vor allem erwartete man beim Tod der Päpste die Möglichkeit der Einigung, doch vergebens. Das Schwergewicht der neuen Organisationen und die politische Haltung der Staaten führten jeweils zu Neuwahlen in Rom und Avignon. Wichtiger noch als diese praktischen Versuche waren die theoretischen Erwägungen zur Beilegung des Schismas, wie sie vor allem ausdauernd und tiefschürfend an der Universität Paris angestellt wurden: gleichzeitiger Rücktritt beider Päpste, Vereinigung der beiden Kardinalskollegien und eine allgemeine Kirchenversammlung.

Reformkonzilien und Reformbewegungen

Nachdem die Spaltung schon eine Generation überdauert hatte, verließen im Jahre 1409 die Kardinäle beider Obedienzen endlich ihre Päpste und vereinigten sich zur Synode von Pisa. Doch führte auch dieser wichtigste Versuch zunächst nur zu einer dritten Obedienz, die aber allmählich an Raum gewann. Die Folgen der so lange anhaltenden Spaltung waren für das innerkirchliche Leben ungeheuerlich. Der ungenähte Rock des Herrn – das Sinnbild der Kirche – war zerrissen worden. Die Kirche hatte sich gespalten in mehrere Herden mit mehreren Hirten. Das höhlte die theologische Begründung der Kirchenverfassung aus, nährte die Gleichgültigkeit der sichtbaren Kirche gegenüber. Erst dem klugen und energischen Zugreifen des deutschen Königs Sigismund gelang die Wiedervereinigung der getrennten westlichen Kirche. Das von der Kurie so viel bekämpfte kaiserliche Amt kam nun noch einmal als Schirmvogtei zu Ehre und Wirksamkeit. Das Konzil von Konstanz (1414–1418), von Sigismund veranlaßt und weithin geleitet, gab der Kirche nach schwierigen Verhandlungen die Einheit wieder. Die Absetzung Johanns XXIII. (Pisa) und Benedikts XIII. (Avignon), der Rücktritt Gregors XII. (Rom) machten den Weg frei zur Wahl eines neuen Papstes. Der nach kompliziertem Wahlakt erhobene Römer Odo Colonna fand als Martin V. die allgemeine Anerkennung der Staaten.

Seit dem hohen Mittelalter war der Ruf nach Reform der Kirche oft laut erklungen, so auf dem Konzil von Vienne (1311–1312), das für die Reform der kirchlichen Zustände beachtliche Vorarbeit leistete. Verständlich, daß die stürmisch ungesunde Entwicklung des kurialen Verwaltungs- und Finanzwesens und die daraus sich ergebenden Mißstände den Ruf verstärkten. Besonders aber das große Schisma, das vieler Unordnung den Weg öffnete und die kirchliche Verwaltung weithin der weltlichen Gewalt überlassen mußte, gab der in Konstanz versammelten allgemeinen Kirche eine Fülle von Aufgaben. Mehr als man gewöhnlich zugestehen will, hat diese Synode für die Reform der kirchlichen Zustände und die Hebung des religiösen Lebens getan, zumal in der Beseitigung der Lizenzen, die in der Not des Schismas den zwei oder drei Obedienzen zugestanden werden mußten. Doch war das nur die eine Seite der Reform, die andere und kirchengeschichtlich wichtigere ist Reform oder Neuordnung der kirchlichen Verfassung.

Auch sie war vorgezeichnet in Reformanträgen zum Konzil von Vienne (1311–1312), in den Streitschriften aus dem Kampf Ludwigs des Bayern mit dem avignonesischen Papsttum, vor allem aber in der Publizistik während des Großen Schismas. Sie kam zu voller Entfaltung auf den Konzilien von Pisa, Konstanz und Basel, besonders in dem berühmten Dekret des Konstanzer Konzils über die Superiorität des Generalkonzils (,Haec Sancta') und über die regelmäßige Abhaltung von Generalsynoden (,Frequens') ebenso wie in den Beschlüssen zur Vermeidung eines künftigen Schismas. Diese Auffassungen, nicht ganz glücklich Konziliarismus genannt, sind in letzter Zeit vielfach behandelt worden mit verschiedenen Ergebnissen. Ebensooft wurde die Bedeutung des Konstanzer Konzils für die spätmittelalterliche Kirche erörtert.[127] Für unsere Betrachtung ist es nicht so wichtig zu fragen, wie diese Thesen in dogmatischer Hinsicht mit der neuzeitlichen Entwicklung bis zu den beiden Vatikankonzilien zu vereinbaren sind, als zu beachten, daß schon lange eine schwelende Kritik an Papsttum und Kurie bestand.

Neben der Kritik der Anhänger Heinrichs IV. an der römischen Kurie und den Gregorianern nimmt der sogenannte Normannische Anonymus, entstanden um 1100 in der Normandie, eine besondere Stellung ein und kann wohl für viele ähnliche, aber nicht erhaltene Stimmen sprechen.[128] Ihm geht es um die vom römischen Primat unterdrückte Bedeutung der Ortskirche, der Bischofskirche und ihre alte Tradition wie auch um den Rang des Königtums im Rahmen der ecclesia und den der Laien überhaupt. Ihm ist auch Rom nur Ortskirche, und Jerusalem steht über Rom. Woher hat die Kurie das Recht etwa zur Zitierung von Bischöfen nach Rom und zur Absetzung von weltlichen Herrschern? Die von ihm gestellte Frage: „Ubi hoc precepit Christus, ubi hoc docet Spiritus Sanctus? Vel ubi legitur, quod ille a Deo magister huius in celo sit constitutus? Caret itaque hoc et ratione et auctoritate" könnte man in der späteren Entwicklung des Papsttums und auch heute noch wiederholen.[129] Die Kritik an Rom als Stadt und an der Kurie und ihrer Praxis durchzieht das ganze hohe Mittelalter, zunächst oft in der Form der Vagantenlieder, aber auch in kämpferischer Prosa, bis dann im späten Mittelalter die Grundlagen der Kirchenverfassung näher untersucht und auf ihre Beweiskraft geprüft werden. Der zum Topos gewordene Vorwurf an die Römer wegen ihrer avaritia wird bald auch auf die Kurie und ihre finanziell geprägte Benefizienpolitik ausgedehnt.[130]

Nach den Vorgängen im Großen Schisma reifte die Einsicht, daß das Papsttum in seiner hochmittelalterlichen Gestalt und Praxis nicht die einzige und einzig richtige Form der Leitung der Kirche darstellt, und diese Erkenntnis ist in zahlreichen Diskussionen, Traktaten, Denkschriften und Flugschriften auch außerhalb der Reformsynoden erarbeitet worden.[131] An die Stelle der angemaßten und in den Arengen[132] der päpstlichen Verlautbarungen immer noch feierlich verkündeten Autorität des altertümlichen, erstarrten und korrupten Gebildes der römischen Kurie (ecclesia romana)[133] tritt ein neuer Begriff, etwa der der „congregatio fidelium", und der alte Satz: „quod omnes tangit, ab omnibus approbari debet" ist das Signal für die neuen Forderungen.

Nach dem Dekret ‚Frequens' muß ein in relativ kurzen Abständen einzuberufendes Konzil (nach fünf, dann nach sieben und von da ab alle zehn Jahre) endlich die Reform der kirchlichen Zustände, in erster Linie die „reformatio in capite et curia Romana" behandeln. Wie es der altgediente und mit den Praktiken der Kurie jahrzehntelang vertraute Dietrich von Niem formulierte: „concilium primo et ante omnia limitet ac terminet potestatem coactivam et usurpatam papalem." Das könnte eine gewisse Erneuerung alter Formen, nämlich die Rückkehr (re-formatio) zur synodalen Struktur bedeuten.

Hatte bisher die „feudale Kirche" die einfachen Gläubigen oft weitgehend ungenügend gebildeten und „ungeistlichen" Geistlichen überlassen, so treten mit den neuen Ständen der auf den Universitäten gebildeten und mit der städtischen Bürgerschaft stark bemerkbare Umschichtungen ein. Die Themen Volksreligion und Volksfrömmigkeit sind ein viel beackertes Feld der neueren Geschichtsforschung. Hier sollen sie nur kurz berührt werden, weil sie für die Probleme der Kirchenverfassung nicht von so großer Wichtigkeit sind und im dritten Abschnitt gelegentlich zur Sprache kommen. Die Unzufriedenheit mit der geistlichen Versorgung und die stereotypen Klagen richteten sich seit Jahrhunderten gegen die Lässigkeit des Pfarrklerus in der Seelsorge, im Gottesdienst und der Sakramentenspendung, gegen seine Habgier, die häufigen Streitigkeiten um die Benefizien und mit den Bettelorden und die oft wenig erbauliche Lebensführung. Das braucht alles nicht weiter erörtert zu werden; doch ist zu betonen, daß trotz vielfacher Bemühungen ein befriedigendes Bild der mittelalterlichen und besonders der spätmittelalterlichen Frömmigkeit noch nicht zur Verfügung steht und oft die positiven Seiten zu kurz kommen.[134] Viele populäre Versuche zur Hebung des religiösen Lebens wurden als verdächtig von der Hierarchie in traditionelle Formen abgedrängt und dadurch entgiftet. Beschlüsse des IV. Laterankonzils, vor allem die Verpflichtung zu jährlicher Beichte und Empfang der Eucharistie (auch wenn dadurch die Ketzer aufgespürt werden sollten), haben mit der Freiheit des Christenmenschen nicht viel zu tun und gleichen eher Vereinstatuten.

Daß die Forderung nach Reform nicht nur im engeren kirchlichen Rahmen lebendig war, zeigen so interessante Reformschriften wie die Reformatio Sigismundi und der wirre, nicht leicht zu deutende sogenannte Oberrheinische Revolutionär. Die berühmte, wohl im Jahre 1439 in Basel entstandene Reformatio Sigismundi eines unbekannten Verfassers behandelt im großen ersten Teil die geistliche Reformation; sie betont die Reformaufgabe des Konzils (Basel), erwähnt die bisheriqen Reformversuche, spricht sehr ausführlich von der Simonie, vom Kirchenstaat, von den sieben Sakramenten, wendet sich scharf gegen die Orden, die Domkapitel, gegen die päpstliche Kurie, ihre Benefizialpraxis, ihren Fiskalismus und gegen den Zölibat.[135]

Auch der Autor des sogenannten Oberrheinischen Revolutionärs ist noch nicht sicher nachweisbar. Die Schrift, um 1500 im Oberrheingebiet entstanden, ist in mancher Hinsicht mit der Reformatio Sigismundi verwandt, wenn auch ihre Forderungen heftiger formuliert werden.[136] Noch zu erwähnen sind die Gravamina Nationis Germanicae, die auf Provinzialsynoden und Reichstagen von der Mitte des 15. Jahrhunderts an immer wieder vorgebracht werden und sich mit harten Worten gegen die Praxis der römischen Kurie wenden. Das sind nur die bekanntesten Zeugnisse der geistigen Unruhe, wenn man auch die sozialrevolutionäre Seite nicht unterschätzen darf. In diesen Reformschriften kann man den Aufstand gegen den kirchlichen „Feudalismus", die Krise der geistlichen Gesellschaftsordnung und der kirchlichen Institutionen sehen. Eine weithin sichtbare Form des Aufstandes gegen die spätmittelalterliche Kirche und die veränderte Lage ist die böhmische Revolution, die auch durch die Konzilien von Konstanz und Basel und die Hussitenkriege nicht besiegt werden konnte.

Durch die dramatischen Ereignisse auf und neben den Reformkonzilien sah sich das Papsttum um die Mitte des 15. Jahrhunderts genötigt, Königen, Fürsten und Stadtstaaten große Zugeständnisse zu machen, um politisch überleben zu können. Wie sehr die einzelnen Staaten und Territorien selbständig geworden waren, zeigen schon die Verhandlungsformen des Konstanzer Konzils nach Nationen. Nach Beschließung einiger Rahmenbestimmungen für die Gesamtkirche wurden in den sogenannten Konstanzer Konkordaten die Einzelfragen mit den Ländern oder Ländergruppen (deutsches, englisches und romanisches Konkordat) geregelt, doch wohl eine Anerkennung der neuen Verhältnisse. Vieles hing davon ab, wie der neue Papst sich durchzusetzen vermochte. Daß Martin V. (1417–1431) nicht nach Avignon ging, wie Frankreich von ihm erwartete, oder in Deutschland blieb, wie Sigismund erhoffte, war von entscheidender Bedeutung. Ebenso die energische Restauration des Kirchenstaates, die aus einer Vielfalt der Lehensverhältnisse einen Staat schuf und ihn als fünfte Macht in die Cinque Principati Italiens (Venedig, Mailand, Florenz, Kirchenstaat, Neapel) einreihte. Von dieser relativ sicheren politischen und finanziellen Basis aus konnten die Reform der Kirchenverfassung abgewehrt und die von den Reformsynoden in Pavia-Siena (1423–1424) und vor allem vom Basler Konzil (1431–1449) drohenden Gefahren für einige Zeit gebannt werden. Doch war die Macht des mittelalterlichen Papsttums entschieden geschwächt und die römische Kurie in die bescheidene Rolle eines italienischen Fürstenstaates herabgesunken. Der Rückzug auf veraltete Positionen, die Beibehaltung vieler unnütz gewordener kurialer Ämter, die Anpassung der Regierungsmethoden des Kirchenstaates an die der anderen italienischen Staaten mit ihrem Fiskalismus, der neue aufwendige Fürstenhof der Renaissancepäpste verhinderte eine Besinnung auf frühere Formen der christlich-kirchlichen Existenz und damit die längst fällige Erneuerung: ohne Konzil keine Reform. Von der Kirchengeschichte her gesehen liegt daher die Grenze zwischen Mittelalter und Neuzeit wohl in der Mitte des 15. Jahrhunderts. „Rom hat die Reform verhindert und dafür die Reformation bekommen." So war das große Anliegen der Reform der Kirchenverfassung gescheitert, und man mußte sich auf die Verteidigung der alten, noch übrig gebliebenen Positionen beschränken.[137]

II. Askese und Mönchtum – Individuelles Christentum

Das frühmittelalterliche Mönchtum

Zu den Forschungsgebieten, die in den letzten Jahren besondere Förderung erfuhren, gehört auch das Mönchtum, vor allem das Mönchtum des frühen und hohen Mittelalters.[1] Eine geraffte Schilderung soll die asketisch-mönchische Bewegung insoweit darzustellen versuchen, als es zur Kenntnis der kirchlichen Strukturen und ihrer schwerwiegenden Veränderung durch das Mönchtum erforderlich ist. Dabei wird eine vielfältige, an die politischen Veränderungen gebundene Entwicklung vom extremen Eremitentum bis zu den zentralen, weltoffenen Bettelorden sichtbar. Und eben diese Veränderungen stärken durch ihre zentrale Verfassung auch die Verfassung der hierarchischen Kirche. Denn erst mit der sogenannten Reform des 10. und 11. Jahrhunderts beginnen die neuen kirchlichen Führungskräfte mit der Zurückdrängung der weltlichen Einflüsse, die bisher vom Ausgang der Antike bis in die nachkarolingische Zeit maßgeblich waren.

Die abendländische Kirche des frühen Mittelalters hat vom christlichen Altertum des Ostens sehr viel an Theorie und Praxis einer elitären-religiösen Lebensgestaltung mitbekommen.[2] Eines der wichtigsten Ergebnisse der neuen Forschung ist wohl im Nachweis einer Vielzahl von Regeln und Gebräuchen (consuetudines) zu sehen, da fast jedes Kloster oder jede mönchische Gemeinschaft ihre eigenen Gewohnheiten aufweist und sie oft hartnäckig verteidigt. Über das Mönchtum in der Zeit des Überganges vom christlichen Altertum zum frühen Mittelalter ist bisher der fränkische Raum durch die große Arbeit von F. Prinz am besten erforscht; drei große Gruppen werden von ihm unterschieden: das altgallische Mönchtum (bis 590), das iroschottisch-fränkische Mönchtum (bis ca. 690) und das angelsächsisch-benediktinische Mönchtum (bis ca. 768). Das altgallische Mönchtum ist hauptsächlich repräsentiert durch das sogenannte Rhone-Mönchtum der Inselklöster um Lérins mit seinen nach Osten weisenden Traditionen und als Schule für viele Bischöfe. Zum sogenannten altgallischen Mönchtum gehört auch das Klosterwesen im westlichen Gallien mit den späteren Zentren von Tours, das sich als Vorbild auf den heiligen Bischof Martin von Tours berufen konnte.[3] Daß der Adel, der altgallische und der fränkische, sich in die kirchliche Laufbahn drängte, gab der weltlichen Macht und der Kirche eine solide Basis. Die Klöster und Bischofssitze bildeten das Rückgrat der territorialen Gliederung und waren somit von erheblicher politischer

Bedeutung für die Landesherrschaft, wie es die merovingische Klosterpolitik zeigt. In zahlreichen Klostergründungen vollzog sich die Verschmelzung spätantiker senatorischer Aristokratie mit den neuen germanischen Herren.

Die hauptsächlich von weltlichen Herren getragenen Klostergründungen der Merowinger und Karolinger blieben noch für Jahrhunderte im Abendland in Übung, wenn auch die Quellen für die italienische und iberische Halbinsel und für das andere Strukturen aufweisende England nicht mehr so lebendig fließen. Durch den Einbruch der Langobarden wurden im nördlichen Italien sehr viele Bistümer und Klöster zerstört und erst viel später in langsamem Rhythmus zum Teil wieder aufgebaut; in Mittel- und Süditalien blieb der Bestand im wesentlichen erhalten: neben den großen Abteien auch viele kleine Zellen. Nicht nur für Gebiete unter fränkischer Oberhoheit sind klösterliche Gründungen überaus zahlreich, sondern auch in Italien und Spanien. Klosterähnliche Gründungen überzogen das zentrale Europa mit einem dichten Geflecht.[4]

In der irofränkischen Phase (bis ca. 690) wird die herrschaftliche Klosterpolitik mit den bekannten Mönchsgestalten Columban, Gallus, Pirmin weitergeführt.[5] In der angelsächsischen Epoche sind Willibrord, später Bonifatius die wichtigsten Vertreter.[6] „Hinsichtlich der gesamtfränkischen Entwicklung wird man sagen können, daß beim Regierungsantritt Karls des Großen und seines Bruders Karlmann die Reichskirche im allgemeinen ein funktionsfähiger Organismus war, der auf doppelte Weise in die karolingische Königsherrschaft eingeordnet wurde. Erstens durch die Leistungen innerhalb der Reichsverwaltung, in den regelmäßigen Abgaben und in der Mission, zweitens durch die Identität der Führungsschichten in Kirche und Reich. In beiden engverflochtenen Bereichen herrscht der Adel und das Königtum, und die sich jetzt bildende Reichsaristokratie besetzt sowohl die Kommandostellen im Staat wie in der Kirche, sie leitet und reorganisiert Kirchen und Bistümer, sie gründet und beherrscht Klöster und Stifter und repräsentiert in dieser Verschmelzung sakraler und herrschaftlicher Aufgaben jene für das Mittelalter so kennzeichnende „politische Religiosität", die in Karl dem Großen selbst eine ihrer markanntesten Ausprägungen finden sollte."[7]

Die Regel des hl. Benedikt

Lange Zeit galt die Regel des hl. Benedikt von Nursia (ca. 480–547?) als die fast allein gültige und als die am meisten verbreitete im frühen Mittelalter, Benedikt selbst als Vater des Abendlandes und Patriarch des abendländischen Mönchtums.[8] Dann aber meldeten sich Stimmen, die zunächst einmal die in diesem Zusammenhang bisher Gregor d. Gr. zugeschriebene Bedeutung etwas zurücknahmen,[9] und vor allem: Es erhob sich die Frage nach den

Quellen der Regula Benedicti, ihrer Einmaligkeit und angeblichen Geschlossenheit. Denn seit der Mitte der dreißiger Jahre war ein neues Problem aufgetaucht, die sogenannte Regula Magistri.[10] Ein langer, oft mit Schärfe geführter Gelehrtenstreit entspann sich um die Priorität mit dem heute gültigen Ergebnis, daß die Regula Magistri doch wohl die ältere ist und daß Benedikt aus ihr mehrere Passagen wörtlich oder leicht verändert übernommen hat; vor allem aber, daß auch die Regula Benedicti nicht in einem Zug geschrieben wurde, Schichten der Entstehung aufweist und erst in Handschriften des ausgehenden 8. und beginnenden 9. Jahrhunderts überliefert ist. So liegt die Möglichkeit textlicher Veränderungen seit der Urschrift nahe.[11] Noch immer umstritten ist dagegen die Entstehungszeit (erstes Viertel des 6. Jahrhunderts) und der Entstehungsort der Regula Magistri, ob in Italien (südöstlich von Rom) oder in Südgallien.[12] So kennt man heute neben der Regula Benedicti für etwa zwei Jahrhunderte ungefähr dreißig andere Regeln: die Zeit der regula mixta.

„Für diese Periode stellte die Regel St. Benedikts nur *eine* monastische Satzung unter und neben vielen anderen dar. Nirgends im christlichen Abendlande existierte ein Kloster, in dem die benediktinische Tradition in ihrer ursprünglichen Reinheit wie in den Tagen des hl. Benedikt weitergelebt hätte."[13]

Erst als der Nachfolger Karls des Großen, der ungleich günstigere Voraussetzungen für diese Aufgabe mitbrachte als sein Vater, die Mönchsreform in sein umfassendes Regierungsprogramm, der Renovatio imperii Francorum, einbezog und mit ihrer praktischen Durchführung Benedikt von Aniane betraute, öffnete sich für das fränkische Mönchtum der Weg aus der inneren Unsicherheit, dem Suchen, der Krise. Der Ausweg aber bestand in der Ausbreitung der Observanz Benedikts von Aniane im ganzen Frankenreich. Mit der Anerkennung der Regula Benedicti als einzig gültiger monastischer Lebensnorm und der Verwirklichung des in ihr niedergelegten monastischen Ideals war das Zeitalter der „regula mixta" überwunden. Zwar gelang es der kaiserlichen Klosterpolitik nur in geringem Maße, die theoretische Anerkennung der Regula Benedicti auch in der Praxis durchzuführen, einer Praxis, die nämlich noch sehr der regula mixta glich: ein buntes Spektrum „alter monastischer ordines", also Mischregelklöster mit einer Vielzahl von Klosterregeln.[14]

Die Reformbewegung des „Reichsabtes" Benedikt von Aniane wollte die Regula Benedicti als die einzige Regel, als die „una consuetudo" für das fränkische Mönchtum festlegen. Alsbald nach dem Regierungsantritt Ludwigs des Frommen begann eine fast hektische Tätigkeit auf Reichstagen und Reichssynoden zum Thema Kirchenreform, worunter vor allem Mönchsreform und auch Kanonikerreform verstanden wurde. Als Ergebnis dieser langen, gründlichen und nicht immer friedlich verlaufenden Beratungen des Aachener Konzils im Jahre 816[15] gab der Kaiser sein berühmtes

Capitulare heraus und verpflichtete alle Abteien auf die „una consuetudo". So wurde die „una consuetudo-unitas ecclesiae" eine starke Stütze der „unitas regni". Somit stellt das Konzil von 816 nicht nur einen Wendepunkt in der Geschichte des abendländischen Mönchtums dar, in ihm manifestiert sich ein bedeutsamer Erfolg der Reichs- und Kaiseridee Ludwigs des Frommen und seiner Helfer, ein Erfolg, der auch die Wirren des 9. Jahrhunderts überdauerte, denen diese Reichs- und Kaiseridee selbst zum Opfer fallen sollte".[16]

Adel und Kirche

Die Bedeutung des Adels für die kirchliche Entwicklung seit dem Ausgang der Spätantike ist durch umfängliche Forschungen der letzten Jahre aufgezeigt worden und soll hier noch einmal unterstrichen werden, weil der Umbruch zugunsten der kirchlichen Machtentfaltung nicht deutlich genug sichtbar gemacht werden kann. Hier geht es nicht darum, die wichtigen verfassungs- und sozialgeschichtlichen Seiten darzulegen, sondern nur die religiöse Auswirkung kurz zu beleuchten.[17] Freilich sind diese sozialen Gegebenheiten die oft vernachlässigte Grundlage, aus der verschiedenartige Bildungen in religiöser Sicht herauswachsen konnten. Auf die noch umstrittenen Fragen nach der Entstehung des Adels und seiner Definition (Oberschicht mit Grund und Boden und abhängigen Leuten), nach den germanischen Wurzeln, nach dem Nebeneinander und späteren Zusammengehen von senatorischem Adel und fränkischer Oberschicht und auf das Schweigen der Quellen über die Untergebenen soll hier nur hingewiesen werden. Bei der Bedeutung des Adels als der führenden Schicht, aus der der merowingisch-fränkische Adel hervorging, ist sein Einfluß auf Organisation und religiöses Leben der Kirche kaum zu überschätzen, wie gerade neuere Interpretationen der zahlreichen Heiligenviten der frühmittelalterlichen Jahrhunderte erkennen lassen.[18] Im Mittelpunkt dieser Entwicklung standen vor allem die Bistümer im gallo-römischen Reich und dann die unter der merowingisch-karolingischen Herrschaft.

Wie in der Zeit der ausgehenden Spätantike waren auch in den neuen politischen Verhältnissen die Bischöfe nicht nur mit seelsorgerlichen Aufgaben betraut, sondern sie hatten unter den rasch sich wandelnden Gegebenheiten auch umfangreiche politische Funktionen wahrzunehmen. Die Macht dieser Bischöfe fand ihren Ausdruck in Bischofssippen,[19] in der Vererbung von Bistümern über mehrere Generationen hin vom Vater auf den Sohn, in der Errichtung von kleineren selbständigen Herrschaften.[20] Solche bischöflichen Stadtherrn mit oft großer lokaler Selbständigkeit wurden im weiteren Ausbau der fränkischen Macht neben den anderen königlichen Beamten einflußreiche Mitglieder der Reichsaristokratie, und sie wurden zu Reichsbischöfen. Das gilt auch für die folgenden Jahrhunderte unter den Königen und Kaisern aus sächsischem, salischem und staufischem Hause. Vor allem für den in seinen Landen mit meist großem Gefolge umherziehenden König waren neben den Königspfalzen auch die Bischofsstädte und Reichsklöster für die Beherbergung und Verpflegung verantwortlich, was oft zu erheblichen Belastungen führte.[21]

Besonders interessant ist die Stellung der Bischöfe und Reichsäbte zum Heerbann, zu Fragen der Landesverteidigung in aktiver Teilnahme an Kriegszügen, wie es den Lebensformen des Adels entsprach. Die Untersuchungen von F. Prinz und L. Auer haben in dieser Hinsicht wichtige Ergebnisse erbracht.[22]

Die Stellung der christlichen Kirche im frühen Mittelalter zu Krieg und zur Teilnahme von Klerikern an kriegerischen Unternehmungen war eindeutig ablehnend. Für die Angehörigen des geistlichen Standes bringen viele Konzilien dieser Zeit entsprechende Verbote, die ebenso für das Waffentragen und die Ausübung der Jagd gelten. Diese Verbote wurden auch weiterhin, besonders in den Rechtssammlungen bis zum Dekret Gratians ausgesprochen. Aber das war und blieb weitgehend Theorie. Es blieb auch Theorie, wenn Bischöfe wie Rather von Verona und Atto von Vercelli sich gegen Kriegsdienst der Geistlichen wandten. Denn die Verhältnisse waren stärker als die Theorie. Die noch wenig konsolidierten Staaten blieben auf die Leistungen der oft sehr begüterten Bistümer und Reichsabteien angewiesen. In diesem Zusammenhang erscheinen die Säkularisationen kirchlichen Besitzes vor allem unter Karl Martell in einem anderen Licht. Die bisher für alle Kleriker geltenden Verbote wurden oft nur noch Priestern und Diakonen eingeschärft; sie galten kaum noch für Bischöfe und Äbte, die das königliche Aufgebot zur Stellung von Mannschaft und zur Sammlung genauso betraf wie den übrigen Adel. Ein starkes Interesse des Königs an der Besetzung der Bischofssitze und Abteien mit seinen geeigneten Männern ist damit natürlich gegeben, auch wenn die pastoralen Erfordernisse zurücktreten mußten.

Hier ein Wort zu den sogenannten Laienäbten. Die früher meistens als Ausdruck von Entartung und Verwilderung, als Zeichen moralischen Niedergangs in den Klöstern des Frühmittelalters angesehene Institution der Laienäbte hat im Zusammenhang mit der gründlichen Erforschung des Adels in der Kirche der Merowinger und Karolinger eine neue Beurteilung erfahren. An die Stelle der generellen und scharfen Verurteilung in früheren Darstellungen tritt der Versuch, aus den Quellen heraus eine vorsichtige Wertung zu geben. Eine Definition des Laienabts ist schwierig, im allgemeinen versteht man darunter Inhaber von Klöstern, die nicht Kleriker oder Mönche im frühen Sinn des Wortes sind.[23] Laienäbte gab es vor allem im Westen, weniger in den östlichen Reichsteilen mit ihren anders gearteten Strukturen. Mit dem Anstieg der gesellschaftlichen und politischen Stellung der Äbte und ihrer Annäherung an den Rang der Bischöfe wuchs auch die Anzahl der sogenannten Laienäbte; ihre größte Verbreitung war im 9. Jahrhundert.

In den beiden genannten Arbeiten von Prinz und Auer sind zahlreiche Beispiele von kriegerischen Taten der Kirchenfürsten aufgeführt: sie nahmen aktiv an Kämpfen teil, beschränkten sich keineswegs auf die Verteidigung ihrer Städte etwa gegen die Normannen im Norden, gegen die Sarazenen im Süden und die Ungarn im Osten. In den Italienzügen der deutschen Könige und Kaiser hatten die Kontingente der Reichskirche oft einen überragenden Anteil. Bischöfe und Äbte führten nicht nur den Befehl über die von ihnen aufgebotene Mannschaft, sie mußten auch öfters den Oberbefehl über größere Heeresabteilungen übernehmen; auf den Italienzügen waren sie oft jahrelang ihren Diözesen und Klöstern fern,[24] was mit starken Belastungen für ihre Kirchengüter verbunden war, von den Königen durch erhebliche Zuwendungen freilich ausgeglichen wurde. Zahlreiche Bischöfe und Äbte sind in Kämpfen gefallen oder an Krankheit im Felde gestorben. Diese Entwicklungen blieben nicht ohne Widerspruch,[25] wenn man auch bei Feldzügen gegen Normannen, Sarazenen und Heiden auf den von der Kirche gebilligten Heidenkrieg hinweisen konnte. So war der Lebensstil des hohen Reichsklerus mit ein Anlaß für die Reformbewegungen, besonders im Bereich der lothringischen Reform. Zusammenfassend formuliert Prinz: „Die Militarisierung des Klerus hatte mehrere Wurzeln und Ursachen. Es war die institutionelle hervorzuheben, die sich mit dem strikten Heeresaufgebot der Prälaten vor allem seit Karl dem Großen entwickelte und mit einer inneren Konsequenz zur Abschichtung des durch und durch aristokratischen Prälatenstandes vom allgemeinen Organismus der Kirche führte. Der Prälat – ganz gleich ob Reichsbischof oder Reichsabt – wurde damit gewissermaßen eine Doppelperson. Einerseits blieb er hoher geweihter Amtsträger der Kirche, andrerseits, als Leiter des militärischen Aufgebots seiner Kirchen, Vasall des Königs in einem sehr konkreten militärisch politischen Sinne. Es konnte nicht ausbleiben, daß der Herrscher im Interesse der für ihn wichtigen zweiten, nämlich militärisch politischen Funktion des Prälaten, auch Personalpolitik betrieb, ein Faktum, das bereits im 9. Jahrhundert im westfränkischen Reiche in einer ganz bestimmten politischen Konstellation zu einer Art Investiturstreit führte und heftige kirchliche Kritik hervorrief. Als zweite Wurzel geistlichen Kriegsdienstes sind die konkreten politischen Verhältnisse im Karolingerreich zu nennen, mit anderen Worten die Regionalisierung der Adelsherrschaft seit der zweiten Hälfte des 9. Jahrhunderts."[26] Es stand der Kurie schlecht an, gegen diese Reichsbischöfe und ihre kriegerische Tätigkeit Stellung zu nehmen. Hatten sich doch römische Bischöfe wie Leo IV. (847–855) und Nikolaus I. (858–867) gegen Normannen und Sarazenen gewandt, so blieb auch den Nachfolgern im 10. und 11. Jahrhundert oft keine andere Wahl, als zum

Schwert zu greifen und ihre aus welchen Gründen auch immer angefochtene Position mit den Waffen zu verteidigen. Ob das nun eigentlich Päpste waren, wird in anderem Zusammenhang erörtert.

Die Reichskirche

Der Kriegsdienst der Prälaten war nur ein Teil der Verpflichtungen, die die Reichskirche als Feudalsystem mit sich brachte. Um beim Begriff zu bleiben, so ist Reichskirche eine spätere Formulierung und bedeutet „die Summe aller Hochkirchen, die im Dienst des Reiches standen".[27] Die Vorgeschichte geht weit zurück (Eigenkirchenwesen) und soll hier nicht näher verfolgt werden.[28] Eine besondere Ausprägung als Institution fand diese Reichskirche unter den sächsischen und salischen Herrschern, wie es auch die Formulierung ottonisch-salisches Reichskirchensystem anzeigt.[29] So war unter Otto I. sein Bruder Bruno Kirchenfürst und Herzog im Kölner Erzbistum. Während die königliche Hofkapelle früher vorwiegend gottesdienstliche Aufgaben wahrnahm, wurde sie seit der Mitte des 9. Jahrhunderts unter Otto I. zu einer Pflanzstätte von meist adligen Klerikern für die Besetzung der Bistümer des Reiches.[30] Weil in der Folgezeit Kapelläne der Hofkapelle auch Mitglieder von Domkapiteln wurden oder als solche in die Hofkapelle eintraten, vergrößerte sich der Einfluß des Königs auf die Kirchen des Reiches. Diese Entwicklung blieb auch unter den salischen Kaisern im wesentlichen erhalten, und so wuchs der Reichsepiskopat zur stärksten Stütze der Königsherrschaft heran. Da die Bistümer nicht erblich und jeweils neu zu vergeben waren, galt der hohe Klerus als zuverlässiger denn die weltlichen Großen.[31] „Man sieht es ist ein Geflecht von Beziehungen persönlicher, rechtlicher und dinglicher Art, das Königtum, Hofkapelle und Reichskirche aufs engste miteinander verwob. Es sicherte dem Herrscher Einflußmöglichkeiten in den Bistümern, den Bischöfen den ständigen Kontakt mit dem Hofe und den Kapellänen den Besitz ertragreicher Pfründen und eine sichere Aufstiegsmöglichkeit. In seinen Kanälen spielte sich ein großer Teil der Reichsgeschäfte und der Politik des Reiches ab. Damit wird auch verständlich, warum relativ geringe Veränderungen des politischen Stils in der zweiten Hälfte des 11. Jahrhunderts unter der Regierung des jungen Heinrich IV. eine große Unruhe herbeiführen konnten."[32]

Zum Bild der Reichskirche gehört auch der in den letzten Jahren stark beachtete sogenannte „Adelsheilige". Wurden zunächst die bayerischen Heiligen Emmeram, Rupert und Korbinian unter sozialgeschichtlichen Aspekten näher betrachtet,[33] so folgten Studien über Bekehrungen von Angehörigen adliger Familien[34] und in diesem Zusammenhang über Gründung von Zellen und Klöstern durch solche Bekehrte (conversi). In der ersten Hälfte des 12. Jahrhunderts vollzog sich dann eine Wandlung

– vielleicht in Auswirkung des sogenannten Reformjahrhunderts – indem Stiftungen nicht nur gemacht wurden, um nachgeborene oft untüchtige und verkrüppelte Familienmitglieder zu versorgen und mit der für den liturgischen Dienst erforderlichen Bildung zu versehen. Während die alten Klöster bisher vorwiegend durch Oblaten (nutriti) personell ausgestattet wurden, traten jetzt auch im Leben bewährte Männer als Laien in ihre Stiftungen ein, um in Demut und Entsagung ein heiligmäßiges Leben zu führen. Wichtige Beispiele sind: Gottfried von Cappenberg und einige Grafen von Berg. Daraus erwuchsen später oft adlige Eigenklöster (Hausklöster), wenn die Nachfolger der frommen Stifter nicht deren Streben nach Heiligkeit besaßen oder auch wegen Erwartung kirchlicher Karriere ins Kloster gingen. Mit dem Nachlassen der ursprünglichen Impulse trat oft der alte Zustand wieder ein, und mit der von den Bischöfen gewünschten festen Eingliederung in den kirchlichen Besitz wurden aus solchen Gründungen oft Chorherrenstifte. Diese Entwicklung zeigt sich deutlich in dem persönlichen Schicksal des als Erzbischof von Magdeburg endenden Norbert von Xanten.[35] Neuerdings ist der Terminus Adelsheiliger kritisch durchleuchtet und als mißverständlich befunden worden.[36] „Er bedeutet ja sowohl Heilige für den Adel ... als auch Heilige aus dem Adel."[37]

In der nachkarolingischen Zeit beginnt mit der Schwächung der bisher herrschenden politischen Kräfte eine Differenzierung der inneren Entwicklung der asketischen Strömungen, die nicht nur am eigentlichen Mönchtum sichtbar wird, sondern eine vielschichtige Verbreiterung der religiösen Formen und der klerikalen Beteiligung einleitet: die innere Seite der „Reform".

Cluny

Das um 909 von Herzog Wilhelm dem Frommen von Aquitanien gegründete Kloster Cluny in Burgund nahm in den folgenden zweihundert Jahren eine beherrschende Stellung im hochmittelalterlichen Mönchtum ein. Deswegen hat sich schon seit langem und besonders in den letzten Jahren die Forschung sehr eingehend mit ihm beschäftigt, ohne aber zu einem allgemein anerkannten Resultat zu kommen.[38] Wie auch zahlreiche andere Reformbewegungen dieser Zeit, erstrebte die kluniazensische Reform nach den Verfallserscheinungen der spätkarolingischen Epoche eine strenge Klosterzucht nach der alten Benediktinerregel, legte besonderen Wert auf würdige und ausgedehnte Feier des Gottesdienstes. Es ist neuerdings wiederum auf die erheblich verschiedenen politischen Grundlagen des sogenannten Reichsmönchtums und des westlichen Mönchtums hingewiesen worden. Während im Reich der König oder der Kaiser als oberste Instanz galt, gab es im westlichen Raum über den lokalen Gewalten nur noch die Kurie. So wird es verständlich, daß in der Gründungsurkunde von Cluny jede Zuständigkeit der Bischöfe und Laien zurückgewiesen wird und nur der Heilige Stuhl eine Schutzfunktion übernehmen kann. In wenigen Jahrzehnten gewann die Abtei Cluny einen großen Einfluß in Burgund und bald darüber hinaus. War sie als freies Musterkloster entstanden, so verfiel sie bald selbst dem Sog der Macht in der Form eines neuen Feudalismus. Viele Klöster übernahmen ihre Reform und ihre Gebräuche, und sie versammelte um sich eine Vielzahl von rechtlich abhängigen Prioraten, deren Leiter vom Großabt ernannt wurden und in dessen Hände sie Gehorsam schworen: Noch kein Orden und keine Kongregation, aber eine Art Klosterverband oder Haupt einer Gruppe von Klöstern, zusammengehalten durch die gleichen Gebräuche, das wichtige Totengedächtnis[39] und vor allem durch die monarchische Spitze. Kein Wunder, daß schon die Zeitgenossen von einer Cluniacensis Ecclesia und von „König" Odilo sprachen. Die lange Regierungszeit einiger Äbte ermöglichte eine sonst kaum anzutreffende Kontinuität. Nach außen kam die Bedeutung in den mächtigen Kirchenbauten, im riesigen Besitz und in guten Beziehungen zum Adel und den Mächtigen der Welt zum Ausdruck. Inwieweit die kluniazensische Reform von Einfluß auf die allgemeine Kirchenreform und besonders auf das gregorianische Zeitalter gewesen ist, wird immer noch verschieden beurteilt.[40] Jedenfalls standen von der Mitte des 11. bis in den Anfang des 12. Jahrhunderts die Mönchspäpste in engen Beziehungen zu Cluny oder waren früher Mönche in Cluny. Ohne sich auf eine bestimmte Partei festzulegen, war Großabt Hugo an vielen Phasen der zeitgenössischen Politik beteiligt. Mehr als für die Friedensbewegungen interessierten sich die Kluniazenser für die Ideen des Kreuzzugs und des Heidenkrieges. Nach der Erstarkung des Papsttums zu Beginn des 12. Jahrhunderts verlor Cluny als Kirche in der Kirche rasch an Bedeutung, nachdem schon früher die Bischöfe sich gegen die Mönchshierarchie ausgesprochen hatten. Nach dem Aufkommen der zentralen Orden und besonders der Bettelorden sank das früher so berühmte Cluny beinahe in Vergessenheit.[41]

Einer der großen Organisatoren der mönchischen Reform am Ende des zehnten und am Beginn des elften Jahrhunderts war Wilhelm von Dijon (von Volpiano). Aus vornehmer Familie in Oberitalien stammend, wurde er als Kind einem Kloster übergeben, kam später nach Cluny und wurde von dort nach dem bedeutenden Kloster St. Bénigne vor Dijon als Reformabt gesandt. Über vier Jahrzehnte hat er dann eine eifrige Reformtätigkeit in der Normandie, in Burgund und Lothringen ausgeübt. Auf ihn geht die Gründung des Klosters Fruttuaria in der Nähe von Turin zurück, das später durch die Ausstrahlung seiner Consuetudines, vor allem nach deutschen Landen berühmt wurde. Über den Stil seiner Reformen in verfassungsgeschichtlicher Hinsicht ist offenbar noch nicht das letzte Wort gesprochen: allem Anschein nach ließ er bei den über 40 von ihm reformierten Klöstern die bisherige Verfassung (Eigenkirchen von Fürsten, hohen Adligen und Bischöfen) bestehen und beschränkte sich auf die Erneuerung des mönchischen (benediktinischen) Lebens.[42]

Das Eremitentum

Die Stärke des Aufbruchs im 11. Jahrhundert zeigt sich sehr deutlich im Bereich des Mönchtums, in der Wende von der Statik der karolingisch-ottonischen Struktur zu neuen dynamischen Bewegungen. Ins Auge fällt zunächst ein sehr verbreitetes Wiederaufleben der eremitischen Lebensweise, die im byzantinischen Süden Italiens nie verschwunden war:[43] der Auszug aus klösterlicher Geborgenheit in das Wagnis der Einsamkeit in vielfältigen Formen, wenn auch eine gewisse Bindung an die Kommunität schon aus Gründen des Überlebens bestehen bleiben mochte. Das 11. und 12. Jahrhundert sieht dann eine rasche Zunahme solcher Versuche, wobei schon wegen des härteren Klimas in den nördlichen Landen erheblich weniger Eremiten oder Klausner existieren konnten als in südlichen Ländern, vor allem in Italien und Frankreich. Hierher gehören viele als Wanderprediger tätige Eremiten, die den Gefahren der Häresie nicht immer entgingen: ein buntes Bild von einzelnen, von größeren und kleineren Gruppen. Bald kam es zu Zusammenschlüssen und zu einer gewissen Klerikalisierung in den Formen des gemeinsamen Lebens, wie es die Kanoniker schon seit langem pflegten.[44] Was diese Eremitengemeinschaften von den alten Gemeinschaften in den Klöstern unterschied, waren die lebhaften Kontakte mit der Bevölkerung und ihre Volksverbundenheit; so erscheinen Eremiten und Klausner häufig in Sage und populärer Literatur.[45] Die Beliebtheit, vor allem bei einfachen Leuten, zwang die Eremiten oder Eremitenkolonien zu seelsorgerlicher Betreuung, was freilich die zuständigen Bischöfe und Äbte, natürlich auch die Römische Kurie, beschäftigen oder gar beunruhigen mußte und die Entwicklung zu klosterähnlichen Zusammenschlüssen und zu Klosterverbänden beschleunigte. Bekannte frühe Zentren waren die Gründungen des Romuald von Ravenna in Camaldoli im Casentin,[46] des Johannes Gualbertus in Valumbrosa in der Nähe von Florenz und des Petrus Damiani in Fonte Avellana[47]. Eremitische Anfänge haben auch kleinere Orden wie Grammontenser, Karmeliten, Karthäuser, Wilhelmiten und Serviten, um nur die bekanntesten zu nennen. Unter den Vorträgen der Tagung über das Eremitentum ist für unsere Fragestellung besonders die große Abhandlung von K. Elm über die Entstehung der Augustinereremiten wichtig. Am Beispiel der zahlreichen mittelitalienischen Eremitengruppen läßt sich zeigen, wie sehr sich die Kurie das ganze 13. Jahrhundert hindurch um die Zusammenfassung der vielen einzelnen Eremitorien unter die Augustinerregel bemühte, bis dann im Jahre 1256 daraus ein Orden, nämlich der Augustinereremiten wurde: ein Seelsorgeorden wie viele andere, der das große Aufräumen durch das 2. Konzil von Lyon im Jahre 1274 überlebte und bald zu einem der großen Bettelorden heranwuchs, aber mit dem Eremitentum nichts mehr zu tun hatte (Urbaniten, Nichteremiten).[48] Wie sehr eingehende Untersuchungen nur für kurze Zeit blühender, aber bald nach dem Ableben der Stifter untergegangener Vereinigungen, Verbänden und Gruppen das Bild des 12. und 13. Jahrhunderts bereichern, zeigen wiederum die mit großer Akribie aus schwer zugänglichen Quellen durchgeführten Forschungen von K. Elm über die Sackbrüder, die dem Beschluß des 2. Konzils von Lyon zur Auflösung vieler kleinerer Bettelorden zum Opfer fielen.[49]

Neben den großen Verbänden findet sich nämlich im „weiten Raum" zwischen Kloster und Welt vom 11. Jahrhundert an eine kaum überschaubare Fülle von Zusammenschlüssen und Gemeinschaften, von denen die meisten untergegangen sind oder aufgelöst wurden und deswegen nur spärliche Spuren hinterlassen haben. Die Vielfalt und lebendige Rivalität dieser Zeit widerspricht so der immer noch vertretenen, aber unrichtigen Auffassung von der großartigen Einheit des christlichen Mittelalters. Schon die Zeitgenossen befaßten sich in vielen Diskussionen und harten Streitgesprächen mit diesem bunten Bild.[50]

Die Zisterzienser

Die lang andauernde Unruhe in der religiösen Bewegung führte besonders im 12. Jahrhundert zu einer fast gewaltsamen Ausschaltung der bisher als stabil betrachteten Formen des Mönchtums (wie z. B. Cluny) und zu einer stürmischen Entwicklung neuer Strukturen, die für den Ausbau der Kirchenverfassung in Richtung auf eine Stärkung des Papsttums große Bedeutung gewannen. Fast immer stand das Streben nach Erneuerung und nach vollkommener Erfüllung der benediktinischen Erbschaft am Anfang. Diese neue Welle der Reform richtete sich weniger auf schon bestehende und zu reformierende Klöster, als vielmehr auf Neugründungen, wie sich bei dem Auszug des Abtes Robert aus Molesme mit einem Teil der Mönche in ein neues Kloster (novum monasterium, später Citeaux genannt) zeigte.[52] Wichtiger als dieser Reformversuch, einer der vielen dieser Epoche, war die daraus entstehende neue Ordnung (ordo). Etwas grundsätzlich Neues war es nicht, wenn man an die Zusammenschlüsse der Eremiten wie Kamaldulenser und Valumbrosaner zu Orden denkt. Die vor allem seit dem Eintritt des hl. Bernhard von Clairvaux in Citeaux sprunghaft ansteigenden Neugründungen wurden unter Wahrung ihrer Selbständigkeit zusammengehalten durch das Generalkapitel, die jährliche Versammlung der Äbte in Citeaux, durch das Mutter-Tochter-Verhältnis und durch die gegenseitige Visitation (charta charitatis).[53] Man hat das 12. Jahrhundert in der Geschichte des Mönchtums das Jahrhundert des hl. Bernhard genannt, und er selbst hielt seinen Orden für die beste Lösung der Vita Apostolica. Aber der von den Zeitgenossen bewunderte Elan dauerte nur kurze Zeit, und nach wenigen Jahrzehnten begann schon die erste Krise.[54] Die in den Anfängen lebhafte kolonisatorische Tätigkeit, die zu riesigem Besitz führende Eigenwirtschaft, die typisch zisterziensischen Bauformen, sie wurden bald durch neue Bildungen wie die Bettelorden überholt.[55]

Ein weiteres Beispiel der Vielfalt und geistlichen Beweglichkeit dieser Zeit ist Person und Werk des Norbert von Xanten: Wanderprediger, Gründer von kanonikalen Gemeinschaften, die sich langsam zum Orden der Prämonstratenser entwickelten, einem reformierten Kanonikerorden, der in seiner Struktur den Zisterziensern am meisten nahekommt mit Generalabt und Generalkapitel. Als bleibender Gewinn in der Sicht der römischen Kurie galt die Leitung von Mönchsgemeinschaften durch Generalkapitel, die dann auch für die neuen Gründungen vorgeschrieben wurden.

In der Zeit der Kreuzzüge entstand eine merkwürdige asketisch-kriegerische Form des Mönchtums: die Ritterorden. Zur Versorgung und zum Schutz der Jerusalempilger gegründet, verbanden sie in eigenartiger, von Bernhard von Clairvaux gepriesener Weise Spitaldienst und Waffendienst. Die drei großen Verbände: Johanniter, Templer und Deutschorden haben zur Verteidigung der hl. Stätten wesentlich beigetragen und durch ihre mächtigen Festungen dem Sturm des Islam lange Zeit widerstanden. Die schlimmen Rivalitäten zwischen den einzelnen Orden haben aber Mitschuld am Verlust des heiligen Landes. Wie oft im Laufe der Geschichte wurden diese in ihren Anfängen sehr verdienstvollen Stiftungen ihrer Idee entfremdet. Während der Deutsche Orden nach Preußen zog, die Templer einen schauerlichen Untergang fanden, verteidigten die Johanniter die letzten Bastionen im Mittelmeer und widmeten sich später caritativer Tätigkeit.

Das Armutsproblem

Eines der Hauptprobleme der Religiosität des hohen Mittelalters, die Armut (paupertas), hat in neuester Zeit die Forschung in steigendem Maße interessiert. Armut war schon in den Anfängen der religiösen Bewegung ein wichtiger, aber auch ein unscharfer Begriff.[56] Wie vor allem die bahnbrechenden, von M. Mollat geleiteten Studien zeigen, barg der Begriff viele Inhalte.[57] Die etwa 40 Beiträge sind das Zwischenergebnis jahrelanger Bemühungen, vor allem in Seminaren. Sie behandeln nicht nur die sogenannte religiöse Armut, sondern, auf breiter Basis sehr stark ins einzelne gehend, fast alle Erscheinungsformen der Armut, also nicht nur die freiwillige Armut, sondern auch die sogenannte natürliche Armut und die

Bemühungen, diese zu lindern. Zum Thema von zentraler Bedeutung wird die Armut (pauperes Christi) dann vom 12. Jahrhundert ab, vor allem als Vorwurf gegen die hierarchisch feudale Machtkirche, gegen die reiche und verrechtlichte Kirche. Dieser Vorwurf findet seinen Niederschlag in der eremitischen Bewegung, in Gründungen von zahlreichen religiösen Gemeinschaften und neuen Orden.[58]

Von den vielen Gründungen des 12. und 13. Jahrhunderts haben sich außer den Ritterorden nur wenige behaupten können, während die Augustiner, Dominikaner und Franziskaner zu den mächtigsten Orden des Mittelalters aufgestiegen sind. Auf ihre große Bedeutung für Seelsorge, Inquisition und vor allem für den Aufbau der Studien und der Universitäten ist hier zunächst nur zu verweisen. Wichtiger für unsere Fragestellung ist die zentrale Leitung, weshalb sie vom Papsttum außerordentlich gefördert wurden (Universitätsstreit in Paris). Damit standen der Römischen Kurie wertvolle, nicht lokal gebundene Kräfte zur Verfügung, die mit der raschen Ausbildung der rechtlichen Struktur die Kirche in eine neue, nicht ungefährliche Phase der Machtausübung eintreten ließen, bis dann im späten Mittelalter der Widerspruch gegen diese einseitige Verlagerung sich energisch zu regen begann.

Franziskus von Assisi

So bekannt und bedeutend Franz zu seinen Lebzeiten war und besonders nach seinem Tode (1226) geworden ist, so schwierig ist die Frage nach den frühen Quellen zu seinem Leben und seiner Wirksamkeit zu beantworten.[59] Die Frage ist bedeutsam; denn aus diesen Schwierigkeiten ergab sich die Quaestio Franciscana mit den höchst verschiedenen, oft einander schroff widersprechenden Deutungen des Gründers und der Geschichte seiner Gründung bis zum heutigen Tag.[60] Da Franz im Sinne seiner Zeit ein Illitteratus, ein Mann ohne höhere Bildung, mit mäßigen Lateinkenntnissen war, kann man von ihm nicht ein umfangreiches Schrifttum erwarten. Und doch gehen eine Reihe von kleineren und größeren Texten auf ihn zurück, wahrscheinlich von ihm diktiert und von Schreibern in lateinische Form gebracht.[61] Davon sind vor allem zu nennen: Die beiden Regeln, ‚Regula non bullata' von 1221/22 und ‚Regula bullata' von 1223, die zum großen Teil von ihm stammen. Besonders wichtig sind das Testament, die 28 Admonitiones[62], kurze Ermahnungen, zumeist von Bibelstellen ausgehend, 6 Briefe, darunter einer an ein (General)Kapitel um 1220,[63] einige Gebete – Laudes[64] und in italienischem Dialekt der Sonnengesang um 1224/25, der gegen die katharische Weltverneinung die Geschöpfe zum Lob Gottes aufforderte.[65] Drei kurze Stücke, das sogenannte Tedeum, der Brief an Bruder Leo, die ‚Benedictio fratris Leonis' gelten als Autographen.[66]

Die Regeln. Außer dem rückschauenden Testament von 1226 sind die Regel oder die Regeln die wichtigste Quelle für das erste Jahrzehnt des Ordens. Die Franz-Forschung kennt drei Phasen für die Vita oder Lebensform der Brüdergemeinschaft oder Bußergemeinschaft: Eine sogenannte Ur-Regel von 1209/10, dann die ‚Regula non bullata' (1221/22) und die ‚Regula bullata' um 1223. Als Franz mit seinen ersten Brüdern 1209/10 nach Rom zu Innozenz III. zog, legte er nach zwei wichtigen Zeugnissen dem Papst einen kurzen Text vor und bat um dessen Anerkennung. Der Wortlaut dieses Textes ist nicht sicher überliefert, bestand aber wahrscheinlich aus den bekannten Stellen der Evangelien über das Verlassen der Welt.[67]

Unter ‚Regula non bullata' versteht man die ausführliche, ja breite Fassung der ‚Vita'-Lebensform der neuen Gemeinschaft, die aus dem Jahre 1221/22 überliefert ist. Grundzüge der kurzen Ur-Regel wurden übernommen, stark erweitert und noch 1215 von Innozenz III. während des 4. Laterankonzils genehmigt. Die ‚Regula non bullata' ist eine vielschichtige, nicht fugenlose Zusammenstellung von Leitsätzen für die Lebensform mit vielen, auch auf Franziskus zurückgehenden Anpassungen an die durch die starke Zunahme der Brüder entstandenen Lage. Auf Bruder Cäsarius von Speyer geht im Auftrag des Heiligen die Ausstattung mit zahlreichen Schriftzitaten zurück. Die ‚Regula non bullata' ist ein guter Beleg für das Werden und den Ausbau einer Verfassung, nur lassen sich in der heutigen Form die Schichten nicht mehr genau voneinander abheben und datieren; sonst hätte man einen besseren Einblick in das erste Jahrzehnt der Franziskanischen Gründung und es könnte manche Hypothese ausgeschaltet werden. Aber trotz allen Schwierigkeiten der Interpretation ist die ‚Regula non bullata' einer der wichtigsten Texte zur Frühgeschichte.[68]

Einen weiteren Schritt zur ordensähnlichen Entwicklung der Gemeinschaft bezeugt die 1223 genehmigte und in die Bulle ‚Solet annuere' vom 29. November in vollem Wortlaut aufgenommene ‚Regula bullata'.[69] Sie ist erheblich kürzer, hat vieles aus der ‚Regula non bullata' weggelassen, aber auch neue und bisher in den Regeltexten nicht belegte Dinge aufgenommen. Trotz den eindringlichen Arbeiten der letzten zwei Jahrzehnte werden die Einflüsse auf die Gestaltung der ‚Regula bullata' verschieden beurteilt: Wieweit die Mitarbeit des hl. Franz geht,[70] wie weit die des Protektors, des Kardinals Hugolino, wieweit die Forderungen der Ministri sich durchgesetzt haben, ob Franz zu einem Kompromiß gezwungen wurde, der seiner ursprünglichen Auffassung der Vita nicht entsprach – nämlich der Angleichung mindestens im äußeren Bereich an die herkömmlichen Ordensformen – bleibt umstritten.

Das Testament. Nach den gründlichen Untersuchungen von K. Esser hat Franz mehrere Testamente verfaßt oder diktiert, von denen nur das letzte, kurz vor seinem Tode entstandene wörtlich erhalten ist.[71] Das Testament schildert in wenigen Worten seine Bekehrung, seine Hineignung zu den

Kirchen, den Bildern des Gekreuzigten, seine Verehrung der Priester wegen ihrer Vollmacht für die Sakramente und besonders die Eucharistie. Dann die Anfänge der Brüderschaft mit starker Betonung der Erleuchtung von oben,[72] die Armut in Kleidung und Lebensführung, Notwendigkeit der Handarbeit, Einfachheit der Kirchen und Unterkünfte. Wichtig für die Bedeutung des Testaments sind das ausdrückliche Verbot, sich von der römischen Kurie irgendwelche Privilegien zu erbitten, die Einschärfung des Gehorsams den Oberen gegenüber und die harten Worte gegen ungehorsame irregeleitete Brüder; zum letzten Punkt könnte man Einflüsse der Kurie vermuten. Nach den Schlußworten soll das Testament die Regel ergänzen und jeweils mit ihr zur Verlesung kommen; aber Regel und Testament dürfen in keiner Weise erweitert und glossiert werden.

Über die letzten Tage des Heiligen, an denen er schwer krank im Bischofspalast in Assisi und dann in seiner geliebten Portiunkula darniederlag, gibt es eine Reihe von Berichten, die nicht leicht miteinander in Einklang zu bringen sind, eine Beobachtung, die auch für viele andere Nachrichten über das Franziskusleben gilt und die Datierung nicht erleichtert. Dies gilt vor allem für einen wichtigen Punkt, die Abschiedsworte und den Segen, den er über seine Brüder sprach, wobei er seinen Vikar Elias und den Bruder Bernhard von Quintavalle besonders segnete. In dieser Episode tritt die ganze Problematik der Geschichte des Heiligen und seines Ordens treffend zutage und erklärt den Streit um das Franziskusbild.

Die Legenden. Die Legenden, eigentlich mehr Hagiographie als historischer Bericht, sind keine Biographien im eigentlichen Sinne, sondern verfolgen vorwiegend erbauliche Zwecke und bringen deshalb viele wunderbare Dinge. Sie sind nicht frei von einseitiger, der jeweiligen Richtung entsprechender Stellungnahme als einer Ausdeutung des Testamentes. Sie bereichern das Quellenmaterial, sind aber von sehr unterschiedlichem historischem Wert; die ungemein schwierige handschriftliche Überlieferung ist noch immer umstritten.[73] Als klassisch gelten die beiden Legenden des Thomas von Celano, der etwa 1215 zu Franziskus kam und bald nach dem Tode des Heiligen seine erste Legende in päpstlichem Auftrag 1228/29 schrieb. Mit der Heiligsprechung im Juli 1228 beginnt die von der Kurie und dem Orden geförderte kultische Verehrung. Die zweite Legende, in der frühes Material verarbeitet ist, entstand auf Weisung des Generalkapitels in den Jahren 1246/47. Kurze Zeit später wurde der ‚Tractatus de miraculis' angefügt. Offiziellen Charakter erhielt die vom Generalkapitel in Narbonne 1260 verlangte und vom Ordensgeneral Bonaventura unter Mitarbeit mehrerer Brüder 1263 fertiggestellte ‚Legenda major' auch dadurch, daß das Generalkapitel um 1266 die Vernichtung aller früheren Legenden anordnete. Daraus wird aber auch ersichtlich, wie umstritten schon damals die Deutung des Franziskuslebens war.[74]

Eine große Rolle spielt in dieser Sparte franziskanischen Schrifttums der

Bruder Leo (Schäflein Gottes, gest. 1271), einer der frühen Gefährten des hl. Franz und ein energischer Verteidiger der ihm richtig scheinenden frühen Formen; zu schweren Zusammenstößen kam es mit dem Generalminister Elias von Cortona. Von Leo stammen wohl die ‚Vita Aegidii' in der kurzen Fassung, vielleicht die ‚Verba S. Francisci' und die ‚Intentio regulae'.[75] Immer noch nicht befriedigend gelöst ist die sehr schwierige Frage nach den sogenannten Rotuli, eine Sammlung von Zetteln, die Leo und einige Mitbrüder im Auftrag des Generalministers Crescentius von Jesi 1246 zusammengestellt haben. Nach dem Gebot von 1266 zur Vernichtung aller früheren Legenden sollen die wohl sehr wichtigen Nachrichten den Klarissen in Asssisi übergeben worden sein, gelten aber heute als verschollen.[76]

Aus der reichen, aber sehr undurchsichtigen Legendenüberlieferung sind noch zu nennen: ‚Legenda trium Sociorum.' Die ersten 16 Kapitel gehen wohl auf Bruder Leo und zwei andere frühere Gefährten des hl. Franz zurück. Neue Studien haben den Platz unter den gesicherten frühen Quellen bestätigt; allem nach ist die ‚Legenda trium Sociorum' im Jahre 1246 entstanden.[77]

Das ‚Speculum perfectionis' gehört in die erste Hälfte des 14. Jahrhunderts und enthält im Sinne der Spiritualen gesammeltes Material, auch aus jetzt verlorenen Quellen des 13. Jahrhunderts.

Die ‚Actus S. Francisci et sociorum eius' gehören ebenfalls in die erste Hälfte oder in die Mitte des 14. Jahrhunderts. Die Quellen sind nicht mehr vollständig nachzuweisen; vieles stammt wohl aus Eremitenkreisen. Im 53. Kapitel findet sich das ‚Floretum S. Francisci' (florilegium, fiori, Blütenlese), die in der volkstümlichen Übersetzung berühmt gewordene Sammlung der ‚Fioretti', deren historischer Wert gering ist, die aber zum populär entstellten Bild des Heiligen entscheidend beigetragen haben.[78]

Außer diesen späteren Legenden gab es in vielen Ordensprovinzen des 14. Jahrhunderts spezielle Sammlungen und Darstellungen zu erbaulichen Zwecken und zur Lesung in den Konventen; wieviel altes Gut, besonders wieviel frühe mündliche Überlieferung noch in diesen Sammlungen steckt, ist schwer zu erfassen.

Schon diesen kurzen Ausführungen über die Quellen ist zu entnehmen, wie schwer die Überlieferung zu interpretieren ist, obwohl z. B. Clasen, Esser und Flood viele Handschriften verzeichnet haben und wie jeder neue Handschriftenfund dieses Bild verändern kann; das gilt für die Schriften des hl. Franz und noch mehr für die späteren Legenden. Aus dieser Einsicht werden auch die zum Teil heftigen Auseinandersetzungen um die Frühgeschichte des Ordens verständlich: Ob man von der späteren Krise im Zusammenhang mit den Spiritualen ausgeht oder die frühere Zeit – wie es wohl richtig ist – aus den frühen, wenn auch sehr lückenhaften Quellen heraus zu verstehen sucht. Das dürftige ursprüngliche Material hat durch methodisch neue Fragestellung der letzten zwei Jahrzehnte an Bedeutung gewonnen; allem nach ist die spätere, durch die Spiritualen geprägte Überlieferung zumindestens für die Anfänge überschätzt worden.[79]

Der Lebensgang des hl. Franz ist allgemein bekannt und deswegen nur in einigen Strichen nachzuzeichnen. In Assisi um 1181/82 geboren als Sohn des reichen Kaufmanns Pietro Bernardone, galt er in der Gesellschaft als ein fröhlicher, umgänglicher, nach ritterlichen Abenteuern strebender junger Mann. Doch bald begann sich eine innere Entwicklung bemerkbar zu machen, wohl veranlaßt durch äußere Ereignisse: Gefangenschaft im benachbarten Perugia (1202/03), schwere Erkrankung 1204 und anschließend durch den mißglückten Zug nach Apulien, wo er zum Heer des päpstlichen Soldkapitäns Walter von Brienne stoßen wollte, aber, offenbar durch Träume bewegt, schon in Spoleto wieder umkehrte. Nun folgen nach den zwar nicht immer zuverlässigen und stark ausschmückenden Berichten der Viten die entscheidenden Jahre 1206 bis 1209: Zwiegespräch mit dem Kreuz in San Damiano, Herrichtung verfallener oder beschädigter Kapellen, Verzicht auf Elternhaus und Familie vor dem Bischof von Assisi, wo sich der Enterbte völlig entblößte und vom Bischof durch seinen Mantel bedeckt wurde, Dienst an Aussätzigen, eigentliche Berufung 1208/09 durch Anhören der Matthäusstelle über die Aussendung der Apostel (Mt 10,5), die er nun wörtlich nachleben wollte. Und in der Folge schlossen sich ihm einige Gefährten an, um ein Leben nach dem Evangelium mit ihm zu führen.

Der Gedanke des Rückzuges aus der Welt, um ein Leben der Buße zu führen, fand um die Wende des 1. Jahrtausends starken Anklang und äußerte sich in den verschiedensten Formen: vom eremitischen Leben über einfache Gruppenbildungen bis zu ordensähnlichen Gemeinschaften. Die von der sogenannten Reform des 11. Jahrhunderts ausgelöste religiöse Bewegung erfaßte weite Kreise und wurde in den zahlreichen Wanderpredigern und den von ihnen ins Leben gerufenen Gruppen sichtbar.[80] Wenn auch ein großer Teil dieser Vertreter der „apostolischen Lebensweise" in den neuen Orden der Zisterzienser und Prämonstratenser und mehreren kleineren nur kurzlebigen Gründungen aufgefangen wurde, so blieb doch eine beachtliche Zahl übrig, die oft in häretischen Bildungen endeten. Honorius III. hatte 1221 durch das sogenannte Propositum diese sehr verschiedenen Gruppen in einer Art Ordo de Poenitentia zusammengefaßt.

Das Jahrzehnt von 1210 bis 1220 war die Zeit, in der die Brüderschaft des Franz von Assisi zahlenmäßig stark zunahm; dabei traten Schwierigkeiten auf, und es zeigte sich eine Tendenz zur Ordensbildung. In diese Zeit fallen mehrere Versuche zur Heidenmission, bis es Franz gelang, 1219 während des 5. Kreuzzugs vor dem Sultan zu predigen. Die Jahre nach 1220, als er die Leitung des Ordens abgegeben hatte, waren durch Krankheiten und Sorgen verdüstert. Am 4. Oktober starb er in der Portiunkula, zwei Jahre später folgte die Heiligsprechung.[81]

Die Frühgeschichte des Franziskus und der Franziskus-Gefährten gleicht derjenigen vieler Bewegungen und Gründungen jener Jahrzehnte, ja der Zeit von der Mitte des 12. bis an das Ende des 13. Jahrhunderts. Als sich um Franz die ersten Brüder scharten, konnte man sie für eine der vielen Bußbrüderschaften halten.[82] Große Beachtung fanden sie zunächst nicht, auch nicht an der Kurie, wo Franz mit seinen zwölf Brüdern 1210 in Rom von Innozenz III., nach Unterstützung durch den Bischof von Assisi, vom Papst eine mündliche Bewilligung seiner Lebensweise und wohl auch die Erlaubnis zur Bußpredigt erhielt. Über die vielen Strömungen im Kardinalskolleg ist hinreichend vermutet und geschrieben worden; die genauen Vorgänge sind nicht mehr zu erkennen, wenn auch die späteren Quellen rückschauend dies versuchten. Immerhin wird deutlich, daß Franz sich auf göttliche Erleuchtung berief und für sein Leben und das seiner Brüder nur das Evangelium als Richtschnur nahm.[83] Das haben gewiß auch andere Vertreter der religiösen Bewegung getan, und sie haben es auch gegen die kirchliche Hierarchie vertreten. Aber der grundlegende Unterschied wird in den folgenden Jahren sichtbar.

Das Jahrzehnt von 1210 bis 1220 ist entscheidend für die Entwicklung des Gründers und seiner Gründung, aber es ist auch am meisten umstritten.[84] Die kleine Gruppe hielt sich ohne festen Wohnsitz zunächst in Assisi und Umgebung (Portiunkula, San Damiano, Rivo Torto), in den Einsiedeleien von Fonte Colombo und Greccio in der Gegend von Rieti auf und suchte durch eine bescheidene, aber hingebend eifrige Predigttätigkeit, durch großzügige Hilfsbereitschaft in der Nachfolge des armen Christus auf die Bevölkerung einzuwirken.[85] Bald schlossen sich neue Brüder aus allen sozialen Schichten und auch Kleriker den wandernden Predigern und ihrer höchst einfachen Lebensweise an.

Die einfache Lebensweise war schon lange eine Forderung der reformeifrigen Bewegung. Gegen die reiche Kirche beginnt seit dem 11. Jahrhundert der Kampf der Vertreter der Vita Apostolica, der Pataria in Mailand, der Behörden in vielen anderen Städten, nicht immer nur aus idealen Motiven. Für die Machtkämpfe in den italienischen Kommunen ist die Forderung der Armut der Kirche ein übliches Versatzstück. Auch für Arnald von Brescia, dessen mehr theologische als politische Haltung neuerdings stark betont wird.[86] Lange Zeit hat man die soziale Basis dieser städtischen Auseinandersetzungen zu gering veranschlagt, während man sie heute manchmal überschätzt. Jedenfalls beginnt mit Franz eine andere Einstellung, die vom Kampf um die Macht wegführt und bei aller verhaltenen Kritik die neue Weise sichtbar macht. Durch die in der zweiten Hälfte des 13. Jahrhunderts stark einsetzende Diskussion über den Sinn der franziskanischen Armut und den großen Armutsstreit des beginnenden 14. Jahrhunderts hat diese Frage eine Bedeutung erhalten, die sich vor allem in den neuen Darstellungen der Ordensgeschichte zeigte und wohl sehr überbetont wurde. Die Quellen zur frühen Ordensgeschichte wissen kaum etwas von einer solchen Übertreibung. Für sie ist die Armutsauffassung des hl. Franz zwar Vorbedingung für die Nachfolge des armen Christus gemäß den Evangelien, aber nicht Selbstzweck. Unter dieser Armut ist nicht nur die Abwendung von materiellen Dingen zu verstehen. Das Mysterium paupertatis soll die Grundlage sein für die durch die neue Gemeinschaft zu erfüllenden Aufgaben: Wanderpredigt – Bußpredigt und beispielhaftes Leben. Deshalb sollen sie gehen ohne Bettelsäcke, ohne Geld im Gürtel, ohne Vorrat, ohne Behausung.[87] Das Lebensnotwendige erhalten sie durch Arbeit, im Notfall durch Bettel. Bettelorden ist daher nicht die richtige oder noch nicht richtige Bezeichnung. Also eine neue Form der peregrinatio, Armut als Unsicherheit auch im weitesten Sinne: Nicht nur Verzicht auf Geld, auch keine Privilegien, kein Rechtsanspruch, voller Gehorsam als wichtigster Teil der Armut, Selbstlosigkeit, expropriatio.[88]

Das Neuartige an der neuen Gemeinschaft (fraternitas, ordo, später auch religio) zeigt sich auch, und zwar ganz besonders deutlich, auf dem materiellen Gebiet: nämlich in der Frage der Unterkünfte, Niederlassungen, Konvente und Klöster. In den ersten Jahren war die Gemeinschaft mehr fluktuierend und wandernd und wies noch kaum Stabilität auf außer in den Eremitorien. Auch hier ist wieder zu beachten, daß wir über das erste Jahrzehnt oder doch bis zum Tod des Heiligen (1226) nur sehr wenig wissen (siehe die Übersicht zur Quellenlage). Neue Forschungen weisen darauf hin, wie die Regel oder die Regeln im Seßhaftwerden beobachtet wurden und so zu einem neuen Typ religöser Bewegung führten. Gemäß den Worten der beiden Regeln und des Testaments sollten die Brüder minores, fratres minores und allen untertan sein, ihren Lebensunterhalt durch Arbeit verdienen und nur im Notfall betteln. So kehren sie nach Nachrichten aus England zunächst in Leprosorien oder sonstigen Notunterkünften ein, bis sie von Wohltätern oder kommunalen Verwaltungen eine Behausung zugewiesen erhalten, in der sie als Gäste auf Widerruf bleiben können. Damit war dann auch die Verbindung zu den bedürftigen Schichten und die Möglichkeit zur Betreuung von kirchlich und sozial gefährdeten Randschichten der Bevölkerung gegeben.[89] Im Gegensatz also zu den meisten ordensähnlichen Gründungen, die wie die Dominikaner sich feste Domizilien bauen und erwerben, ist Besitznahme und Besitzgarantie durch Rechtsakte bei den Minores nicht gegeben. Wie erklärt sich dann die bald einsetzende große Bautätigkeit zur Errichtung der majestätischen Ordenskirchen und Konvente in den Städten (San Francesco und Sacro Convento in Assisi)? Wie man aus der archivalischen Überlieferung vieler süddeutscher Städte entnehmen kann, haben die Obrigkeiten in Übereinstimmung und oft mit wörtlicher Billigung bzw. Berufung auf die Vorschriften des Ordens den Minoriten Bauplätze zur Verfügung gestellt oder von Privaten geschenkte Grundstücke in ihre Verwaltung genommen; sehr oft steht das im Zusammenhang mit

Erweiterung und Verstärkung der städtischen Befestigungen. Darüber hinaus wurden die so mit öffentlichen oder privaten Mitteln erstellten und erhaltenen Konvente und weiträumigen Kirchen zum Gebrauch für bürgerlich-profane Zwecke herangezogen, z. B. als Sitzungslokale für Rechtssprechungen und Beurkundungen, als Versammlungsort für Ratswahlen, als Unterkünfte bei Fürstenbesuchen, zur Aufbewahrung von Archiven; die Kirchen besonders als Grablege für verdiente Bürger wie Santa Croce in Florenz.[90] Freilich ergaben sich aus dieser merkwürdigen und oft undurchsichtigen Lage Schwierigkeiten, die auch in den späteren Regelerklärungen sichtbar werden.[91] Aus diesem vorwiegend äußeren Befund erklärt sich die enge Verbundenheit mit der Bevölkerung, deren Seelsorge man sich ohne Ablenkung durch materielle Dinge widmen konnte.

Die Entstehung der franziskanischen Brüderschaft fiel in die Zeit der großen Diskussion an der römischen Kurie über die Stellungnahme zu den sogenannten religiösen Gemeinschaften. Nach den Erfahrungen mit Waldensern und den Humiliaten trat eine Wende in der bisher mehr abweisenden Behandlung ein, die vor allem dem Scharfblick Innozenz' III. zu verdanken war. Mit den Bußbrüdern aus Assisi hatte sich der aufgeschlossene Pönitentiar, der Kardinal von S. Paulo, wie er genannt wurde, beschäftigt. Ihm folgte Hugolino von Ostia, der spätere Gregor IX., der zum Schicksal des Heiligen aus Assisi und seiner Gründung werden sollte. Einige deutliche Zeichen setzte das 4. Laterankonzil, das die Gründung neuer Orden verbot. War aber die Schar der Gefährten des Franziskus als ein neuer Orden zu betrachten? Mit Recht soll der Kardinal von St. Paulo darauf hingewiesen haben, daß die Vita – Lebensform der Bruderschaft nur aus Worten des Neuen Testamentes bestehe, das doch keine Neuigkeit sei, und daß auch Kurie und Konzil eine solche Lebensweise nicht ablehnen könnten[92]. Was wollte Franziskus ausdrücken, als er im Anfang des Testamentes seine Bekehrung so formulierte: „exivi de saeculo"? Das meint wohl nicht den Eintritt in den geistlichen Stand mit seinen den Klerikern zugestandenen Rechten; er will auch nicht Mönch werden und lehnt die Übernahme von Mönchsregeln ab, auch nicht Eremit, sondern leben „secundum formam evangelii". Das ist mehrdeutig und soll es sein; er will zurück zu den Anfängen mit ihren vielen Möglichkeiten in der Nachfolge Christi, aber ohne sich zunächst auf bestimmte spezielle Formen festzulegen. Also ein Individualist, der sich wiederholt auf göttliche Eingebungen beruft, so als er 1209 in der Portiunkula das Evangelium aus Matthäus vernimmt.[93] „Altissimus revelavit mihi" Seinen ersten Gefährten Bernhardus de Quintavalle führt er in die Kirche San Nicolò della Piazza, um ihn dort das Evangelienbuch dreimal aufschlagen zu lassen und daraus die Stimme Gottes zu vernehmen. So ist das Evangelium die Grundlage – das Evangelium der Kirche[94]. Franziskus hat das Anliegen der religiösen Bewegung nicht durch Kritik an der Amtskirche und ihrer Hierarchie durchsetzen wollen, und das ist der große Unterschied zu vielen in der Sache ganz ähnlichen Strömungen seiner Zeit. So bekämpfte er auch nicht direkt die Katharer, die gerade in Umbrien große Verbreitung fanden, sondern bestand auf vollem Gehorsam gegen die römische Kirche in seiner Gefolgschaft.[95]

Im ersten Jahrzehnt nach der Bekehrung nahm die Zahl der Franz Nachfolgenden rasch zu und erweckte das Staunen der Umwelt.[96] Es war die neue kompromißlose Form christlichen Lebens nach dem Evangelium, die viele Hochgemute anzog, Männer aus allen Ständen, vor allem junge Leute und Studenten, die mit dem einfachen und ärmlichen Kleid der Minores von ihrem bisherigen Leben Abschied nehmen wollten. Man weiß, daß es vielen nicht gelungen ist und daß sie sich aus der Brüderschaft zurückzogen. Die rasche Zunahme brachte eine Reihe von Problemen; hierher gehört die so umstrittene Frage: Wollte der Poverello aus Assisi einen Orden gründen?[97] Wichtig ist zunächst, was Franz selbst über seine Gefolgschaft sagte,[98] und dann erst sollten die zeitgenössischen Äußerungen herangezogen werden.[99]

Da im ersten Jahrzehnt die franziskanische Bewegung ein mehr personales und flukturierendes Gebilde war mit den Aufgaben Bußpredigt, Handarbeit und Dienst in Leprosorien und Hospitälern, lassen sich auch die Bezeichnungen religio, fraternitas, minores, pauperes minores, fratres minores, viri poenitentiales nicht mehr genau chronologisch einordnen.[100] Noch nicht Orden im Sinne der herkömmlichen kanonistischen Doktrin, aber auf dem Wege zu einem Orden. Aus dem Nebeneinander von Wanderpredigt und Eremitenleben entsteht bald ein Seßhaftwerden mit bestimmten regionalen Schwerpunkten, aus dem Nebeneinander von Niedrigen und sozial Hochgestellten, von gelehrten und ungelehrten Männern, von Klerikern und Laien, die wohl nicht zu umgehende Tendenz zur Schichtung, vor allem zur Klerikalisierung und damit die äußere Angleichung an die Formen der kirchlichen Gemeinschaften.[101] Dieser Entwicklung waren die programmatisch kurzen Worte der Regeln nicht mehr gewachsen, und viele drängende Fragen konnten aus ihnen nicht eindeutig beantwortet werden; daß die Kurie und Hierarchie mitreden wollten und mußten, ist dann naheliegend. Aber wie sich die Gewichte bei diesem Mitreden im einzelnen verteilten, ist nicht mehr auszumachen. In diesen Zusammenhang gehört ein Wort über die Regeln:[102] Regel nicht im Sinn von Ordensregel, denn Franz wollte kein juristisches Dokument schaffen und sich keinem anderen Orden anschließen, sondern die verpflichtende Lebensweise seiner Brüderschaft beschreiben.[103] Wer dieses Leben auf Gottes Eingebung hin annehmen will, soll nach eingehender Prüfung diese Lebensform im Gehorsam übernehmen, sich darauf verpflichten. In den Anfängen, die mehr durch Improvisation als durch Organisation gekennzeichnet waren, belehrten der Heilige oder die Minister diejenigen, die sich der kleinen Schar der Brüder anschließen wollten, über die Schwere ihres Wunsches: Verlassen der Welt (exire de saeculo) und Nachfolge des armen Christus (vestigia sequi); in das Aufgeben des bisherigen Lebens sollten sich nach der ,Regula bullata' die Minister nicht einmischen und auf keinen Fall in die abzuwickelnden finanziellen Dinge sich einschalten. Die Aufnahme in die Brüderschaft bestand also in dem Versprechen, das Leben der Minderbrüder in vollem Gehorsam zu führen. Später kam durch Verfügung des Papstes Honorius III. im Jahre 1220 eine Prüfungszeit dazu, ein einjähriges Noviziat, das mit der oben erwähnten Profeß abschloß. Diese Profeß darf nicht den übrigen Ordensgelübden gleichgestellt werden. Auch für die Abfassung der Regeln beruft sich Franz auf göttliche Eingebung. Beide Regeln erscheinen auf den ersten Blick ein Durcheinander von vielerlei Ermahnungen zur Beobachtung des hl. Evangeliums zu sein, deren Kernpunkt die neue Lebensweise in Einfachheit und Frieden ist. In den heute vorliegenden Texten schimmern frühe Auffassungen durch, aber auch die Hilfe von juristisch denkenden Brüdern und die Hilfe der römischen Kurie; die einzelnen Schichten sind aber schwer voneinander zu scheiden.

Eine überaus schwierige Frage ist die nach der Entstehung der Ämter. War im ersten Jahrzehnt Franz nicht so sehr der Obere, sondern eher der Vater seiner Kinder, so bereitete der von der Kurie betriebene rechtliche Ausbau dem Heiligen große Sorgen. Seit 1220, also noch vor der endgültigen ,Regula bullata', zog er sich zurück und übergab formell die Leitung einem seiner ersten Jünger, Petrus Cathanii, ohne aber auf seine väterliche Weisungsgewalt zu verzichten. Bei der Terminologie: Minister, Kustos, Guartianus ist im Sinne einer chronologischen Präzisierung fast alles unklar, aber in Wirklichkeit gab es leitende Brüder in den Provinzen und Häusern, die ihre Aufgabe dienend ausüben sollten.[104]

Das Abhalten von Versammlungen oder Kapiteln für die religiösen Gemeinschaften hatte das 4. Laterankonzil eingeschärft. Sie sollten das Gefühl der Zusammengehörigkeit stärken und Weisungen für die Zukunft nach den bisherigen Erfahrungen erlassen. Die Anfänge solcher Zusammenkünfte in der franziskanischen Gemeinschaft sind nicht genau zu erheben, da nur gelegentlich darüber berichtet wird. Immerhin scheint es etwa seit 1216 zwei jährliche Treffen an Pfingsten und am Michaelsfest gegeben zu haben, an denen alle Brüder teilnehmen konnten, meistens in Assisi oder in der Portiunkulakapelle. Und nach dem Generalkapitel von 1221, dem letzten, das alle Brüder versammeln wollte, sollten die Provinzminister ihre Brüder am Feste des hl. Michaels zusammenrufen. Nach der ,Regula bullata' gab es das sogenannte Pfingstkapitel, auf dem sich alle drei Jahre die Minister der einzelnen Provinzen versammeln sollten, im Anschluß daran die Zusammenkunft der Brüder in jeder Provinz mit ihrem Minister. Der raschen Zunahme des Ordens entsprach die Aufgliederung in elf Provinzen aus dem Generalkapitel von 1217, in den nächsten Jahren waren es schon 13 Provinzen.[105]

Geben die bisher erwähnten Annäherungen an die herkömmlichen Ordensformen einen Begriff von der Umwandlung der frühen Brüderschaft, so wird diese Entwicklung noch deutlicher, wenn wir die Stellung des heiligen Franz zu Studium und Wissenschaft in Betracht ziehen. Die Ansicht, daß das Studium schon wegen der Auseinandersetzungen mit den Häretikern von Anfang an in der Brüderschaft erwünscht gewesen sei, läßt sich wohl schwerlich halten.[106] Franz selbst verzichtet auf Bücher – außer auf die hl. Schrift und liturgische Texte –, da er beim Aufschlagen des Evangeliums auf die Stelle stieß Luc. 8,10. Die Problematik, bedingt durch die Zugehörigkeit gelehrter Männer und Theologen zu seiner Schar, wie des hl. Antonius, oder in dem Versuch, in Bologna eine Studienmöglichkeit einzurichten, wurde ihm schmerzlich bewußt; auch die Notwendigkeit einer gewissen theologischen Ausbildung für die Bußpredigt. Aber die sich hier abzeichnende Entwicklung widersprach eben doch der anfänglichen Improvisation und der Einfältigkeit.[107] Die in dieser hohen Form vielleicht für eine kleine Schar möglich sein konnte, aber offenbar auf eine große aus so heterogenen Elementen zusammengesetzte Gemeinschaft nicht zu übertragen war. Franziskus ging es um die Erhaltung seiner hohen Form – Leben nach dem Evangelium, also um eine allgemeine, der geschichtlich gewordenen Kirche vorgeordnete christliche Lebensform, freilich ohne direkten Gegensatz gegen die kirchlichen Institutionen. Von hier aus ist Wirkungsmöglichkeit und Wirkungsweise zu beurteilen, während die noch zu seinen Lebzeiten immer stärker werdenden Strömungen in seiner Gemeinschaft diese durch möglichste Anpassung an die sogenannten pastoralen Erfordernisse für die Praxis geeignet machen wollen, aber damit in der übrigen Klerisei aufgehen.

Es ist keine Frage, daß Franziskus mit den lapidaren Worten des Testamentes zu den Anfängen zurückführen will. Seine in so sehr bewegten Worten ausgedrückte Rückbesinnung auf die glücklichen ersten Jahre seiner kleinen Brüderschaft ist nicht als Kritik an den damaligen Zuständen im Orden gemeint, aber sie stellt eben doch den Gegensatz heraus und läßt das Drama seiner letzten Jahre sichtbar werden. Dies wird noch deutlicher in einer höchst bemerkenswerten Studie von R. Manselli, die sich auf altes Traditionsgut stützt.[108] Demnach hat der sterbende Heilige seinem ersten Gefährten Bernhard von Quintavalle einen besonderen Segen gegeben und ihn als seinen geistlichen Nachfolger bezeichnet, den auch künftige Generalminister anerkennen sollen. Die naheliegende Frage, ob es sich bei dieser Erzählung um den Franziskus der Geschichte oder um den Franziskus der Legende handelt, ist nicht leicht zu beantworten, obwohl die entscheidenden Partien über den speziellen Segen für Bernhardus in allen Überlieferungen fast wörtlich übereinstimmen.

Aus diesem letzten Willen kann man entnehmen, wie Franz seine eigentlichen ursprünglichen Ideale zu retten versuchte, indem er der nunmehr juristischen Form seiner Gefolgschaft die lebende Tradition gegenüberstellte. In den beschwörenden Worten über die heilige Armut wird wieder sichtbar, wie die Botschaft Christi von der rechten Armut (im Geiste) in sein Leben einschlug. Diese Botschaft war immer bekannt, aber zurückgestellt, entschärft oder gar verschüttet; in der Gestalt des Poverello steht sie in ihrer ganzen Wucht vor der reichen Kirche des Mittelalters, ebenso die Forderung der Gewaltlosigkeit gegenüber den Irrgläubigen und Ungläubigen, in der Nachfolge des Gekreuzigten, dessen Bild in der Passionsfrömmigkeit des Heiligen zutage tritt:[109] so in dem Erlebnis des Heiligen vor dem Kreuz in San Damiano und in den vielfachen Anrufungen des gekreuzigten Christus; besonders aber in der häufigen Verwendung des letzten Buchstabens im semitischen Alphabet, des mystischen Tau, das Franziskus etwa seit dem 4. Laterankonzil näher bekannt wurde.[110] In der Tunika der Brüder sah Franz die Kreuzesform, das Tau.[111] Als wichtigster Beleg gilt das eigenhändige im Original erhaltene sogenannte Segenspergament für Bruder Leo. Am Schluß der wenigen Zeilen steht ein bisher noch nicht restlos gedeutetes Zeichen (=Tau?).[112] Franz hat einige seiner Schreiben mit dem Tau als Siegel beglaubigt und auch in den Behausungen der Gefährten dieses Zeichen an den Wänden angebracht. In erschütternder Weise findet die Conformitas mit dem Herrn Ausdruck in der Stigmatisation auf La Verna, wohl wenige Monate vor seinem Tod.[113] Wie kaum ein anderer hat dies Dante in seinen berühmten Versen im elften Gesang des Paradiso in Worte zu fassen vermocht: „Auf hartem Fels, gelegen zwischen Arno und Tiber, ward ihm Christi letztes Siegel, das seine Glieder dann zwei Jahr lang trugen."

Die oft gebrauchte Wendung vom Scheitern der Ideale des Heiligen ist wohl zu einfach. Sein Ideal galt nur für ihn, war nur ihm geoffenbart und ließ sich nicht ohne Abstriche auf eine Gemeinschaft, gar eine so große Gemeinschaft wie die Kirche übertragen. Die Minderungen seiner Forderungen zeigt schon die zwei Jahre nach seinem Tode von Gregor IX. erlassene Bulle ‚Quo elongati', in der dem Testament die verpflichtende Kraft genommen und damit der vom seraphischen Vater ausgehende Elan gebrochen wurde.[114] Kann der Orden gegen die Mitte des 13. Jahrhunderts mit seinen Exemtionen, mit dem Generalminister Elias und seinen grandiosen Bauten, mit seinen Prokuratoren, Prozessen, Begräbnisrechten, Legaten, Bettel, Streit mit dem Weltklerus und den Magistern der Universität Paris, mit dem Eindringen in die Hierarchie[115] oder gar mit den aus ihm stammenden Inquisitoren als Schutztruppe der Kurie sich auf den Heiligen als seinen Stifter berufen? Die Antwort auf diese Frage ist wohl eindeutig.[116] So ist es nicht zu verwundern, daß die Gestalt des Poverello nun erst recht überhöht wird zum Engel des sechsten Siegels nach der Apokalypse, zum „Alter Christus, zum „Dux", der nach Joachim von Fiore die dritte und letzte Phase, die ecclesia spiritualis eröffnet, daß seine Gestalt immer mehr ins Visionäre, ins Apokalyptische erhoben wird.[117] Und doch bleibt es, trotz des herrlichen Aufstiegs der von Dante besungenen neuen Sonne,[118] im wesentlichen bei der ecclesia carnalis. Der ‚Messaggio Francescano', der jeweils am 4. Oktober in Assisi verlesen wird, kann auch nicht verhehlen, daß die Botschaft des hl. Franz in der heutigen Welt und Kirche nicht mehr viel bedeutet.

Die Spiritualen

Die in der Person des hl. Franziskus von Assisi liegenden Probleme kamen noch zu seinen Lebzeiten, mehr und stärker aber nach seinem Tode in der weiteren Entwicklung des Ordens zum Vorschein. Man hat sie bisher etwas verharmlost und gerne mit dem Hinweis auf Spiritualen und Fratizellen abgetan. Die Erforschung und Darstellung der Spiritualen und ihrer Umwelt stand lange unter der besonders von F. Ehrle von einem einseitig hierarchischen Standpunkt aus erfolgten Verurteilung. Die Geschichte der franziskanischen Bewegung spiegelt sich zunächst in den Persönlichkeiten der Generalminister: Anpassung an andere Orden und die damit verbundene rasch fortschreitende Klerikalisierung oder Bestehen auf der einzigartigen Sendung des Poverello, seiner Regel und seinem Testament wechseln ab. Dazu kommen die Mahnungen der offenbar in der Geschichtsschreibung des Ordens damals und heute noch immer nicht genügend gewürdigten frühen fratres qui cum eo fuimus".[119] Manche sehen es als Verdienst an, daß der 8. Ordensgeneral Bonaventura durch die von ihm manipulierte und zum Teil selbst vollzogene Deutung der franziskanischen Bewegung die unheimliche und gefährliche Kraft der echten Jünger des Heiligen auf ein Mittelmaß reduzierte und damit eine nicht mehr dem Ideal des Stifters entsprechende Phase einleitete, nämlich die Entwicklung zu einem eigentlichen Orden, wie es die von Dominikus aufgebaute Gemeinschaft der Predigerbrüder schon länger war. Daß damit die Struktur der mittelalterlichen Kirche um die Mitte des 13. Jahrhunderts eine bedeutende Umschichtung erfuhr, der Abstand zwischen Hierarchie und Kirchenvolk immer größer, die Verrechtlichung der Kirche immer stärker und die Unzufriedenheit der Gläubigen immer deutlicher wurde, kann nicht genug betont werden. Der Eintritt einer großen Zahl von leicht lenkbaren Klerikern in den Orden belebte die kuriale Propaganda, wie es sich in der Stellung zu Friedrich II. zeigte, wo die Bischöfe in Süditalien zum Kaiser und die Franziskaner zum Papst hielten. Auch an der Erhebung Bonaventuras zum Kardinalbischof von Albano läßt sich die Wende ablesen. Als Ergebnis neuerer Studien kann man feststellen: Die Geschichte der Spiritualen weist mehrere Phasen auf; die Spiritualen sind nicht eine geschlossene Gruppe, zu der sie die frühere Forschung und Stellungnahme der Kurie gemacht hatten.[120] Man denke nur an die so eigenwilligen Persönlichkeiten wie Ugo von Digne, Angelo Clareno, Ubertin von Cassale und vor allem an Petrus Johannis Olivi und an deren Regelerklärungen.[121] In den Kreisen der Spirituaalen war die Armutsfrage von großer Bedeutung, aber sie genügt nicht zur vollen Erkenntnis und Würdigung dieser mächtigen, wenn auch bald durch die Rechtskirche unterdrückten Bewegung. Wie die Franziskus zugeschriebenen Titel: „Engel des 6. Siegels" und „Alter Christus" zeigen können, wollen seine echten Jünger sich nicht nur mit der Urgemeinde, sondern in der Nachfolge ihres seraphischen Meisters mit dem leidenden Christus selbst identifizieren. Dabei spielt freilich die Armut – im weitesten Sinne verstanden – eine überaus wichtige Rolle, und so erklärt sich der erbitterte Kampf um die strenge Armut im sogenannten Armutsstreit. Wohl die bedeutendste, wenn auch stark umstrittene Persönlichkeit in diesem harten Ringen um die Christusnachfolge war der aus der Provence stammende Franziskaner Petrus Johannis Olivi (gest. 1298).[122] Eine einheitliche Beurteilung ist auch heute noch nicht erreicht, zumal wichtige Schriften einer kritischen Edition und manche zweideutige Stellen in seinem Schrifttum einer Klärung harren. So gilt Olivi als eine rätselhafte Erscheinung, aber als einer der größten Deuter der Probleme seiner Zeit und seines Ordens.[123] Die früher gegen ihn erhobenen Vorwürfe, zurückprojeziert aus dem späteren Verlauf des theoretischen Armutsstreites, die ihn als Spiritualenführer und Sektenchef abstempeln, sind heute nicht mehr zu halten. Gewiß war er ein homo spiritualis von hohen und höchsten Gnaden, der bei aller gehorsamen Haltung zur Kirche und selbst zu Bonifaz VIII., nach der Tragödie Cölestins V., des Papa angelicus, doch in scharfer Weise auf das Versagen der Hierarchen und des Klerus in der Betreuung der ihnen anvertrauten Herde hinwies, die strenge Armut (usus pauper) von den Söhnen des Heiligen von Assisi forderte und dessen Sendung zur Rettung der Kirche in großartigen Bildern entwarf. Über Papst und Rom und Kurie gibt es einander widersprechende Formulierungen. Ausdrücklich hält er Rom nicht für den Antichrist, aber in dem beklagenswertem Zustand der damaligen Feudalkirche sieht er doch den „Antichristo mystico" am Werk, und er hegt mit Joachim von Fiore Hoffnung auf ein besseres Zeitalter, das allerdings nicht eine Epoche des Triumphes sein wird, sondern der leidvollen Erneuerung. Kein Zufall, daß man in ihm und in Dante die beiden größten christlichen Persönlichkeiten ihres Jahrhunderts sehen will.[124]

Die Beginen in der Provence

Vor einigen Jahren hat R. Manselli aus bisher wenig beachteten, aber sehr ergiebigen Quellen die für unser Thema wichtige Bewegung der sogenannten Beginen in der Provence näher beleuchtet;[125] sie entstand nach Olivis Tod und fand über zwei Jahrzehnte hin eine große Verbreitung.

Zentrum war der Begräbnisort Olivis Narbonne; allem nach handelte es sich zunächst nicht um eine Sekte, sondern um das Streben religiöser Menschen nach christlicher Vollkommenheit in Verbindung mit sogenannten Spiritualen, Schülern und Verehrern Olivis. Der enge Anschluß der Laien untereinander und auch Schutz und Förderung durch die städtischen Behörden unterscheidet sie wesentlich von den Spiritualen in Italien und Katalonien. Von außen gesehen, gehören diese Bewegungen in den Rahmen des Armutsstreites, verbunden mit der üblichen Kritik an Papst, Kurie und Kardinälen, mit der Forderung nach Anhören der Laien; vor der um 1300 einsetzenden Verfolgung sind die Beghini provencali jedoch nur eine Gruppe eifriger Christen. Mit den anderen Beginen haben sie außer der Bezeichnung nichts gemein. Erst die Inquisition machte wie so oft aus ihnen eine Sekte und Häretiker. Daß die sogenannten Konventualen sich gegen die Spiritualen wehrten, ist naheliegend; denn viele Vorwürfe bestanden zu recht, und wurden auch von der Hierarchie erhoben. Da Olivi für strenge Armut eingetreten war, galt ihm, seinen Anhängern und Verehrern der gnadenlose Kampf der Kommunität. Schon ein Jahr nach seinem Tode nahm das Generalkapitel 1299 in Lyon Stellung, und einige Jahre später setzte Klemens V. eine Kommission ein. Das Ergebnis war für die Spiritualen günstig, ebenso wie die Untersuchung der Schriften Olivis auf dem Konzil von Vienne, die in der Dekretale „Fidei catholicae fundamenta" zusammengefaßt wurde und, ohne Olivi zu nennen, die katholische Lehre in allgemeinen Formulierungen vorlegte. Der Papst kam den Spiritualen weit entgegen und suchte, den Konflikt zu entschärfen. Mit Johann XXII. trat ein gewalttätiger, juristisch denkender Papst an die Stelle des den Spiritualen der Provence gewogenen Klemens V. Bald nach Beginn seines Pontifikats kam es zu Zitierung der Spiritualen von Narbonne und Béziers nach Avignon und zu den durch ihre Einseitigkeit und Feindseligkeit gegen die Spiritualen denkwürdigen Verhören, in denen sich Ubertin von Casale und Angelo Clareno durch ihr tapferes Verhalten auszeichneten. Gleichwohl war das Schicksal der Spiritualen und ihrer Anhänger in der Provence vorgezeichnet. Daß dem Papst das Recht zur Abänderung der hl. Regel bestritten wurde, war für Johann XXII. unerträglich, und so erließ er Weisung an die Inquisition zur harten Unterdrückung der Spiritualen und ihrer Gefolgschaft wegen Häresie. Noch waren Person und Lehre Olivis, vor allem seine Eschatologie nicht Gegenstand des Streites, aber unter den Verfolgten galt der feindselige Papst als falscher Papst und als der mystische Antichrist. Die Hinrichtung von vier Spiritualen im Mai 1318 zu Marseille war der Anfang der blutigen Verfolgung, der viele Laien wegen ihrer Verehrung von Olivi zum Opfer fielen. Die Beghini hatten eine große Verbreitung im südlichen Frankreich gefunden und stammten aus allen Kreisen der städtischen Bevölkerung, auch aus den Reihen des Klerus, die Hierarchen ausgenommen.

Der Armutsstreit

Der sogenannte theoretische Armutsstreit in der ersten Hälfte des 14. Jahrhunderts kann hier nur gestreift werden, und zwar in seiner Bedeutung für die Entwicklung der päpstlichen Vormachtstellung in der spätmittelalterlichen Kirche und in ihrer Bekämpfung. Wie schon früher dargestellt, hatten Leben und Werk des heiligen Franziskus von Assisi und die ihm nachfolgende Fraternitas zu erheblichen, weit über den neuen Orden hinausreichenden Auseinandersetzungen geführt. Daß die Stellungnahme der Kurie schwankend war von der Mitte des 13. bis in die erste Hälfte des 14. Jahrhunderts und immer wieder neue Auswege suchte, hat die jahrzehntelangen Diskussionen nicht erleichtert. Am Begriff der Armut entzündeten sich die in Schriften und Gegenschriften, aber auch in harten Streitgesprächen im päpstlichen Konsistorium geführten Verhandlungen. Die in vielen, übervielen Verlautbarungen Johannes XXII. verkündete Ansicht über die Armut Christi und der Apostel (Christus und die Apostel haben in Communi kein Eigentum besessen) sind für die Geschichte des Armutsproblems unwichtig, wichtig aber ist das vom Papsttum beanspruchte und von den meisten Spiritualen bestrittene Recht der Kurie, über Regel und Testament des Heiligen von Assisi zu verfügen und dadurch dem Orden sein kostbarstes Kleinod, die strenge Armut zu rauben.[126] Während die sogenannten Spiritualen von Klemens V. (1305–1314) gut behandelt und sogar geschützt wurden, änderte sich die Stellung der avignonesischen Kurie grundlegend unter dem nach zweijähriger Vakanz gewählten Johannes XXII. (1316–1334). So wie er auf dem Gebiete der europäischen Politik sich der französischen Linie verschrieb, die Entscheidung im deutschen Thronstreit gewalttätig für sich beanspruchte und mit kanonischen Prozessen und kirchlichen Strafmitteln erzwingen wollte, wie er in seiner verderblichen Italienpolitik nur die dem deutschen Königtum feindliche guelfische Partei mit kirchlichen Geldern, Truppen und durch Exkommunikation der Gegenpartei unterstützte, glaubte er ebenso einseitig und machtbesessen, seine Plenitudo Potestatis im innerkirchlichen Bereich vom Armutsstreit bis zu der von vielen als häretisch verurteilten Auffassung der Visio beatifica durchsetzen zu können: Dabei galt ihm Widerspruch gegen seine verwegenen Thesen als Häresie. Aber gerade auf dem theologischen Gebiet stieß er auf energischen Widerstand. Dabei handelte es sich nicht um eine der vielen Lehrstreitigkeiten des Mittelalters, es ging um mehr: Der alte Zwiespalt zwischen Christentum und Kirche, zwischen der Freiheit eines Christenmenschen und dem von der kirchlichen Verfassung geforderten Gehorsam, zwischen Charisma und Hierarchie brach in aller Schärfe auf und führte zum Aufstand gegen den seine angemaßten Vollmachten überschreitenden Papst. Nicht nur daß die Ecclesia Avignonensis als die Ecclesia carnalis, als das Babylon, als die große Hure der Apokalypse und Johannes als der Antichrist gescholten wurden; vielmehr ergingen auch von den zu Ludwig dem Bayern nach München geflohenen Häuptern der Spiritualen, die man nicht, wie bisher oft geschah, einfach als Rebellen abtun kann, zahlreiche Appelle an ein freies Konzil zur Aburteilung des häretischen Papstes. Dies alles kündigte die in wenigen Jahrzehnten im Großen Schisma eintretende Krise und den Niedergang des hochmittelalterlichen Papstkultes an.[127]

Apokalyptik

Es ist sinnvoll, an die Behandlung der Spiritualenbewegung das große und noch weithin geheimnisvolle Gebiet der sogenannten mittelalterlichen Apokalyptik anzuschließen.[128] Für unsere Betrachtung ist es vor allem interessant wegen der in die Zukunft weisenden Wünsche und Forderungen für die Verwirklichung des Christentums in einer zukünftigen reformierten Kirche (Ecclesia spiritualis). Daraus ergeben sich wichtige Folgerungen, auch für das Gefüge der damaligen Kirche (Ecclesia carnalis), und die erhoffte und ersehnte Verwandlung in einem neuen geläuterten Status. Dabei sind sozial religiöse Strömungen im Hintergrund oder Untergrund von gewisser Bedeutung und, wenn auch nicht immer auslösend, so doch mitschwingend. Die Erwartungen wurden nicht nur als ideales Wunschdenken formuliert, sondern zielten oft auf eine gewaltsame Umschichtung, um nicht zu sagen Beseitigung der gerade jetzt sich festigenden Kanonistik, die das Christentum und seine bisherige Entwicklung in starre Rechtsformen einzuzwängen suchte.

Grundlagen der apokalyptischen Erwartung bilden die überaus vielfältigen, von biblischem Gedankengut gespeisten Vorstellungen über das Ende der Zeiten, über die Zeitalter bis dahin und ihre Einteilung. Wenn auch neuere Arbeiten zur Geschichtstheologie wertvolle Erkenntnisse geliefert haben, so werden die Auffassungen über Zahl und Dauer der Epochen, über die aufeinanderfolgenden und sich ablösenden Status immer noch verschieden gedeutet; selbst bei ein und demselben Autor finden sich verschiedene, oft sich widersprechende Ansichten.[129] Wild wuchernde Zahlensymbolik, in eine Art Pseudo-Gelehrsamkeit eingebettete Vorstellungen vom Antichrist[130] und vom Endkaiser waren in der vergröberten Volksreligion mit ihrer Breitenwirkung manchmal von gefährlichen politischen Folgen.

Grundlagen aller christlichen Geschichtsdeutung war die Hl. Schrift, und zwar das Alte und das Neue Testament; neben Stellen, die sich der Deutung sozusagen anbieten, gibt es in der langen Tradition der Schrifterklärung auch Texte, in die zuerst kunstvoll hineingelegt werden mußte, was man nachher herauslesen wollte. Klassischer Ausgangspunkt war das Sechstagewerk des Schöpfungsberichtes, nach dem sechs Weltalter, sechs Perioden gezählt wurden. Manchmal wurde auch der siebte Tag, an dem Gott ruhte, als Schöpfungssabbat hinzugenommen. Damit war über die Dauer dieser Zeiträume zunächst noch nichts ausgesagt. Nimmt man aber das Psalmwort hinzu: Vor Gott sind tausend Jahre wie ein Tag, dann ergibt sich für jedes der sechs Zeitalter eine Dauer von rund 1000 Jahren. Der Traum des Nebukadnezar im Buche Daniel von den vier Großreichen und die Stelle von den vier großen Tieren wurden fast immer auf die vier Weltreiche der alten Geschichte, der Assyrer, der Perser, der Griechen/Makedonier und Römer bezogen. Im Neuen Testament waren es im Stammbaum Christi bei Matthäus die Generationenfolge, im Weinberggleichnis die Stundeneinteilung des Tages, die geschichtsdeutend trächtig wurden. Selbst die sechs Krüge der Hochzeit zu Kana entsprachen dann sechs Zeitaltern. Das Buch der Deutung schlechthin aber ist die geheime Offenbarung des hl. Johannes mit ihren sieben Visionen, sieben Engeln, sieben Siegeln, sieben Posaunen usw. Viele der landläufigen Deutungen kommen aus jüdischen Vorstellungen, aber auch aus nicht-christlichen Kulturräumen und sind oft mehr orientalisch-griechischen Ursprungs denn römischer Herkunft. So wurden in der beginnenden christlichen Geschichtsdeutung auch die dem antiken Menschen vertrauten sechs Altersstufen des menschlichen Lebens von der Kindheit bis zum hohen Greisenalter verwendet. Die christliche Deutung setzte ein, als die Parusie, die Wiederherkunft des Herrn, sich verzögerte oder ganz auszubleiben schien. In dem Bemühen der nachapostolischen Generationen um die begriffliche Erfassung der Heilsbotschaft und Heilstatsachen trat das Moment der sogenannten Heilsgeschichte in den Vordergrund, um die christliche Religion als geschichtlich einmalige von den sie umgebenden religiösen Strömungen unterscheidend abzuheben und dadurch abzusichern. War die Schöpfung, die Erschaffung der Welt der erste Akt der Heilsgeschichte, so lag in der Menschwerdung ihr Höhepunkt: der Eintritt des Ewigen in das Zeitliche. Und von da ab finden sich in den Schriften der christlichen Autoren Äußerungen, die man heute mit Worten wie Heilsplan, Heilswerk, Heilsweg, Heilsordnung, Heilswissen, Heilstat, Heilsgeschehen bezeichnet. Dabei sind die Maßstäbe meist nicht dem Geschehen selbst entnommen, sondern sie sind theologischen, also überirdischen Ursprungs.

Als einflußreichster Deuter des Heilsgeschehens gilt immer noch

Augustinus. Seine zahlreichen Schriften – meist Gelegenheitsschriften – befassen sich oft mit geschichtlichen Fragen; am meisten bekannt und benutzt sind die 22 Bücher vom sogenannten Gottesstaat, in denen er, auf die Zeitlage eingehend, zur Bedrohung des römischen Imperiums Stellung bezieht, das nach Ansicht vieler das letzte der Weltalter darstellt, dem dann das Ende folgen muß. Ist Augustinus auch nicht der erste, der von der zyklischen Auffassung sich abwendet, so kommt bei ihm die Theorie vom geradlinigen Verlauf stärker und wirksamer zur Geltung. Mit anderen Worten: das Geschehen vollzieht sich nicht im Umlauf und kehrt in Kreisbewegung zum Ausgangspunkt zurück, sondern diese Bewegung hat ein Ziel und Ende und kommt an einer Grenze an. Was Augustinus an Einteilungen der ihm bekannten Geschichte vornimmt, ist nicht geschichtliche Darstellung. Diese Einteilung ist vom Schöpfungsplan und Erhaltungsplan Gottes her gesehen, und von da aus lassen sich beliebig viele Stufen kenntlich machen. Von der Erschaffung der Welt bis zum Erscheinen der zweiten göttlichen Person in der Knechtsgestalt zählt er meist sechs oder sieben Epochen. Schwieriger war eine andere, oft an den Deuter herantretende Frage zu beantworten: nämlich die, wie lange nun das letzte, mit der Inkarnation Christi eröffnete Zeitalter dauern werde; denn dieses ist der Anfang vom Ende. Auf eine zeitliche Fixierung hat sich der große Afrikaner – im Gegensatz zu vielen seiner Zeitgenossen – klugerweise nicht eingelassen, aber seine gemäßigt endzeitliche Einstellung opfert er auch nicht der mit der konstantinischen Wende einsetzenden Reichstheologie.

Von da an wirkt nun die augustinische Lehre von den Weltaltern weiter, besonders gefördert durch die geschichtlichen Werke des Beda Venerabilis und des Erzbischofs Isidor von Sevilla. Diese beiden Gewährsmänner traditioneller Vorstellungen haben, immer wieder ab- und ausgeschrieben, das Mittelalter in Geschichtsschreibung und Geschichtsdeutung entscheidend beeinflußt. Aber die sogenannte große Reform des 11. Jahrhunderts wirkte sich dann doch aus: Die alten Fassungen der sechs oder sieben Weltalter beginnen sich mit neuem Inhalt zu füllen. So treten bei dem mystischen Abt Rupert von Deutz, bei dem Prämonstratenser Anselm von Havelberg oder bei Hildegard von Bingen Gedanken auf, die Neues anzukündigen scheinen. Eines aber ist jetzt schon deutlich: die herkömmliche, endzeitliche Vorstellung verliert an Wert, denn zu lange schon ist die Wiederkunft Christi hinausgeschoben. Da wird es Zeit für eine neue Konzeption, in der das Wirken des Heiligen Geistes hienieden besondere Beachtung findet.

Joachim von Fiore

Bevor diese neuen Ansätze geschichtsdeuterischer Arbeit heranreifen, erfährt die bisherige Sehweise eine entscheidende Unterbrechung durch den Seherabt aus Kalabrien: Joachim von Fiore. Der in einsamer Größe über den Zeitgenossen und über vielen seiner Nachbeter Stehende, mit prophetischem Geist begabte – so Dante – nimmt in diesen Jahrzehnten an der Grenze zwischen Hoch- und Spätmittelalter eine besondere Stellung ein. Nach dem großen Anstoß vor einem halben Jahrhundert durch Herbert Grundmann ist die Forschung über diese rätselhafte Gestalt immer noch im Gange, und immer noch gibt es keine kritische Edition seiner Hauptschriften, immer noch keine befriedigende zusammenfassende Darstellung.[131] Das hat seine Gründe in der Art dieses Schrifttums: fast durchweg kommentarähnliche Meditationen zu den heiligen Schriften in einer ungeordneten, oft schwer faßbaren, verschlüsselten Sprache mit zahlreichen Wiederholungen und Abschweifungen. So ist es gut erklärlich, daß die Deutung von Person und Werk des Homo spiritualis sehr verschieden ausfällt, ja ausfallen muß.

Joachim von Fiore stammt aus Kalabrien im südlichen Italien. Dort ist er in den 30er Jahren des 12. Jahrhunderts geboren, wohl in Celico bei Cosenza. Sind neuere Nachrichten zuverlässig, so war er wohl jüdischer Abstammung. Sein Vater soll Notar gewesen sein. In seinen Werken findet sich kein einziger Hinweis auf Herkunft und Familie. In diesem Lande von wilder Schönheit wechseln griechische, sarazenische und normannische Herrschaft und Kultureinflüsse, griechische und römische kirchliche Organisation ab. In die letzten Jahre Joachims fällt der Griff der Staufer nach diesem Land und dem benachbarten Sizilien. Als junger Mann wendet sich Joachim dem religiösen Leben zu. Religiöses Leben: d. h. in der Sprache des Mittelalters und der Kirche Mönchtum. Auch er wird erfaßt von dem Rausch und dem Taumel, den Bernhard von Clairvaux mit seiner neuen Form des Zisterzienserideals auslöst: Ein Siegeszug ohnegleichen ist es, der von Kalabrien bis nach Norwegen in heftigen, aber kurzen Stößen das Abendland durchjagt. Überall finden wir noch heute die Spuren des frühgotischen Zisterzienserstils. Santa Maria di Sambucina war das Kloster, in das er eintrat. Neuerdings haben deutsche, englische und italienische Forscher diesem Kloster ihre besondere Aufmerksamkeit geschenkt als der ersten Zisterzienserniederlassung im normannischen Süditalien, auf Wunsch König Rogers II. von Sizilien gegründet. In den 70er Jahren des 12. Jahrhunderts wird Joachim Abt im benachbarten Corazzo. Als Abt dieses Klosters kommt er an den königlichen Hof in Palermo, um Rechte und Besitz seines Klosters zu verteidigen. Als Abt von Corazzo weilt er auch über ein Jahr im Zisterzienserkloster Casamari in der römischen Campagna in schriftstellerischer Zurückgezogenheit. Um 1190 verläßt er sein Kloster Corazzo, seinen

Orden der Zisterzienser, gibt sein Amt als Abt auf. Er steigt hinauf auf eine höhere Stufe im wirklichen und übertragenen Sinne. Wie einst Benedikt auf die Höhen des Monte Cassino, so begibt sich Joachim in die Einöde des Silagebirges und gründet dort eine neue Ordensform in San Giovanni di Fiore. Im Interesse seiner neuen Gründung kommt er wiederholt herunter von seiner Bergeinsamkeit. Auch jetzt wieder – unter der neuen Herrschaft der Staufer – finden wir ihn am Hofe in Palermo. Sein Kloster ist von Heinrich VI. und Constanze oft und reich mit Schenkungen bedacht worden. Sind die Nachrichten aus seiner Jugendzeit über Reisen in den Orient, nach Jerusalem und Byzanz nicht ganz sicher verbürgt, so kann man aber drei bis viermal seine Anwesenheit an der päpstlichen Kurie nachweisen. Der Abt von Fiore, der wahrscheinlich am 20. März 1202 in Pietralata in der Einsamkeit der Sila gestorben ist, hat Gelegenheit genug gehabt, die Welt und ihr Treiben kennenzulernen.

Joachim von Fiore ist ein Mann des Sinnens und Grübelns, des Forschens. Ein Theologe im Stil des Mittelalters. Also ein Mensch, der sich mit den sogenannten Glaubensquellen, Bibel und Überlieferung, mit der Erklärung der Heiligen Schrift und ihrer Deutung unablässig beschäftigt, und zwar als scholastischer Theologe und Kenner der religiösen Systematik und Spekulation. Daß er davon etwas verstand, das zeigt seine Auseinandersetzung mit dem Bischof von Paris, Petrus Lombardus, der das später maßgeblich werdende Lehrbuch des Mittelalters geschrieben hat, die vier Bücher der Sentenzen. In der Interpretation der Heiligen Schrift ist Joachim mit allen Künsten vertraut. Er kennt sie alle, die verschiedenen Versuche und Formen der Deutung der Bibel: zunächst die Feststellung des buchstäblichen und geschichtlichen Sinnes, ohne übertragene und figürliche Auffassung. Dann die allegorische Schrifterklärung, die aus dem Erzählten Wahrheiten des Glaubens, Glaubenslehren erhebt. Ferner die tropologische Deutung, die der Bibel nach dem buchstäblichen Sinne sittliche Normen entnimmt. Und schließlich führt die anagogische Interpretation die Seele immer höher empor zum Verlangen und zur Vereinigung mit der göttlichen Liebe. Immer mehr entfernt man sich da vom eigentlichen Wortlaut und Wortsinn. Aber so sagt Joachim, wenn eine Saite auf der Zither des Heiligen Geistes, d. h. der Bibel angeschlagen wird, so klingen viele andere mit. Seine wichtigsten Werke sind die ‚Concordantia veteris et novi Testamenti', d. h. die Übereinstimmung des Alten und des Neuen Testaments, das ‚Psalterium decem chordarum' (Psalter der zehn Saiten), die ‚Expositio in Apocalypsim' (Erklärung der Geheimen Offenbarung) und der ‚Tractatus super quartuor Evangelia', (Abhandlung über die vier Evangelien). Alle diese Hauptwerke sind etwa in der Zeit von 1180 bis 1200 nebeneinander entstanden.[132] Neben den echten gibt es unechte. Und bis heute ist nicht bei allen Schriften unter dem Namen Joachims die Verfasserfrage gelöst. Unter dem Namen des Abtes gehen nämlich noch eine Reihe von Büchern und Titeln, die sogenannten pseudojoachitischen Schriften, unecht in dem Sinne, daß nicht er der Verfasser ist, – aber in seinem Geiste sind sie geschrieben, und seine Deutungen führen sie weiter, oft maßlos übersteigert und verzerrend. Sie sind kirchenpolitische Kampfschriften, erfüllt von gefährlicher Apokalyptik, und oft sind sie geschichtlich wirksamer geworden als die echten Schriften des Meisters.

Die Schriften Joachims sind keine angenehme und leicht zu bewältigende Lektüre. Man steht oft ratlos vor diesen unermüdlich sich wiederholenden Formeln, in denen – wie mit Recht gesagt wurde – ein Geschichtsglaube sich fast mehr vergraben als geäußert hat. Zahlenspekulationen und Zahlensymbolik, in größter Virtuosität angewandt, eröffnen phantastische Zusammenhänge und Beziehungen, auf die man mit der bloßen Vernunft nicht kommen würde, bis zur völligen Entwertung der wörtlichen Aussagen des Bibeltextes. In immer neuen Bildern und Gesichten ringt dieser Geistesmann darum, den verborgenen Gott in seinem fremdartigen Tun auszuspähen. Und wie jeder Prophet hat auch er seine Erleuchtungen. So wird ihm während des längeren Aufenthaltes als Gast in der Abtei Casamari in einer Zeit unablässiger Arbeit an seinen großen Werken ein tiefgreifendes Pfingsterlebnis zuteil. Einen anderen ähnlichen Vorgang in einer Osternacht hat er uns selbst beschrieben: „Inmitten der nächtlichen Stille, wohl zur Stunde da unser Löwe aus dem Stamme Juda auferstanden ist, empfing ich nach kurzem Meditieren Erleuchtung, die mit strahlender Helligkeit die Augen des Geistes öffnete, über die ganze Fülle der Weisheit dieses Buches und über den ganzen Zusammenhang des Alten und des Neuen Testamentes." So wurde er nach jahrelangem Suchen mit dem Verständnis einer Stelle der Geheimen Offenbarung und der ersehnten Übereinstimmung zwischen den Epochen der Heilsgeschichte beschenkt. – Und darum ist es ihm vor allem zu tun: um die Heilsgeschichte und ihre Deutung.

Die Heilige Schrift offenbart ihm eine dreistufige Ordnung des Zeitablaufes, und zwar aus dem theologischen Geheimnis der Dreifaltigkeit heraus. Den drei göttlichen Personen entsprechen drei Zeitalter. Dieses sein Hauptanliegen bringen fast alle seine Schriften in ermüdender Breite, endloser Wiederholung und Abwandlung. Eine Häufung von Stellen, Belegen und Vergleichen soll das sichtbar machen. Nach seinen eigenen Worten weisen uns die Geheimnisse der Heiligen Schrift auf drei Weltordnungen, Status genannt hin: In der ersten unterlagen wir dem Gesetze; in der zweiten empfingen wir die Gnade; in der dritten schließlich, in deren unmittelbaren Nähe wir uns befinden, wird uns noch reichere Gnade zuteil werden, weil Gott, wie Johannes sagt, uns Gnade für Gnade gab, nämlich den Glauben für die Liebe und beide gleicherweise. Der erste Status steht also in der Wissenschaft, der zweite in der teilweise vollendeten Weisheit, der dritte in der Fülle der Erkenntnis. Der erste in der Knechtschaft der Sklaven, der zweite in der Knechtschaft der Söhne, der dritte in der

Freiheit. Der erste in der Furcht, der zweite im Glauben, der dritte in der Liebe. Der erste ist der Status der Knechte, der zweite der Freien, der dritte der Freunde. Der erste der Knaben, der zweite der Männer, der dritte der Alten. Und der erste steht im Licht der Gestirne, der zweite im Licht der Morgenröte, der dritte in der Helle des Tages. Der erste steht im Winter, der zweite im Frühlingsanfang, der dritte im Sommer. Der erste bringt Primeln, der zweite Rosen, der dritte Lilien. Der erste bringt Gras, der zweite Halme, der dritte Ähren. Der erste bringt Wasser, der zweite Wein, der dritte Öl. Der erste bezieht sich auf Septuagesima, der zweite auf Quadragesima, der dritte auf das Pfingstfest. Der erste Status bezieht sich auf den Vater, der zweite auf den Sohn, der dritte auf den Heiligen Geist. Demnach sind in der Natur zugeordnet: dem Status des Vaters der Winter, das Wasser, das Gras, die Nachtgestirne. Dem Status des Sohnes der Frühling, der Wein, die Ähre und das Morgenrot. Dem Status des Heiligen Geistes der Sommer, das Öl, der Weizen und die Mittagsstunde. Daraus ergibt sich ohne Schwierigkeit: Wir haben es mit einer Theorie des Fortschreitens zu tun, die zunächst aber noch nicht über den irdischen Raum und Rahmen hinausführt. Vor allem zerfällt der irdische Zeitablauf nicht mehr in die zwei Teile der bisherigen christlichen Geschichtsauffassung: in die Zeit vor Christus und die Zeit nach Christus. Theologisch ausgedrückt: in die Zeit des Alten Bundes und des Neuen Bundes, wobei Joachim den Begriff der Lex Nova für das Neue Testament nicht verwendet. Sondern es kommt eine dritte irdische Zeitepoche hinzu, das Zeitalter des Heiligen Geistes. Die Heilsgeschichte geht also nicht von Christus her bis zum Weltenende, d. h. bis zum Ende dieser irdischen Welt und zum Anbruch der zeitlosen Ewigkeit, sondern sie wiederholt sich, setzt von neuem an im dritten Status des Geistes. Da der eine Status Vorbild und Vorläufer, der folgende Erfüllung ist, werden wir spiralenförmig in die Höhe geführt und immer mehr vervollkommnet. Auf David folgt Salomon, auf Johannes den Täufer Jesus, auf die jüdische Synagoge die christliche Kirche. Dabei entfällt im Zeitalter des Heiligen Geistes vieles, was vorher im Neuen Bunde noch notwendig war.

Und damit kommt der kritische Punkt dieser Geschichtsdeutung und die verfängliche Frage: bedeutet diese Dreizeitenlehre nicht eine Loslösung von der bisherigen christologisch ausgerichteten Heilsgeschichte? Wie steht es im dritten Reich des Heiligen Geistes mit der Kirche, ihrer Verfassung, ihren Formen und Einrichtungen, ihren Sakramenten, ihrem Anspruch auf alleinige Vermittlung der Gnade und des Heils? In der Beantwortung dieser schwierigen Fragen ist die Forschung bis heute noch gespalten. Mit viel Scharfsinn hat man versucht, eine in allem rechtgläubige theologische Haltung Joachims nachzuweisen, jedoch nicht restlos überzeugend. Hier ist die Gefahr der Verharmlosung, der Entgiftung und Glättung sehr groß. In mehr als einer Hinsicht besteht Ähnlichkeit zur Lehre Meister Eckharts und ihrer Deutung. Die Schwierigkeiten liegen hauptsächlich darin begründet, daß Joachim nirgends seine Auffassungen systematisch entwickelt hat, sondern bewußt in dunklen und verhüllenden Wendungen spricht und so seine Aussagen im Zwielicht läßt. Außerdem haben wir noch keine kritische Ausgabe seiner Hauptwerke nach allen überlieferten Handschriften. Besonders schwierig ist die Beurteilung des Papsttums und seines Schicksals im dritten Status, d.h. des mittelalterlichen Papsttums, das damals unter Innozenz III. auf der Höhe seiner Weltherrschaftsansprüche stand. Ist im dritten Status nur an eine Läuterung und Vergeistigung der Papstkirche gedacht oder aber an eine Ablösung der Fleischeskirche, wie Joachim sich ausdrückt? Freilich nicht im Sinne einer kirchlichen Revolution, sondern mehr als langsame Umwandlung, wobei das Papsttum selbst dem greisen Simeon vergleichbar im Frieden dahinfahren darf. Die Petruskirche wird abgelöst durch die Johanneskirche. Die neutestamentliche Papstkirche und Klerikerkirche ist noch nicht die endgültige Form des christlichen Daseins hienieden; sie ist qualitativ der Vervollkommnung fähig, also veränderlich. Nur etwas Relatives sind ihre Normen, ihr Recht, ihre Institutionen. Sie ist nur Vorstufe zu einer künftigen Mönchskirche. Auch das heilige Buch des Neuen Testamentes ist nicht unüberbietbare Norm, auch es kann noch erfüllt werden, überhöht werden durch das ungeschriebene Evangelium aeternum, in dem nichts mehr verhüllt ist, sondern alles offen darliegt. Mit diesem Stufengang seiner Dreizeitenlehre durchbricht Joachim ohne Zweifel das bisherige Endzeitbewußtsein der mittelalterlichen Kirche, und er wird dadurch den berufenen Vertretern der Beharrung verdächtig, später auch unbequem und gefährlich. Doch wenn nach Jahren einer extremen Deutung des dritten Status die Ecclesia Spiritualis den Papst, die Hierarchie und die Sakramente entbehren kann und sich eine neuere mildere Ansicht gemeldet hat, die zwar auch von Veränderung oder besser von Erhöhung zu einem neuen Orden sprechen will, so bleibt doch die Auffassung, daß hier der Umbruch des Mittelalters erfolgt ist, bestehen.

Es ist Zeit danach zu fragen, wie sich die Zeitgenossen, zumal die amtliche Kirche, zu seinen Ansichten stellten. Schon in früher Zeit geriet Joachim in theologische Auseinandersetzung mit dem berühmten Pariser Theologen Petrus Lombardus über die Trinitätslehre. Jedenfalls aber wurde erst nach dem Tode des Abtes auf dem 4. Laterankonzil im Jahre 1215 seine heute in einigen Fragmenten aufgetauchte Schrift über die Trinität mit dem Angriff auf den Lombarden verurteilt. Gegen die Mitte desselben Jahrhunderts, also etwa 50 Jahre nach Joachims Tod, hat in Anagni eine Kommission von drei Kardinälen sich sehr eingehend mit den aus dem Kloster Fiore herbeigeschafften Originalschriften Joachims beschäftigt und einiges zurückgewiesen. Thomas von Aquin fand, der Abt sei in den Feinheiten der Dogmatik ungebildet, und lehnte Äußerungen Joachims in der Trinitätslehre und zum dritten Zeitalter des Heiligen Geistes ab. Auch Bonaventura hat vieles zurechtgebogen. Es scheint aber, daß Joachim von Fiore mehrfach von den

Päpsten seiner Zeit zur Arbeit an der Schrifterklärung ermuntert wurde, weisen doch mehrere Stellen in seinen Schriften auf diese Tatsachen direkt hin. Auch betont er wiederholt seine Rechtgläubigkeit und kirchliche Gesinnung. Aber wenn Papst Coelestin III. ihn im Jahre 1196 einmal mahnt, die begonnenen Werke möglichst bald zu beenden, sie nicht im Verborgenen zurückzubehalten, sondern dem päpstlichen Urteil zu unterbreiten, so kann man wohl mit Recht ein gewisses Mißtrauen herausklingen hören. Und dieses Mißtrauen mochte nicht ganz unberechtigt sein, wenigstens gemessen an der Wirkung, die von diesem Mann und seinen Schriften ausging. Wenn auch der Gegensatz zur geistigen Einstellung seiner Zeitgenossen zu Lebzeiten des Abtes noch nicht zum Ausdruck kam, es entbrannte sehr bald der Widerstreit der Meinungen an der Frage: Wann bricht der angekündigte dritte Status aus? Das ist die entscheidende Frage und auf sie hat Joachim eine gefährliche Antwort. Nach seiner Erklärung der Schriftworte zählt der zweite Status 42 Geschlechter zu je etwa 30 Jahren; damit wäre der Übergang gar nicht mehr ferne und würde in die Mitte des 13. Jahrhunderts, ungefähr in die Zeit zwischen 1250 und 1260 fallen. Nicht auf das genaue Jahr kommt es Joachim an, sondern nur darauf, daß der dritte Status nicht mehr lange auf sich warten läßt. Die Anzeichen der baldigen Veränderung und Verwandlung sind deutlich sichtbar. Er selbst rechnet sich noch zum zweiten Status, steht aber gewissermaßen auf der Brücke, sieht das Neue und sehnt es herbei.

Der von ihm in verhüllter Form aufgehäufte, geistige Sprengstoff kommt im bewegten 13. Jahrhundert zur Entzündung. Als Joachim im Jahre 1202 in der Einöde von Pietralata einsam stirbt, erlebt der junge Franz von Assisi im Gefängnis von Perugia seine religiöse Berufung. Um sein Bemühen, ein Leben apostolischer Einfachheit zu führen, entbrennt ein heißer Streit der Meinungen, der Gemüter, ja der Seelen. In die Kämpfe um die Nachfolge des armen Jesus gehören die Schriften des Sehers aus Kalabrien, die echten und noch mehr die unechten, die nun in rascher Folge entstehen und das von ihm selbst sehr vorsichtig entworfene Bild des dritten Status in lebhaft erregten apokalyptischen Gemälden auf die Zeit anwenden. So kommt im Jahre 1241 auf der Flucht vor staufischen Soldaten ein Abt des Fioreordens in den Konvent der Franziskaner in Pisa. Die Wirkung der von ihm auf seiner Flucht mitgeführten Schriften Joachims ist ungeheuerlich. Wie ein Zyklon fallen diese Prophetien in die aufgeregte und aufgewühlte Zeit.[133] Das Evangelium Aeternum, von Joachim als die ungeschriebene Heilige Schrift des dritten Status vorausgesagt, wird nun auf Joachim selbst bezogen. Seine drei Hauptschriften sind nach Gerhardino von Borgo San Donnino das Evangelium Aeternum. Dies ist die felsenfeste Überzeugung dieser ekstatischen Gruppen der Spiritualen: Das Ende der zweiten Weltzeit ist gekommen, der Anbruch des dritten Status steht unmittelbar bevor, und er wird ganz so wie Joachim es vorausgeschaut und vorherverkündet hat in den

Jahren zwischen 1250 und 1260 erfolgen. Die strengen Franziskaner sind diese neue Geistkirche, die verfolgt wird von der Papstkirche, der Fleischeskirche. In der Person des staufischen Kaisers Friedrich II. hat der Antichrist auch schon Gestalt angenommen. Der Führer der Kirche des dritten Status kann niemand anders sein als Franz von Assisi, der in seinen Wundmalen Christi Siegel und Beglaubigung empfangen hat. Auch in dem Eremiten aus der Wildnis der Abruzzen, der nach merkwürdiger, kaum erklärbarer Wahl als Papst Cölestin V. wenige Monate regierte, wollte man später den von Joachim vorhergesagten Hirten des dritten Status sehen. Allenthalben fand diese Bewegung Anklang. In allen christlichen Landen, im Orient wie im Okzident, ist sie festzustellen: in allen Ständen der Laienschaft, bei Fürsten und Königen, in Bürgerkreisen wie im niederen Volk – allem voran die religiösen Laiengenossenschaften, in allen Stufen der Hierarchie, im Kardinalskollegium wie in den armseligen Konventen der Mendikanten, bei Frauen und Männern, bei Rechtgläubigen und Ketzern, bei Heiligen und Sündern. Im Werk Dantes spielt Joachim eine größere Rolle, als sein einmaliges Auftreten im 12. Gesang des Paradieses, im Sonnenhimmel unter den Theologen und Philosophen ahnen läßt: Der Kalabreser Abt Joachim von prophetischem Geiste erfüllt, so stellt ihn Dante vor. Eine wichtige Hilfe zum Verständnis der oft vieldeutigen Texte bietet der sogenannte ‚Liber Figurarum', der vor einigen Jahrzehnten neu entdeckt und dann mehrfach herausgegeben wurde. War Joachim als Autor längere Zeit umstritten, so scheint jetzt die Echtheit und das merkwürdige phantastische Buch als Alterswerk und damit als Formulierung letzter Hand gesichert.[134] Der ‚Libro delle figure' könnte in Dante den genialen Ausgestalter seiner prophetischen Gesichte gefunden haben.[135] Einsiedler unter den Spiritualen der Majella war auch einst der Volkstribun Cola di Rienzo; die Geschichte seines Geistes und sein phantastisches Zeremoniell wird aus diesen Quellgründen heraus verständlich. Kein Zufall, daß zu Beginn der Reformation die wichtigsten Schriften Joachims in Venedig zum ersten Mal im Druck erschienen sind. Sie finden den Weg zu den Sekten, Schwarmgeistern, zur Gemeinschaft des freien Geistes und wie sie alle heißen mögen, die noch nicht genug erforschten, dunklen Gestalten des Mittelalters und der beginnenden Neuzeit. Auf ihn kann sich jeder berufen, eben wegen des Dunkels, der Hintergründigkeit seiner Schriften, der schwierigen Deutbarkeit seiner Gesichte.

Eine späte Legende berichtet aus Joachims Leben folgende bezeichnende Erzählung: Um Eremiten zu besuchen, steigt er einen hohen Berg hinan; als er dürstend und ermattet oben anlangt, tritt ihm ein Engel entgegen mit einem Kelch voll Weines und spricht: Trink du Dürstender. Er nimmt und trinkt. Und während er trinkt, schaut er auf dem Grunde des Kelches die künftigen Schicksale der Kirche bis in die fernen Zeiten. Als er viele große Dinge erblickt hat, gibt er zitternd den Kelch zurück. Der Engel aber spricht:

Du Tor, hättest du alles getrunken, so hättest du alles gewußt. Und er hat vieles gewußt und geschaut. In ihm wird eine andere uns weniger geläufige Seite des Mittelalters sichtbar, die nach den großen Leistungen zur Erforschung der Scholastik auch ihr Recht fordert. Denn auch diese Seite gehört zum ganzen Verständnis der mittelalterlichen Geistigkeit. Sie führt hinein in die Fülle, in den Reichtum und in die widerspruchsvolle Mischung der treibenden Kräfte. Mit Joachim von Fiore beginnen folgenschwere, geistige Entwicklungen des Mittelalters. Denn die Auflösung des bisherigen Ordo, der bisherigen wirklichen oder vermeintlichen Harmonie wird hier eingeleitet. Die Dynamik der geschichtlichen Perspektiven erschüttert die Statik seiner Zeit. Seine Hoffnung war es, „dem Buchstaben des offiziellen Christentums die Freiheit und Geistigkeit des kommenden Reiches des Geistes entgegenzustellen." Diese Hoffnung ging nicht in Erfüllung. „Die Wirklichkeit war ganz anders, als der kalabrische Seher sich vorgestellt hatte. Und doch sollte seine Botschaft von ungeheurer Tragweite sein", denn immer wird die Urgestalt des Homo spiritualis allen teuer sein, die das Wehen des Geistes erwarten und in dieser Erwartung leben.[136]

Scholastik und Mystik

Scholastik und Mystik galten in der Erforschung der mittelalterlichen Theologie lange als zwei verschiedene, getrennte Gebiete. Während die Scholastik, bei allem Umfang des überlieferten Materials, es im wesentlichen mit der lateinischen Sprache zu tun hatte, liegen die Dinge bei der Mystik anders: Hier wird bei der Erforschung die Mitarbeit von Kennern der Volkssprache und besonders der Germanisten erfordert.[137] Daraus erklärt sich auch ein gewisser Vorsprung der scholastischen Forschungen. Ihre Themen sind, abgesehen von naturwissenschaftlichen Fragestellungen, hauptsächlich theologischer und kanonistischer Art, und sie bleiben, wenn sie nicht gerade aus politischem Anlaß behandelt werden müssen, im Rahmen der Universitäten und Schulen. Auch die Diskussionen an den Universitäten sind meist auf die Gelehrten beschränkt, und die vielen theoretischen Streitigkeiten werden häufig von ihnen beigelegt. Nur in Fällen von besonderer Bedeutung greifen Bischöfe, Provinzialsynoden und zuletzt die römische Kurie ein. In diesem Zusammenhang hat man mit Recht die theologische Fakultät der Universität Paris das magisterium ordinarium des Mittelalters genannt.

Demgegenüber hat die Mystik ein viel breiteres Feld; sie strahlt über die Universitäten und die Klöster hinaus auf die Volksfrömmigkeit, wenn auch zunächst auf Frauenkonvente und Beginenhäuser, also auf religiös besonders interessierte Kreise. Solange nicht die überaus zahlreichen mittelalterlichen Handschriften mit lateinischen und volkssprachlichen Traktaten und

Predigten in den europäischen Bibliotheken untersucht sind, können nur Fragmente reicher geistlicher Lebensäußerungen geboten werden. Gründliche Arbeiten von germanistischer Seite haben inzwischen eine Revision früherer Anschauungen veranlaßt, aber auch die Zufälligkeit der Überlieferung aufgezeigt. Daß es im Christentum immer so etwas wie Mystik gegeben hat, braucht nicht eigens betont zu werden. Bei dem Wort mittelalterliche Mystik dachte man zunächst oft nur an die bekannte Dominikaner-Mystik des 14. Jahrhunderts. Aber in den alten und den neuen Orden des hohen Mittelalters war reiches mystisches Leben, so bei den Zisterziensern unter Führung des hl. Bernhard von Clairvaux, bei den Viktorinern und Wilhelm von St. Thierry; auch in den Gestalten der Mechthild von Hackeborn und ihrer Schwester Gertrud der Großen von Helfta. Was sie für unsere Betrachtung von der späteren Entwicklung unterscheidet, ist die von ihnen benutzte lateinische Sprache, während die lange als Begine in Magdeburg und später in Helfta lebende Mechthild von Magdeburg ihr ‚Fließendes Licht der Gottheit' als erstes mystisches Buch in deutscher Sprache verfaßt hat.

Vor dem mystischen Schrifttum der Dominikaner gibt es franziskanische Predigten und Traktate in deutscher Sprache.[138] Daß Wort und Beispiel des hl. Franziskus von Assisi zu mystischem Erleben anregte, liegt nahe. So haben seine Söhne durch Übertragungen klassischer Kirchenväter (Geistesmänner) in die Volkssprache großen Einfluß auf die Frömmigkeit weiter Kreise ausgeübt;[139] besonders echte und angebliche Schriften Bonaventuras, der als ‚Höhepunkt der Mystik' angesehen wird, wurden bald ins Mittelhochdeutsche übersetzt.[140] Das Dictum: ‚Fratres Minores ... principaliter (intendunt) unctioni et postea speculationi'[141] will Wirkung in die Breite andeuten; für die Dominikaner kann man eine mehr spekulative Einstellung annehmen, die in der Betreuung der Klosterfrauen und Beginen zum Ausdruck kommt. Ein solcher Fall ist neuerdings nachgewiesen in der gründlichen Untersuchung des bisher verschieden beurteilten, aus dem Eckhart-Prozess bekannten Lektors am Generalstudium in Köln, Nikolaus von Straßburg. Die in zahlreichen Handschriften erhaltenen Traktate und Predigten erweisen ihn als einen in der seelsorgerlichen Betreuung der Dominikanerinnen-Konvente und Beginen-Sammlungen erfolgreich tätigen Lesemeister. Von großem Interesse ist die durch Nachschriften der Nonnen überlieferte Form seiner Predigten, die den gelehrten und auch mystischen Theologen widerspiegelt und ein Bild der von der allgemeinen religiösen Bewegung erfaßten Frauen zeigt.[142]

Die Ausdeutung der Predigt in anschließenden theologischen Diskussionen war nicht ohne Gefahr. Die Möglichkeit einer elitären Gruppenbildung mit starker Ausprägung eines individuellen Christentums, einer Vertiefung des religiösen Lebens, das der Leitung durch die Kirche (als Hierarchie) nicht mehr bedurfte, lag nahe. So wird verständlich, daß das Nachgeben auf drängende Fragen oder daß mißverstandene Formulierungen – besonders in den von Hörerinnen nachgeschriebenen Texten – oft den Verdacht aufkommen ließen, der Autor stehe der Bewegung des ‚Freien Geistes' nahe oder vertrete gar häretische Ansichten.

Meister Eckhart

Von Meister Eckharts Lebensweg ist nicht viel bekannt. Er stammte aus einem Dorf Hochheim in Thüringen, war offenbar nicht adeliger Abkunft. Als Geburtsjahr gilt 1260. Nach Eintritt in das Dominikanerkloster in Erfurt studierte er die Artes in Paris um 1277, von 1280 Theologie in Köln, erwarb den Magistergrad in Paris 1293/94. Bald nach seiner Rückkehr wurde er Prior in Erfurt, Ordensvikar in Thüringen, von 1302 auf 1303 lehrte er wieder in Paris, war von 1303 bis 1311 Provinzial der neuen Provinz Saxonia, Generalvikar für Böhmen 1306/07. Nach erneuter Lehrtätigkeit in Paris 1311 bis 1313 betreute er als Vikar des Ordensgenerals Schwesternklöster der inzwischen geteilten Provinz Teutonia. Seit 1323/24 dozierte er am Generalstudium in Köln, war eifriger Prediger in der Kirche seines Ordens und in Schwesternkonventen, bis die im Jahre 1326 gegen ihn angestrengten Prozesse seinem Leben eine unerwartete tragische Wende gaben.[143]

Gerade die Predigttätigkeit führte zu Klagen und Angriffen. Von wem die ersten Beschwerden ausgingen, ist nicht bekannt. Jedenfalls hatte die Ernennung des am Generalstudium lesenden Mitbruders, Nikolaus von Straßburg, zum Vikar und Visitator der Teutonia zunächst nichts mit Meister Eckhart zu tun, sondern sollte lediglich in dem Streit zwischen Johann XXII. und Ludwig dem Bayern die Konvente des Ordens auf der Seite des Papstes halten; das ist wohl als Versuch zur Wiederherstellung der verlotterten Disziplin zu verstehen. Daß Nikolaus aber auch eine Art Prüfung der gegen Meister Eckhart und seine deutschen Predigten gerichteten Beschwerden unternahm und sie für grundlos erklärte, mochte wohl dem bevorstehenden Verfahren des Kölner Erzbischofs zuvorkommen. Eine von Erzbischof Heinrich II. von Virneburg eingesetzte Kommission begann eine Untersuchung und stellte Auszüge aus den Schriften und Nachschriften der Predigten in mehreren Listen zusammen. Als Eckhart sich auf die Exemtion seines Ordens, die schon von Nikolaus von Straßburg durchgeführte Prüfung berief, appellierte Eckhart an den Papst. Die Akten gingen an die Kurie von Avignon, wo alsbald Eckhart auch erschien.[144] Zuvor aber hatte Meister Eckhart in der Kölner Dominikanerkirche am 13. Februar 1327 nach einer Predigt sich zu einigen der gegen ihn erhobenen Anklagen geäußert und allgemein widerrufen, daß er schriftlich oder mündlich etwas Irriges vorgetragen habe, was sowohl seiner Magisterwürde wie auch der Tradition seines Ordens widerspreche.[145]

Über die einzelnen Phasen des Prozesses in Avignon sind wir nur spärlich unterrichtet. Aus den in Köln beanstandeten über 100 Artikeln, die in vier oder fünf Listen an die Kurie gesandt wurden, hat man 28 ausgewählt. Offenbar ist Meister Eckhart wiederholt von Auditoren der Kurie vernommen worden. Wie immer bei solchen Prozessen zog sich die Untersuchung in die Länge und kam erst zu Ende in der Bulle ‚In agro dominico' vom 27. März 1329.[146] Inzwischen war aber Meister Eckhart gestorben, wie aus einem Brief des Papstes vom 30. April 1328 an den Kölner Erzbischof hervorgeht.[147] Wo er starb und begraben wurde, ist nicht bekannt, vermutlich in Avignon. Nach der Bulle gelten 17 Artikel (1–15 und 27, 28) als häretisch, wobei es nicht sicher ist, ob die Artikel 27 und 28 von Meister Eckhart stammen; die restlichen 11 Artikel scheinen häresieverdächtig, könnten aber bei entsprechender Interpretation auch rechtgläubig verstanden werden. Gegen Ende der Bulle wird von einem notariell beglaubigten Widerruf kurz vor seinem Tode berichtet. Über den Prozeß ist viel geschrieben worden, ohne daß wir bei der fragmentarischen Überlieferung alle Stadien von Köln bis Avignon genau verfolgen können. Was die materielle Seite, also die Textgrundlage der Beanstandungen angeht, so hat man das ganze Werk des Meisters herangezogen: zunächst die lateinischen Schriften. Dabei sind die zu untersuchenden Sätze oft aus dem Zusammenhang gerissen; schlimmer steht es bei den Predigten, die am meisten Anstoß erregt hatten,[148] und die durchweg nach ungenauen Nachschriften zitiert werden und deswegen verdächtig klingende Sätze enthalten können.

Eckhart hat sich schon im Kölner Prozeß gegen ein solches Vorgehen gewehrt und den beiden Kölner Prüfern in der sogenannten Rechtfertigungsschrift deutliche Vorhaltungen gemacht.[149] Zunächst weist er die Zuständigkeit des Kölner Erzbischofs und damit auch der beiden Zensoren zurück, da er sich nur vor dem Papst und der Universität Paris zu verantworten habe. Er will aber dann doch zu den in der Liste aufgeführten Sätzen Stellung nehmen, um nicht den Anschein zu erwecken, als ergriffe er die Flucht vor dem, was ihm fälschlich zugemutet werde.[150] Denn, so sagte er, irren kann ich, aber ich kann nicht ein Häretiker sein, denn das erste betrifft den Verstand, das zweite aber den Willen.[151] Zu den aus den Predigten ausgezogenen Sätzen meint er: Allenthalben wird auch von Geistlichen, Studierenden und Gebildeten verstümmelt und falsch weitergegeben, was sie gehört haben; nur das eine habe ich zu bemerken, daß ich keinen dieser Sätze, so wie sie aufgeführt werden, soweit sie einen Irrtum enthalten oder nach Häresie schmecken, innerlich glaube, noch geglaubt oder behalten oder gepredigt habe.[152] Den Kommissaren hält er entgegen: Der Irrtum der Gegner liegt zunächst darin, daß sie alles, was sie nicht verstehen, für verkehrt halten und wiederum das Verkehrte für eine Ketzerei – während doch nur das hartnäckige Festhalten an einem Irrtum die Ketzerei und den Ketzer ausmacht, wie das Recht und die Lehre sagen.[153] Er bezeichnet sie auch als Ignoranten, unwissende Leute, die weder die Schrift noch die Kraft Gottes kennen (Matthäus 22),[154] spricht von Beschränktheit,[155] von Unbildung und Frevel seiner Gegner[156] und nennt sie Menschen von schwerem Begriff.[157] Er gibt freilich zu, daß die ihm vorgehaltenen Sätze oft schwer zu verstehen seien, daß seine emphatische Redeweise zu berücksichtigen sei,[158] beruft sich auf seine Gewährsmänner wie Augustinus, Bernhard und Origenes, was die Prüfer offenbar nicht bemerkt hatten. Die Möglichkeit, ihm zugeschriebene Sätze zurückzuweisen oder als falsch verstanden zu bezeichnen, hat er nicht genügend genutzt. Ihm ging es immer um die Sache, er will sein Denken den anderen verständlich machen und kümmert sich – zu seinem persönlichen Schaden – nicht um die Praktiken eines solchen Prozesses.[159] Dabei ist er sich seines geistigen Wertes bewußt und von gesundem Selbstbewußtsein, wie schon der Anfang der Rechtfertigungsschrift zeigt. In letzter Zeit wird das Verfahren günstiger beurteilt als früher, wo auf Fehler und nicht zum Lehrstreit gehörige Motive hingewiesen wurde.[160] Immerhin enthält die Bulle, die nach zwei Jahren zum Abschluß des Prozesses führte und Meister Eckhart, wenn nicht als Häretiker, so doch als Häresieverdächtigen und für die schlichten Gläubigen gefährlichen Menschen bezeichnet, einige schwere Irrtümer in der Formulierung des Textes.[161] Die sonst bei Johannes XXII. üblichen Praktiken, kirchliche Prozesse als politische Waffe zu verwenden, werden in diesem theologischen Streit nicht ohne weiteres ersichtlich. Es ist aber das Leidige solcher Verfahren – damals wie heute –, daß man aneinander vorbeiredet, daß die Ausgangslage, vor allem der ursprüngliche Zusammenhang bei der Beurteilung eines Satzes nicht mehr gesehen wird und alles auf eine Machtprobe hinausläuft, wobei die Institution dem einzelnen gegenüber im Vorteil ist.

Eine besondere Schwierigkeit bereitet bei Meister Eckhart die Überlieferung seiner Werke. Vor einigen Jahrzehnten begannen die Bemühungen um eine kritische Ausgabe, die nach gutem Anfang zum Teil wieder ins Stocken geraten sind.[162]

Sehr schwierig sind die Überlieferungsprobleme bei den deutschen Schriften, vor allem den Predigten. Während für die lateinischen Werke nur wenige Handschriften in Frage kommen, gibt es für die deutschen Schriften über 300 Handschriften, und immer noch tauchen neue auf. Vieles ist fragmentarisch und anonym überliefert, was wohl mit dem Prozeß und den Strafandrohungen der Bulle zusammenhängt. Meister Eckhart hat viel gepredigt und viele Ansprachen gehalten, aber nur die wenigsten sind datierbar. Da bei den deutschen Predigten meistens nur Nachschriften erhalten sind, ist der ursprüngliche, oft sehr komplizierte Wortlaut kaum mehr zu rekonstruieren.[163] Deswegen ist auch bei vielen Predigten die Zuweisung an Eckhart fraglich und nicht mit Sicherheit zu entscheiden. Bei den Traktaten liegen die Dinge etwas anders, da diese von ihm schriftlich formuliert wurden; aber auch hier ist wie bei den Predigten angesichts der weiten Verbreitung die Textherstellung schwierig. In die deutschen Werke sind drei Traktate aufgenommen; ob weitere von Eckhart verfaßt wurden, ist noch nicht entschieden, da auch hier vieles anonym überliefert und mosaikartig in andere Werke übernommen ist. Als die früheste bekannte deutsche Schrift gilt ‚Die Rede der Unterscheidung' (Unterweisung), die in zahlreichen Handschriften überliefert und in vielen Exzerpten in andere mystisch-praktische Abhandlungen eingestreut ist.[164] Sie gehört in die Gruppe der Collationes: Abendliche Unterhaltungen – Gespräche über ein geistliches Thema mit Diskussion – Konferenzvorträge – Religiöse Ansprachen, wahrscheinlich aus Nachschriften überarbeitet, vielleicht von Meister Eckhart selbst. Gedacht ist sie für jüngere Ordensbrüder und datiert vor 1298. Im Anfang ist Eckhart ausdrücklich als Verfasser genannt.[165]

Weit verbreitet war das Buch der göttlichen Tröstung, geschrieben für die Königin Agnes von Ungarn, die Tochter des deutschen Königs Albrecht I. von Habsburg (ermordet 1308). Wahrscheinlich ist eine Datierung zwischen 1308 bis 1311 oder etwas später.[166] Die Predigt von dem edlen Menschen gehört zum Buch der göttlichen Tröstung, ist oft mit ihm zusammen überliefert und in die gleiche Zeit zu datieren. Diese Predigt wurde wahrscheinlich vor der Königin gehalten und ist die erste von Meister Eckhart selbst niedergeschriebene Predigt.[167]

Ob Eckhart den Traktat von ‚Abegescheidenheit' (Abgeschiedenheit) verfaßt hat, ist umstritten. J. Quint hält ihn für ein echtes Werk des Meisters und hat ihn in die große Ausgabe der Deutschen Forschungsgemeinschaft aufgenommen. Die Abhandlung ist für Mitglieder des Ordens gedacht, jedenfalls für Theologen und nicht für Laien, eine genaue Datierung ist unmöglich.[168] Der Begriff Abgeschiedenheit scheint erst von Meister Eckhart zum Hauptbegriff mystischen Lebens und Strebens ausgebildet worden zu sein.[169]

In die Anfänge des Kölner Prozesses führt die sogenannte Rechtfertigungsschrift, in der Meister Eckhart zu den ihm vorgelegten und als häretisch bezeichneten Artikeln Stellung nimmt. In einer Handschrift der Stadtbibliothek in Soest fand sich die Abschrift der Urkunde, die Eckhart am 26. September 1326 den beiden Kölner Kommissaren überreichte.[170] Für die Kenntnis der Überlieferung der Texte ist sie von sehr großer Bedeutung, da sie eine relativ frühe, von Eckhart noch möglicherweise kontrollierte Textstufe wiedergibt.[171] Aber auch für die Auswahl der Artikel und ihre Zusammenstellung in Listen für den Prozeß ist sie wichtig und zeigt, daß die deutschen Predigten und Traktate wegen ihrer größeren Reichweite am meisten Anstoß erregt hatten.[172]

Über die Bedeutung der neuen kritischen Ausgabe der Deutschen Forschungsgemeinschaft haben Degenhardt und v. Bracken ausführlich gehandelt. Ein ursprünglicher Text, d.h. von Meister Eckhart selbst formuliert und geschrieben oder diktiert, ist nicht überliefert. Aber aus den erhaltenen Abschriften ist zu entnehmen, daß er sein Manuskript laufend erweiterte, mit vielen Nachträgen und Verbesserungen versah, je nach dem ihm neue auctoritates, so z. B. Maimonides, bekannt wurden.[173] Auch die lateinischen Werke sind schon überarbeitet, vielleicht im Ton gemildert oder verständlicher gemacht, aber auch entstellt. Da Meister Eckhart nova et rara bringen, also nicht nur das Übliche weitergeben wollte, ist die Erschließung der ursprünglichen Textgestalt von größter Wichtigkeit. Aber gerade hier wird einmal wieder die Zufälligkeit der Überlieferung deutlich und auch schmerzlich sichtbar.[174] Das gilt vor allem für die frühen Übertragungen ins Neuhochdeutsche, auf die dann viele Übersetzungen in andere Sprachen fußen.[175] Man wird den Abschluß der großen Ausgabe abwarten und die Auffindung bisher unbekannter Handschriften erhoffen müssen. Dann erst dürfte es vielleicht möglich sein, ein einigermaßen den Quellen entsprechendes Bild der denkerischen Leistung des Meisters zu entwerfen. Dann wird auch auf viele noch so gescheite Formulierungen verzichtet werden können. Die Frage ist nicht zu umgehen, welcher Wert den vielen bisherigen auf schwankendem Boden aufgebauten Thesen zukommt. Sicherlich sind diese geistvollen Deutungen in sich wertvoll, aber ob sie Meister Eckhart betreffen, das ist eben die große Frage.

Meister Eckhart ist trotz Denifle („ein Gelehrter großen und groben Stils") ein guter Kenner der Scholastik und des theologischen und philosophischen Wissens seiner Zeit. Aber er ist mehr Scholastiker und Mystiker, zwei Eigenschaften, die sich nicht ausschließen, wie man oft gemeint hat, sondern sich durchdringen.[176] Ein Grundgedanke durchzieht vor allem seine deutschen Traktate und Predigten, ein Thema, das er in großartiger Eintönigkeit in zahlreichen Variationen immer wiederholt und das später von vielen als langweilig empfunden wurde:[177] Die Gottesgeburt in der Seele, im Seelengrunde, in der Seelenburg. Um dieses hohe und einzige Ziel zu erreichen, bedarf es der Gelassenheit, der Abgeschiedenheit als Loslösung von aller Selbstliebe, allem Egoismus, Absage als wirkliche Armut des Geistes, ohne in untätigen Quietismus zu verfallen. An einer vielzitierten Stelle hat er es so formuliert: „Wenn ich predige, so pflege ich zu sprechen von Abgeschiedenheit und daß der Mensch ledig werden soll seiner selbst und aller Dinge. Zum zweiten, daß man wieder eingebildet werden soll in das einfältige Gut, das Gott ist. Zum dritten, daß man des großen Adels gedenken soll, den Gott in die Seele gelegt hat, auf daß der Mensch damit auf wunderbare Weise zu Gott komme. Zum vierten, von der Lauterkeit göttlicher Natur – welcher Glanz in göttlicher Natur sei, das ist unaussprechlich. Gott ist ein Wort, ein unausgesprochenes Wort.[178] So bleibt er in den Bahnen einer breiten Tradition des geistlichen Lebens, lehnt in kühnen Worten, Vergleichen und neuartigen Deutungen die normale Kirchlichkeit nicht ab, aber verkündet auf einsamer Höhe aus seiner persönlichen mystischen Erfahrung die eigene, innige, direkte Verbindung mit Gott, ohne der oft schablonhaft gewordenen statischen Askese zu bedürfen.[179] Die Gottesgeburt in der Seele bestimmt auch das Verhältnis zum Nächsten in tätiger, innerer Liebe.[180] So kehrt er ähnlich wie Franz von Assisi zu den Anfängen zurück unter Beiseiteschiebung der Scholastik als der alleingültigen Richtung: Ein neuer Ansatz im geistigen Bereich des aufgewühlten späten Mittelalters. Sein Schicksal ist das der Charismatiker, die im hierarchisch verwalteten Christentum (Kirche) nicht das Absolute, Einzige und Vollkommene sehen, sondern etwas Zweitrangiges, ein notwendiges Übel, etwas Relatives. Das Geheimnis seiner mystischen Berufung, seiner persönlichen Wahrheit hat er nie gelüftet, in vornehmer, man sagt auch adeliger Zurückhaltung sich in seine Seelenburg zurückgezogen und so oft den Eindruck der Unnahbarkeit und Überheblichkeit erweckt.[181] Die Sprache, vor allem die deutsche, ist das Instrument, auf dem er mit schöpferischer Meisterschaft spielt in Wortbildern und Paradoxien, vor zwiespältiger Wirkung nicht zurückschreckend. „Mystisches Leben ist ein Dasein in Gefährdung und Preisgegebenheit; ein Leben, das oft keine andere Sicherheit mehr hat als den Ruf Gottes, auf den hin es das Ganze zu wagen gilt. Das gibt dem Bilde aller großen Mystiker den Charakter des Hochgemuten und der Schwermut. Ein solches Antlitz, im Feuer des eigenen Adels leuchtend, in Einsamkeit und Schwermut tief verschattet, ist das Meister Eckharts."[182]

Frauenmystik

Schon aus den frühen Studien von Grundmann geht die Bedeutung der Frauenbildung hervor. Bevor die Bedeutung der Frauen in der mittelalterlichen Mystik näher besprochen werden kann, ist ein kurzer Blick auf die Stellung der Frau im Bereich der Bildung im hohen und späten Mittelalter vonnöten.[183] Die Frauen höherer Stände waren meistens gebildeter als ihre Männer, verstanden etwas Latein, konnten lesen und auch schreiben, besonders in der eigenen Sprache. Der Ritter brauchte nicht lesen zu können, er sollte nicht Bücher schreiben. Diese Anschauungen veränderten sich etwa im Übergang zum 13. Jahrhundert, aber immer noch waren die Frauen, was literarische Bildung angeht, den Männern voraus. Das macht sich vor allem im Rahmen der religiösen Bewegung mit ihrer Neigung zur Grundsprache bemerkbar, und zwar vor dem Aufkommen der Bettelorden, z. B. in Flandern und Brabant schon im 12. Jahrhundert.

Die Abkehr vieler Frauen von der höfischen Kultur, das Interesse für die religiöse Bewegung in allen Formen, besonders stark in den Klöstern der Zisterzienserinnen und Dominikanerinnen, hat der Minnesänger Ulrich von Lichtenstein in seinem Frauendienst drastisch beschrieben: „Wie können wir noch den echten Lebensstil des Rittertums aufrechterhalten, wenn die Frauen plötzlich alle wie Nonnen herumlaufen, verschleiert und mit Rosenkranz, Tag und Nacht zur Kirche gehen und uns keinen Blick, kein Wort und keine Freude mehr gönnen."[184] Mehrere neuere Arbeiten haben den Blick für die Beurteilung der Frauenmystik geschärft, insbesondere was den Bildungsstand angeht.[185] Gewiß gab es auch in den Beginenhäusern religiös gebildete Insassen, aber für die Klöster der Dominikanerinnen war literarische und religiöse Bildung die Regel, wenigstens in der Hochzeit der sogenannten deutschen Mystik.[186] Und eben in dieser Epoche war die Zahl der Dominikanerinnen sehr groß und übertraf die der Dominikaner bei weitem.[187] Für die theologische Bildung der Nonnen sprechen die Bibliothekskataloge eine deutliche Sprache, vor allem was den Bestand an deutschen Handschriften angeht, von denen viele als Nachschriften der Predigten in den Klöstern selbst entstanden sind; offenbar war die Predigt der gelehrten Theologen (Lesemeister) lateinisch verfaßt und wurde für die Nonnenklöster übersetzt.[188]

Noch wichtiger für das theologische Interesse, wenn auch schwerer deutbar, sind die sogenannten Nonnenviten aus der ersten Hälfte des 14. Jahrhunderts der Dominikanerinnenklöster, so Unterlinden b. Kolmar, Adelhausen in Freiburg, Töß, Ötenbach in Zürich, Kirchberg b. Sulz, Katharinental b. Dießenhofen, Engeltal b. Nürnberg und Weiler b. Esslingen. Diese Viten gehören zur Spätzeit der deutschen Mystik und lassen schon den langsamen Abstieg von der ursprünglichen Höhe erkennen. Sie sind der vorausgegangenen hohen Zeit gewidmet, wollen exempla vorführen, geraten aber immer mehr in die Legende: Als Gotteslob gedacht, aber auch als nachahmenswerte Vorbilder einer harten Askese, die zur Begnadigung in Vision und ekstatischen Zuständen führen kann. Freilich ist von theologischer Tiefe nicht mehr viel vorhanden, es dominiert mehr das Gefühlvolle, Spielerische und auch Erotisch-Krankhafte im Umgang mit dem Jesuskind, dem leidenden Heiland und Maria. Sind viele Formen oft primitive Nachvollzüge hagiographischer Berichte, so findet sich doch auch manches Echte und Individuelle, das noch als Mystik angesprochen werden kann, auf jeden Fall aber offenbart sich ein schlichtes und beharrliches Streben nach Vervollkommnung. So sind sie nicht nur unter mystischen Vorzeichen zu betrachten, sondern gehören wie viele Erzeugnisse dieser Zeit in die Geschichte der Reform der Klöster und Konvente und daraus ist auch ihre weite Verbreitung zu erklären.[189]

Als besonders bedeutsam für die Geschichte der deutschen Mystik gilt die Sammlung ‚Das Leben der Schwestern von Töß' von Elsbeth Stagel. Daß diese Viten von der geistlichen Tochter Seuses, Elsbeth Stagel, etwa um 1340 verfaßt seien, ist seit langem allgemeine Ansicht.[190] Nachdem gelegentlich Zweifel an der Sicherheit dieser Auffassung laut wurden, hat eine neue Untersuchung die Frage kritisch angegangen und ist zu einem wesentlich anderen Resultat gekommen; das gilt dann auch für den Anteil der Stagel an der Vita Seuses. Die Handschriften der Tößer Nonnenviten stammen alle aus dem Bodenseeraum, auch ein bisher unbekanntes Fragment aus Donaueschingen. Allem nach sind diese Schwesternviten von einem „Autorenkollektiv" verfaßt worden, sie weisen deutlich mehrere Schichten auf, was für die umfangreiche mystische Erbauungsliteratur als typisch gilt. Wenn das stimmt, ist die bisherige Vorstellung von der bedeutenden Rolle der Elsbeth Stagel nicht mehr vertretbar.[191]

Heinrich Seuse

Neben Meister Eckhart ist der Dominikaner Heinrich Seuse eine der großen Gestalten der Mystik in der Zeit des Übergangs vom Hoch- zum Spätmittelalter. Sein Leben kennen wir besser als das vieler Gottesfreunde seiner Zeit, wenn auch die Erzählungen in seiner Vita in Einzelheiten mit Vorsicht aufzunehmen sind.[192] In Konstanz gegen Ende des 13. Jahrhunderts geboren, wurde er in jungen Jahren dem Dominikanerkonvent auf der Insel übergeben und erhielt dort erste Ausbildung. Wo er den höheren Studien oblag, ist nicht sicher auszumachen, vielleicht in Straßburg, dann aber in Köln im Generalstudium der Ordensprovinz Teutonia als Schüler Meister Eckharts. Etwa 1327 kehrte er in sein Heimatkloster zurück, um dort das Amt eines Lektors auszuüben. In der Auseinandersetzung um Meister Eckhart, den er in seinem „Horologium" verteidigte, mußte er sich auf einem Ordenskapitel wohl um 1330 rechtfertigen. An eine Universität zur Erlangung akademischer Grade wurde er nicht geschickt, verfügte aber trotzdem über eine sehr beachtliche theologische und allgemeine Ausbildung, wie fast aus jeder Seite seiner Schriften zu entnehmen ist.[193] Zu dieser theologischen Ausbildung kam eine besondere Befähigung und Neigung zur Seelsorge. Er war als Prediger und Seelenführer in vielen Nonnenkonventen, besonders in Süddeutschland und in der Schweiz, tätig und hatte eine Reihe von geistlichen Töchtern, von denen die Tößer Nonne Elsbeth Stagel am bekanntesten geworden ist. Papst Klemens IV. hatte im Jahre 1267 die Dominikaner mit der seelsorgerlichen Betreuung der Nonnen beauftragt. In den politischen Wirren um Ludwig den Bayern wurde Seuse mit einem Teil des Konvents aus Konstanz vertrieben und fand im benachbarten Dießenhofen Zuflucht. Er scheint dort für kurze Zeit Prior gewesen zu sein. Wohl 1348, wahrscheinlich auf Grund von Verleumdungen, nach Ulm versetzt, wirkte er dort als Landprediger von Ulm und brachte seine Vita und das „Exemplar" zum Abschluß. Er starb 1366 und wurde in der Dominikanerkirche in einem später viel besuchten Grab bestattet.[194] Von Gregor XVI. wurde er 1831 als Seliger anerkannt.

Von Seuse sind folgende Schriften überliefert, in der Folge ihrer

Entstehung: ‚Büchlein der Wahrheit' – ‚Büchlein der ewigen Weisheit' – ‚Horologium sapientiae' – ‚Großes und kleines Briefbuch' – ‚Vita' – Predigten.[195]

‚Büchlein der Wahrheit', nach Bihlmeyer um 1326/27, vielleicht auch etwas später um 1330 anzusetzen, eine schulmäßig aufgebaute Abhandlung über die spekulative Mystik, in engem Anschluß an Eckharts ‚Vom edlen Menschen', ist bei aller vorsichtigen Zurückhaltung bemüht, die Ansicht des Meisters zu verteidigen, um ihn und seine Formulierungen gegen die Begarden abzuschirmen. Auf Schwierigkeiten, die ihm wohl im Zusammenhang mit dem Fall Eckhart entstanden, ist an einigen Stellen seines späteren Büchleins hingewiesen.[196]

Die beiden berühmten und in Hunderten von Handschriften verbreiteten Schriften Seuses, das ‚Horologium Sapientiae' und das ‚Büchlein der ewigen Weisheit', gaben der Forschung schwere Probleme auf. Die jahrzehntelangen Kontroversen über die Priorität der beiden Werke ist aber jetzt entschieden durch die musterhafte Edition des ‚Horologium Sapientiae' von P. Künzle. In der umfangreichen Einleitung weist der Editor das ‚Büchlein der Ewigen Weisheit' als dem ‚Horologium' vorausgehend nach.[197]

Das große Briefbuch mit 27 Briefen, die aber nicht in das gleich zu erwähnende Exemplar aufgenommen wurden, gilt als eine Sammlung der Tößer Nonne Elsbeth Stagel. Außerdem sind offenbar noch weitere Briefe der Stagel in die Vita eingearbeitet worden. Nachdem die Briefe schon weite Verbreitung erfahren hatten, machte Seuse einen Auszug aus dieser Sammlung, das sogenannte ‚Briefbüchlein' mit elf Briefen als 4. Buch des ‚Exemplars'. Bei dieser zusammenfassenden Umarbeitung sind viele situationsbedingte Einzelheiten, persönliche Erlebnisse und persönliche Aussprachen ausgeschieden worden, so daß das ursprüngliche Kolorit und die frühere Unmittelbarkeit verschwanden, dafür aber eine geschlossene Lehre des mystischen Lebens für den Anfänger erreicht wurde.[198] Im Gegensatz zu Meister Eckhart und Tauler sind von Seuse nur zwei echte Predigten überliefert.

Seuse hat die eben angeführten Schriften in der Mitte seines Lebens verfaßt. Sie wurden oft abgeschrieben und weithin verbreitet, allerdings auch verändert und entstellt und waren vielleicht auch Anlaß zu mehrmals von ihm erwähnten Verfolgungen.[199] So entschloß er sich in seinen letzten Lebensjahren, wohl in Ulm und um 1362/63, zu einer endgültigen Ausgabe letzter Hand – von ihm das ‚Exemplar' genannt (Aufmusterbuch) – herzustellen; die ältesten Handschriften stammen aber erst aus den Jahren nach seinem Tode, und so bleiben noch Unsicherheiten über die Zusammenstellung des Exemplars.[200] In diesem ‚Exemplar' steht die Vita an erster Stelle: „Hie vahet an daz erste Tail dizz Buches, daz da haisset der Suse". Die Seuse-Forschung kreiste lange Zeit um das Problem der Vita, und auch heute scheint diese schwierige Frage keine endgültige Lösung gefunden zu haben.[201] Es geht um die sogenannte Authentizität, kurz gesagt, ob Seuse als hauptsächlicher Verfasser nachzuweisen ist oder ob ein Dritter gleichzeitig oder später am Werk war.

Nach der vorzüglichen Ausgabe der deutschen Schriften durch Karl Bihlmeyer entstand eine große Auseinandersetzung, die öfters und besonders in der Abhandlung von D. Planzer ausführlich geschildert wurde.[202] In wiederholten Äußerungen hat Bihlmeyer an der Abfassung der Vita, der Prologe des Exemplars und der Vita durch Seuse festgehalten, auch an der historischen Zuverlässigkeit, aber er hat auch die Möglichkeit späterer Einschübe zugegeben.[203] Zu einem ähnlichen Resultat gelangte auch Bizet, der wie Planzer die herkömmliche Auffassung vertritt.[204] Dagegen hat noch auf dem Colloque de Strasbourg 1961 Jeanne Ancelet-Houstache ihre ablehnende These vorgetragen.[205] Nachdem ein gewisser Stillstand eingetreten war, wurde die Seuse-Forschung durch eine Reihe von Untersuchungen literargeschichtlicher Art neu belebt. So legte Schwietering in seinem bekannt gewordenen Aufsatz die Bedeutung der höfischen Motive dar, indem er in Seuse weniger den Minnesänger als den Minneritter sehen will und als Ergebnis die vorwiegende Autorschaft Seuses und den kunstvollen Aufbau der Vita hervorhebt.[206] Diese Ansicht hat große Zustimmung gefunden und weitere Untersuchungen angeregt. Hier ist vor allem die Studie von Annemarie Holenstein-Hasler zu nennen, die literar- und theologiegeschichtlich der Struktur nachgeht und eine Fülle von Material aus der Tradition von den Kirchenvätern bis zum Mittelalter bereitstellt.[207] In letzter Zeit scheint nun ein Durchbruch zu neuen Erkenntnissen erfolgt zu sein. Nachdem die Bedeutung der Tößer Nonne Elsbeth Stagel als Verfasserin der Schwesternviten erheblich eingeschränkt wurde, wird nun auch ihre bisher angenommene Mitarbeit an der Vita in Frage gestellt, was zu einer völlig neuen Auffassung führt oder führen kann. Schon vor zwei Jahrzehnten hat K. Ruh sich vorsichtig zugunsten der Echtheit der Vita ausgesprochen, aber auch darauf aufmerksam gemacht, daß der Anteil der Stagel Fiktion sein könnte.[208] Das scheint nahezuliegen. Seuse hat sich im ‚Horologium' und auch im ‚Büchlein der ewigen Weisheit' über seine Methodik geäußert. Obwohl er sich deutlich ausdrückte – figurata locutio – sind diese seine Worte oft nicht wörtlich genommen worden.[209] Soviel läßt sich jedenfalls sagen, daß die Vita nicht eine Autobiographie im strengen Sinne ist, sondern ein Erbauungsbuch, eine Anleitung zur Christusnachfolge, eine Reformschrift sein will,[210] so wie es viele in seiner Zeit gab, die ihn aber an theologischer Tiefe und literarischer Qualität alle nicht erreichen.[211] Die Vita ist und bleibt ein Buch der mystischen Erfahrungen. Trotz dichterischer Schönheit ihrer Sprache ist sie keine Dichtung, auch nicht gegen den Willen ihres Autors geworden.[212]

Literargeschichtliche Untersuchungen erweisen Seuse als einen Schriftsteller von hohem Rang, der als wortmächtiger Sprachschöpfer und

Sprachkünstler die Einflüsse seiner Bodenseeheimat nicht verleugnet; sie erweisen ihn als einen Kenner der Tradition, zunächst der höfischen Literatur, aus der er nicht nur Worte und Begriffe übernimmt, nicht bloß flüchtige Anleihen macht, aus der er vielmehr die ethischen Kräfte des Rittertums (Arbeit, Leiden, Abstandsminne) in sein Werk einfügt.[213] Die geistreiche, manchmal grobschlächtige, auf alle Fälle über das Ziel hinausschießende Kritik von Muschg, der von romanhafter Entstehungsphase der Vita und von der inneren Unechtheit des Werkes spricht, das das mystische Erlebnis von manövrierter Überwucherung, das Sakrale mit dem volkstümlichen Literarischen zugeschüttet sein läßt, hat in vielen neueren Studien bei aller Anerkennung des großen Wurfes starken Widerspruch gefunden.[214] Kommt Seuse in seinen Anfängen von Meister Eckhart her, so wird die Weite seiner theologischen Grundlage in den späteren Schriften deutlicher sichtbar: Seine Quellen sind die heilige Schrift, besonders die Weisheitsbücher, die Patristik, die Viktoriner, vor allem Bernhard von Clairvaux, auch Thomas von Aquin, um nur das Übliche zu nennen. Stark schimmert die monastische Tradition in allen Werken durch.[215]

Besonders wichtig sind die Hinweise von K. Ruh auf das Einströmen franziskanischen Gedankengutes. Bei aller Verschiedenheit der Personen findet die Conformitas mit Christus bei Franziskus und Seuse ähnlichen Ausdruck: Bei Franziskus die Vermählung mit der Herrin Armut, bei Seuse mit der ewigen Weisheit (die geistliche Gemahelschaft ist auch sonst in diesem Schrifttum sehr beliebt)[216] – bei Franziskus die Stigmata, bei Seuse das Eingraben des Minnezeichens Jesus auf seine Brust; bei beiden die geistliche Ritterschaft. Nicht zu vergessen, daß in den letzten Kapiteln der Vita große Teile aus Bonaventuras ‚Itinerarium mentis ad Deum' fast wörtlich übernommen sind.[217]

Johannes Tauler

Der dritte in der Reihe der sogenannten großen deutschen Mystiker, Johannes Tauler (um 1300–1361), kann hier kürzer behandelt werden, da er nicht die Ursprünglichkeit Meister Eckharts und Heinrich Seuses besitzt, wenn er auch durch seine sprachgewaltigen Predigten einen überaus großen Einfluß auf die Gottesfreunde seiner Zeit und in den folgenden Jahrhunderten ausgeübt hat.[218] Er stammt aus einer begüterten bürgerlichen Familie in Straßburg und trat im Alter von fünfzehn Jahren in das dortige Dominikanerkloster ein. Die frühere Annahme, daß er einige Jahre am Kölner Generalstudium der Provinz Teutonia Schüler Meister Eckharts und Mitschüler Heinrich Seuses gewesen sei, ist heute stark umstritten. Offenbar hat er sich nach Ableistung der üblichen Studien in Straßburg alsbald in der Seelsorge betätigt, ohne auf eine gründliche theologische und philosophische Weiterbildung zu verzichten, was schon aus seiner genauen Kenntnis der Werke Meister Eckharts hervorgeht. Den größten Teil seines Lebens verbrachte er in Straßburg, wo er vor allem in den zahlreichen Konventen der Dominikanerinnen häufig predigte. Während des auf Straßburg lastenden Interdikts war er mit seinem Konvent einige Jahre in Basel. Reisen nach Köln und zu dem für die Mystik bedeutenden Kloster Medingen bei Dillingen sind belegt. Im Jahre 1361 starb er in Straßburg und wurde in der Kirche seines Ordens bestattet.[219]

Außer etwa 80 Predigten aus seinem späteren Leben sind von ihm keine Werke erhalten, und auch die Predigten sind noch nicht genau auf ihre Autorschaft untersucht und kritisch ediert. Obwohl es sich fast durchweg um Nachschriften handelt, die von ihm vielleicht durchgesehen wurden, vermitteln sie in eindrucksvoller Weise die Lebendigkeit seiner Sprache.[220] Tauler ist in erster Linie Prediger und als solcher vor allem bekannt, ein lebensnaher Praktiker, aber mit beachtlichem theologischem an der hl. Schrift orientierten Fundament. Die stark vorhandene Abhängigkeit von Meister Eckhart wird verschieden beurteilt. Daß oft die gleichen Ausdrücke verwendet werden, besagt noch nichts über ihr gleiches Verständnis. Lieblingsbegriffe, die in jeder Predigt wiederkehren, sind Grund, Gemüt, Seelengrund, Seelenfünklein, über deren Bedeutung wie auch über die Lebenslehre Taulers schon viel geschrieben wurde.[221] Nicht ohne Kritik – oft beißende Kritik – steht er dem zeitgenössischen kirchlichen Betrieb gegenüber, legt aber doch immer wieder großen Wert auf korrektes Praktizieren, so daß man von einer ekklesiologischen Haltung gesprochen hat. Bei ihm scheint das Verhältnis zwischen Kontemplation und Aktion ausgeglichen. Wenn er als Führer der Gottesfreunde bezeichnet wurde, so wird anderseits doch gefragt, ob er eher ein Reformer als ein Mystiker gewesen sei.[222] Von den Mystikern des 14. Jahrhunderts hat er zunächst den größten Einfluß auf Martin Luther und die Zeit der Reformation ausgeübt.[223]

Die Schriften Ruysbroeks, die ‚Imitatio Christi' und die ‚Devotio moderna' sind mehr innerlich als kämpferisch.[224] Anders bei Dominikanern und Franziskanern: „In gewissem Sinn ist die deutsche Dominikaner-Mystik eine Parallel-Erscheinung zum franziskanischen Armutsstreit in Italien und Südfrankreich. Beide reichen in ihren Wurzeln weit ins 13. Jahrhundert zurück. So verschieden ihre religiösen Intentionen, ihre Ausdrucksformen und ihr geistiger Gehalt erscheinen mögen, gehen doch beide aus der von den Bettelorden organisierten religiösen Bewegung hervor, die sich in den verschiedenen Orden und Ländern eigenartig differenzierte."[225]

III. „Häresie" und „Ketzerei" als mittelalterliche christliche Konfessionen

Die Kenntnis der inneren Entwicklung des christlichen Mittelalters hat seit einem halben Jahrhundert erhebliche Fortschritte zu verzeichnen.[1] Auf den wichtigen und wirksamen Anstoß von H. Grundmann durch sein grundlegendes Werk: ‚Religiöse Bewegungen im Mittelalter' folgten vor allem italienische und französische Studien.[2] Dabei überwiegen die Untersuchungen zur sogenannten mittelalterlichen Häresie, für die das Quellenmaterial im allgemeinen dürftig ist. Es stammt hauptsächlich von den Gegnern, aus Verhören nach dem Schema der Inquisition,[3] und von den theologischen Bekämpfern der Häresie; deshalb ist ihr Bild oft einseitig. Eine Reihe von bedeutenden Funden ketzerischer Schriften in den letzten Jahren hat vieles bisher Bezweifelte bestätigt und es als glaubwürdig erwiesen, daß die überlieferten Texte nur die wenigen Reste einer vielleicht noch größeren häretischen Literatur darstellen, die der Vernichtung entgangen sind.[4] Dies gilt besonders hinsichtlich des Katharismus, für dessen Erforschung zahlreiche methodologische Erwägungen angestellt wurden. Und gerade hier war der Weg der Forschung von einigen Kontroversen begleitet, wie z. B. der Polemik zwischen Morghen und Dondaine OP.[5] Die von Morghen[6] in seinem oft erwähnten Buch ‚Medioevo cristiano' vorgetragene Ansicht von der inneren Entwicklung der religiösen Bewegungen, von einem Ungenügen an dem von der herrschenden Kirche Gebotenen bis zu einem selbständigen Verständnis der Bibel durch die Laien – einem Evangelismus – stieß auf heftigen Widersprch des Dominikaners Dondaine,[7] der für die Geschichte der Katharer vor allem auf die Einschleusung häretischen Gedankengutes aus dem Balkan hinwies und so das Aufkommen der häretischen Bewegung in Form des Katharismus zu erklären versuchte. Es hat sich inzwischen ergeben, daß, wie häufig, beide extreme Ansichten in abgeschwächter Weise richtig sind; so was das Einströmen balkanischer dualistischer Vorstellungen betrifft, wobei aber die Rückführung auf den altchristlichen Manichäismus doch nicht restlos geklärt ist. Andererseits konnten die von außen kommenden häretischen Vorstellungen sich erst in dem von kritischen Fragen aufgewühlten westlichen Feld entwickeln.

Begriff der Häresie

Mit der Erklärung des Begriffes der Häresie haben sich in der neueren Zeit viele Forscher beschäftigt: in Untersuchungen,[8] in Vorträgen und Diskussionen auf Kongressen.[9] Im weiteren Sinne konnte im Mittelalter vieles als Häresie bezeichnet werden, z. B. Hexerei, Magie, Wahnsinn, Immoralität; Papst Johannes XXII. nennt die Ghibellinen und Fraticellen Häretiker, rivalisierende Päpste werfen sich gegenseitig Häresie vor, wobei dann, nach der politischen Erledigung der Streitfrage, aus theologisch-kanonistischen Gründen die Sprachregelung Papst und Gegenpapst anstatt Nebenpapst eingeführt wird. Hier handelt es sich um Häresie in vorwiegend theologischer Bedeutung, was freilich eine Beteiligung weltlicher Mächte nicht ausschließt.

Die Möglichkeit und eine gewisse Notwendigkeit der Häresie ist schon in der hl. Schrift gegeben (1. Kor. 11,19): „Oportet et haereses esse etc". Und dieses Wort wird immer wieder mit dem Hinweis verwendet, daß durch die Häresie die Theologen zu emsiger Arbeit verpflichtet würden. Denn die Ketzer wollten Christen sein und Schrift und Tradition besser verstehen und besser nachleben als die übliche Theologie und die Vorschriften der Kirche. Seit dem Altertum gab es Ketzerlisten, die im Mittelalter zunächst übernommen wurden mit dem Ziel, die jetzt auftretenden Abweichungen von der nunmehr herkömmlichen Lehre und den Lebensformen in die alten Ketzereien einzuordnen. Nach der ‚Glossa ordinaria' ist Ketzer, wer durch Worte des Gesetzes das Gesetz bekämpft, d. h. wer mit den Worten der Lex Dei, der hl. Schrift, deren wahren Sinn anficht; auf ihre Worte nämlich stützt und beruft er sich zum Beweis für seinen Eigensinn, um die Verdorbenheit seines Geistes durch die Autorität der Schrift zu bestärken.[10]

Material gilt die Auswahl, Heraushebung und Überbetonung von Glaubenswahrheiten oder von Inhalten der hl. Schrift als Häresie oder Ketzerei, formal das hartnäckige Festhalten an solchen Sondermeinungen trotz Belehrung und Ermahnung durch die kirchliche Autorität. Durch Vermengung der materialen und formalen Betrachtungsweise kommen ganz verschiedene Definitionen zustande. Im sozialen Bereich ist Häresie ein Bruch, ein Ausscheiden oder Ausgeschiedenwerden aus der Glaubensgemeinschaft und damit oft aus der Gemeinschaft überhaupt.[11] Von der kirchenrechtlichen Seite her kann man aber sagen: Häretiker ist, wer von der kirchlichen Autorität als solcher erklärt wurde.[12] Unter dem politischen Aspekt wurden im Italien des 13. Jahrhunderts zwei Typen der Häresie sichtbar, die wirkliche religiöse Häresie und die von der Inquisition gemachte (Ghibellinen und Johannes XXII.).

Die sozial-religiöse Seite, die Frage nach den Schichten oder Berufen, aus denen die Ketzer stammen, ist längere Zeit etwas vernachlässigt worden.[13]

Sie ist auch schwer zu beantworten, weil es meistens an zuverlässigem Quellenmaterial fehlt und die Häresie in allen oder doch vielen Schichten der Bevölkerung vertreten und von Land zu Land, von Stadt zu Stadt, von Fall zu Fall verschieden ist. Vorgefaßte, allgemeine Urteile sind daher möglichst zu vermeiden. Die wissenschaftliche Beschäftigung mit der sozial-religiösen Bewegung des Mittelalters leidet unter der Auseinandersetzung zwischen der sogenannten bürgerlichen und der marxistischen Geschichtsanschauung.[14] Gegen die marxistische Auffassung wandten sich des öfteren Grundmann[15] und Morghen,[16] auch Leff[17] in seiner großen Ketzergeschichte, Manselli,[18] und Violante.[19] Erfolgte die Behandlung der ketzerischen Bewegung seit der Reformation meist aus konfessionellen Gesichtspunkten, so scheint die intensive Beschäftigung der letzten Jahrzehnte mit dieser Frage zu einer Revision zu führen, die vor allem die Gewaltanwendung gegen Andersdenkende nicht mehr als richtig und notwendig ansehen will und der geschichtlichen Entwicklung der Ideen mehr Rechnung trägt. Diese sogenannten häretischen Bewegungen des Mittelalters sind demnach zunächst noch nicht Ketzerei, sondern ein Zeichen für eine lebendige Auseinandersetzung mit dem Statischen in Kirche und Gesellschaft, freilich oft bis zum Extrem: Christ ohne Kirche. Die Terminologie der späteren Kirchengeschichtsschreibung darf nicht ohne genaue Prüfung der zeitgenössischen Vorgänge übernommen werden, auch wenn sie sich mit Hartnäckigkeit festgesetzt hat. Dann wird sichtbar, wie breit, vielseitig und lebendig das so oft geschmähte Mittelalter war im Gegensatz zum viel engeren Verhalten in der Neuzeit (Tridentinum). Dem Vorschlag, nicht mehr nur von Ketzern, sondern eher von Reformern zu sprechen, kann man wohl auf eine weite Strecke hin folgen.[20]

Die eingehende Forschung der letzten Jahrzehnte zum hohen Mittelalter hat fast immer auf den allgemeinen Aufbruch in Kultur, Gesellschaft und Religion hingewiesen. Dieser Aufbruch wird sichtbar im Wechsel der Strukturen, im Übergang zu städtischen Formen und zur Geldwirtschaft, in der Abwendung von der alten Feudalität durch den Aufstieg der Ministerialität, im mehr geistigen Bereich in der Erweiterung des Gesichtsfeldes, der Bildung und der Information durch Verkehr, Handel (Fernhandel), durch die Kreuzzüge, durch Synoden, Universitäten und fahrende Scholaren.

Dabei steht die Bedeutung des sozialen Wandels nicht an letzter Stelle, denn er ermöglicht eine Veränderung der Bildung für weite Kreise, er weckt ein neues Lebensgefühl, was sich vor allem auf dem Gebiete der Religion in ganz besonderer Weise auswirkt. Ein bedeutender Unterschied zu früheren Bewegungen besteht darin, daß nicht nur Geistliche im weiteren Sinne (Mönche, Eremiten, Kanoniker), sondern neben ihnen Laien in großem Umfang beteiligt sind. Und so sind die Bewegungen nicht vorwiegend lehrhaft, dogmatisch interessiert, sondern praktisch in der Anwendung des Christentums. Gewiß ist auch hier die auslösende Funktion politischer

Gegebenheiten nicht zu übersehen. Nicht erst das sogenannte gregorianische Zeitalter mit seiner Auseinandersetzung zwischen Rom (Kurie) und deutschem Königtum gab Anlaß zur Abgrenzung zwischen Geistlichem und Weltlichem und zum vertieften Überdenken. Schon vorher, vom Beginn des 11. Jahrhunderts ab, kam die Problematik mit der Reform des Mönchtums zum Vorschein. Es ist nicht leicht zu erklären, warum etwa seit Beginn des 11. Jahrhunderts an vielen Orten in Italien, Deutschland und Frankreich und in anderen Teilen Europas vom Auftreten von Wanderpredigern, vom Streben nach der Vita Apostolica berichtet wird, mit Zustimmung oder aber weit mehr mit Besorgnis der kirchlichen Kreise. Daß die von Gregor VII. zum Kampfe gegen die Simonie aufgerufenen Laien über das von ihnen Verlangte hinausgingen, ist oft genug betont worden. Auch daß die Rückführung kirchlicher Güter aus Laienhand (Investiturstreit) zu einer Feudalisierung der reformierten Kirche in großem Umfange hinleitete.

Häretische Bewegungen des 11. Jahrhunderts

Um das Jahr 1000 und zu Beginn des 11. Jahrhunderts entsteht an vielen Orten und Gegenden Europas eine religiöse Bewegung, deren Deutung große Schwierigkeiten bereitet. Wie sie entstand, ist schwer auszumachen. Jedenfalls zeigte sich Widerspruch gegenüber den bisherigen von der karolingischen Epoche übernommenen gefestigten Formen und nicht nur gegenüber den Formen. Nachdem fast alle Häresiologen sich damit beschäftigt haben, hat neuerdings G. Cracco[21] in einer tiefschürfenden, glänzend formulierten Untersuchung dafür den Begriff des Charismas aus den Quellen erhoben, wobei Charisma die innere und äußere Belebung durch den Hl. Geist bezeichnen soll: „Ad utilitatem vel suae salutis vel ecclesiae edificationis." Als Männer, die dabei die herkömmliche Grenze überschritten, galten schon bisher die Ketzer in Arras, u. a. der in der Gegend von Châlons als Prediger und wohl auch als Revolutionär auftretende Bauer Liutard, im gelehrten Rahmen die Kanoniker von Orléans, der Grammatiker Vilgard in Ravenna und die Adeligen von Montfort bei Aosta.[22] Ohne auf Einzelheiten der überlieferten Daten einzugehen, halten wir als Neuheit fest: Ein Infragestellen der bisherigen Bindungen, ein Ausbrechen aus dem bisher geltenden Status im gesellschaftlichen und kirchlichen Raum, eine Relativierung der als absolut verkündeten Heilswahrheiten mit dem Vorbehalt des eigenen persönlichen Urteils aufgrund des Charismas. Konnten die genannten Personen und Gruppen durch ihre Stellungnahme gegen Zehnten, kirchlichen Gehorsam, gegen Kindertaufe, Eucharistie – wobei der Vielfalt der Auffassungen über die Eucharistie in der damaligen Zeit gedacht werden sollte – und andere Sakramente und Sakramentalien, gegen Fegfeuer, Kreuzverehrung usw. zumindest als kritische Außenseiter gelten, so wollten die Kanoniker von Orléans in vollem Bruch mit der kirchlichen Lehre und Disziplin, ja der christlichen Offenbarung durch ein streng asketisches Leben ein individuelles, von allen christlichen Bindungen gelöstes und nur dem verborgenen Gott verpflichtetes Leben führen und erwiesen sich als Häretiker mit den entsprechenden Folgen.[23] Kritisches Verhalten und Abstandnehmen gegen die das Herkömmliche vertretende Hierarchie erscheint auch bei verdienten Kirchenmännern, wie Wilhelm von Volpiano, Abbo von Fleury, auch Gerbert von Aurilliac als Erzbischof von Reims in Beziehung zum römischen Bischof (Papst), vor allem bei dem unruhigen Geist des Rather von Verona.[24] Hierher gehören die Bemühungen um die allgemeine und religiöse Volksbildung des Wilhelm von Volpiano und auch die tastenden Versuche zur Übertragung der hl. Schrift in die Volkssprache. Wichtiger aber ist das Verlangen nach Rückkehr zu frühchristlicher Tradition: „Vivere secundum evangelium, secundum Christum". Eine Forderung, die in Zukunft bei allen Reformern in verschiedener Stärke und Motivation wiederkehrt.

Zeitgenössische Chronisten sehen die Gründe für diese in ihrer Wucht so merkwürdigen Bewegungen lediglich in ungenügender religiöser Betreuung des breiten Volkes durch die kirchlichen Amtsträger, die auch sonst in ihrer Lebensführung genug Anlaß zur Kritik gaben; aber allem nach sind soziale Zustände (Klassensitutation) in diesen Jahrzehnten nicht ausschlaggebend. Wenn auch die Quellen nur Sporadisches bringen und diese Texte gelegentlich etwas überinterpretiert werden, so ist an der Gefährlichkeit der sich unvermutet auftuenden Klüfte nicht zu zweifeln. Und vor allem werden im Untergrund von Gesellschaft und Kirche die Anfälligkeit, die Spannungen, die Unzufriedenheit und Unruhe weiter Kreise sichtbar, eine Feststellung, die diese Epoche heraushebt aus vielen anderen. Die vorgregorianische Epoche ist trotz mancher Extreme in vieler Hinsicht ein großartiger Aufbruch zum aufgeklärten, selbständigen Christentum, auf eigenes Verständnis der Offenbarung aufgebaut, eine Vorstufe der Bewegung des freien Geistes.[25] Aber bald, wie noch zu zeigen sein wird, ist sie überlagert und bezwungen von der gewalttätigen Romanisierung Gregors VII.

Peter von Bruis

Peter von Bruis stammte aus den französischen Alpen, war Priester, geriet in Streit mit der lokalen Kirche, wurde dann einer der zahlreichen Wanderprediger zu Beginn des zweiten Jahrzehnts des 12. Jahrhunderts im südlichen Frankreich. Seine Predigt entsprach aber bald nicht mehr dem üblichen Schema; er lehnte die Kirche nicht ab, aber entleerte sie. Er anerkannte nicht das ganze Neue Testament, sondern nur die Evangelien, nahm Stellung gegen die Kindertaufe wie viele andere Reformer, ließ aber im Gegensatz zum Mönch Heinrich die Erbsünde gelten, eiferte vor allem gegen Eucharistie und Messe, gegen die äußeren verfestigten Formen des christlichen Glaubens, gegen kirchliche Gebäude, gegen Kreuze und ihre Verehrung, wie schon drei Jahrhunderte zuvor Bischof Claudius von Turin. In seinen heftigen Angriffen gegen die herrschende hierarchische Kirche vertrat er – wenn auch unsystematisch – viele der im Westen vorhandenen kritischen häretischen Ansichten seiner Zeitgenossen, aber in einigen Punkten sind bogomilische Einflüsse nicht auszuschließen.

In ihren Anschauungen haben Peter von Bruis und der Mönch Heinrich vieles gemeinsam. Oft hat man Peter als Katharer angesehen, zu Unrecht. Aber er ist als eigenartige religiöse Persönlichkeit nicht nur Vorläufer und Wegbereiter späterer Entwicklungen, und so ist die Frage nach rückwärtigen Verbindungen zu den Bewegungen der ersten Hälfte des 11. Jahrhunderts nicht abwegig. Weil er im Rhonedelta zerschlagene Kreuze aufschichtete und verbrannte, wurde er von aufgebrachten Gläubigen auf denselben Scheiterhaufen geführt, nach Manselli 1132/33, tatsächlich wohl erst kurz nach 1138. Für die Anschauungen des Peters von Bruis gilt der Traktat des Abtes Petrus Venerabilis von Cluny ‚Contra Petrobrusianos' als hervorragende Quelle. Die Datierung ist nicht eindeutig, scheint aber bei 1139/40 zu liegen.[26]

Der Mönch Heinrich

Der Mönch Heinrich, früher oft nach seinem ersten Wirkungsort, Heinrich von Lausanne, genannt, ist eine der interessantesten Gestalten in der ersten Hälfte des 12. Jahrhunderts. Zuerst war er, wie viele der aktiven Vertreter der religiösen Bewegung, Mönch, dann Eremit; im zweiten Jahrzehnt des 12. Jahrhunderts begann er mit apostolischer Predigt anscheinend in Lausanne. Seit etwa 1116 trat er in Le Mans auf, wo ihm der bekannte Bischof Hildebert von Lavardin vor einer Abreise nach Rom die Predigterlaubnis erteilte. Allem nach war er ein Litteratus, also ein Mann von einiger Bildung, von großer Bibelkenntnis und ein faszinierender Redner. So kam es in Le Mans bald zu revolutionären Unruhen gegen die reiche Kirche und den Klerus. Dem zurückgekehrten Bischof gelang es, den für die öffentliche Ordnung Gefährlichen aus seinem Bistum zu entfernen. Später kam Heinrich in Berührung mit Petrus von Bruis, übernahm manches von dessen Anschauungen und entwickelte sie selbständig weiter. In Südfrankreich predigte er jahrelang, ohne größeren Widerständen zu begegnen, obwohl ein Konzil in Toulouse im Jahre 1119 einen Kanon gegen ihn in seine Beschlüsse aufnahm. Als er 1134 in die Hände des Erzbischofs von Arles fiel, brachte ihn dieser vor das in Pisa tagende Konzil. Dort legte er ein Schuldbekenntnis ab und versprach Rückkehr ins Kloster, wobei ihm Bernhard von Clairvaux Asyl in Citeaux anbot. Er hielt sein Versprechen nicht, sondern nahm seine frühere Predigttätigkeit wieder auf. Erst 1147 zwang ihn Bernhard von Clairvaux – sein alter Gegner – zur Flucht aus Toulouse; er wurde aber gefangengenommen; über sein weiteres Schicksal ist nichts bekannt. Wahrscheinlich ist er in der Haft gestorben.

War seine Predigt in den Anfängen ohne dogmatische Häresie, so traten in einer in den 30er Jahren veranstalteten Disputation mit einem Mönch namens Wilhelm (von einigen mit Wilhelm von Saint-Thierry identifiziert) bedeutende Abweichungen von der kirchlichen Lehrtradition zutage. Gleich zu Beginn der Disputation wurde deutlich, daß Heinrich nur das Evangelium und nicht die Tradition als Quelle des Glaubens gelten ließ; auch Kirchenväter wie Hieronymus und Augustinus könnten nur als Träger ihrer Ansichten, aber nicht als Beweise zitiert werden. Damit ist die Kirche als geisterfüllte Instanz zwischen Gott und den Menschen ausgeschaltet, vor allem die Hierarchie. Im einzelnen: die Erbsünde betrifft nur Adam und Eva; die Kindertaufe ist nicht notwendig, erst der erwachsene Mensch soll die Taufe empfangen; die Eucharistie kann nur von würdigen Priestern gefeiert werden, die Ehe ist kein Sakrament, sondern nur ein Vertrag zwischen zwei Partnern, der mit der Kirche nichts zu tun hat. Die Vollmacht, zu binden und zu lösen, haben auch Laien, also nicht nur die Kirche und ihre Priester. Mit anderen Worten: Die Kirche ist nicht heilsnotwendig, ihr hierarchischer Aufbau und auch ihre Gebäude und Einrichtungen sind überflüssig.

Nach dem Tod des Mönches Heinrich hörte man nichts mehr von seinen Anhängern; seine revolutionären Ideen lebten aber in anderen Sekten weiter. In den Anfängen der außerkirchlichen und antikirchlichen Bewegung nahm er, was die Gefährlichkeit seiner Anschauung für die Kirche und die Kraft ihrer Verkündigung angeht, eine bedeutende Stellung ein.[27]

Die Katharer

In seiner großen Geschichte der mittelalterlichen Häresie hat Leff[28] die Katharer nicht behandelt, weil er sie nicht als eine christliche Sekte ansah. Immerhin aber hat die katharische Bewegung im Kampf gegen die katholische Kirche des Mittelalters zu vielen christlichen Lehren und Lebensformen aus dem Neuen Testament Stellung genommen – die Katharer wollten die besseren Christen sein – und vor allem bedeuteten sie eine große, ja die größte Gefahr für die christliche Kirche zu jener Zeit: eine Antikirche.[29] Eine besondere Schwierigkeit, die auch sonst in der Ketzergeschichte des Mittelalters obwaltet, bietet die Quellenlage, die den Inhalt der katharischen Lehre fast nur aus den Gegenschriften erheben läßt; dabei begegnet man in den Anfängen eher einer Art System, während die spätere Entwicklung eine Aufspaltung in vielerlei Gruppen, eine in sich zerrissene

Gemeinschaft zeigt. Zudem scheint die eigentliche Lehre im Besitz einer kleinen führenden Schicht (Perfecti) und nicht in der zahlreichen Gefolgschaft (Credentes) gewesen zu sein; den Letzteren war die vorbildliche Lebensweise wichtiger als die theoretische Diskussion.

Über das Aufkommen der Katharer gab es eine lange und heftige Auseinandersetzung, die nun doch zur Anerkennung des balkanischen Ursprungs geführt hat, wenn auch die Verteilung der Gewichte noch immer umstritten ist.[30] An der Herkunft des katharischen Dualismus aus den Vorstellungen der bulgarischen Bogomilen wird kaum mehr gezweifelt.[31] Für die Anfänge des Katharismus war also die Lehre nicht so wichtig wie vielmehr die beispielhafte christliche Lebensführung im Gegensatz zur katholischen Wirklichkeit.

Die Frage nach der Lehre, nach dem System der Katharer ist schwierig und deswegen sehr verschieden beantwortet worden.[32] Der Dualismus: der gute Gott und das Prinzip des Bösen hat eine lange Vorgeschichte in vielen Variationen bei spärlichem Quellenbestand, zum Teil erst von der katholischen Polemik zum System gemacht. Zwei Prinzipien, zwei Reiche, zwei Welten, eine geistige und eine materielle Welt, gute und böse Engel, alles dies von Mythen umhüllt, wobei die Gestalt Jesu, ihrer Gottheit entkleidet, als einer der zahlreichen Engel in einem Scheinleib zur Erlösung der in der Materie festgehaltenen reinen Seelen in die böse Welt kam. Das Böse ist das größte Problem der katharischen Lehre. Zur Befreiung von der Materie hilft nicht ein Weltschmerz spielerischer Art (miseria humanae conditionis); die böse Welt kann nur überwunden werden durch harte Askese und durch Leiden, wie es das Neue Testament lehrt. Zur Askese gehört volle sexuelle Enthaltung, Abstinenz von allem, was mit Zeugung zu tun hat, also von Speisen wie Fleisch, Eier, Milch und Käse, allgemein ein strenges Fasten. So verschieden die Auffassungen in den einzelnen Gruppen waren, in einem Punkt waren sie einig: im unerbittlichen Kampf gegen die katholische Kirche, ihre Messe, ihre Sakramente, ihre Ritualien. Einziges Sakrament war das Consolamentum, einziges Gebet für die Perfecti das Pater Noster. In einigen Richtungen gab es die Endura, den Tod durch Verhungern, die Tötung der Sterbenden durch Ersticken, um durch den gewaltsamen Tod das Martyrium zu erlangen.[33] Die Härte der Lebensführung, der Gegensatz gegen die reiche Kirche mit ihren nicht gerade den Forderungen und Räten des Neuen Testamentes entsprechenden vielen Prälaten und Klerikern war die beste Propaganda für die neue Bewegung, von deren Mächtigkeit die Kirchenführer zunächst überrascht wurden. So konnte im Stillen eine antikirchliche Organisation entstehen, die wie die katholische Kirche von Bischöfen geleitet wurde;[34] die führende Schicht bildeten die durch gründliche Schulung und schwere Prüfungen, durch den Empfang des Consolamentum (Geist-Feuertaufe) berufenen Perfecti, denen von der Zahl der einfachen Gläubigen (Credentes) mit unterwürfiger Ehrfurcht begegnet wurde; diese Perfecti übten als Wanderprediger die Seelsorge aus. In der weiteren Entwicklung ging auch der Katharismus den gefährlichen Weg der Festigung der Institutionen und der dogmatischen Kämpfe. Aber in diesem Bereich war die katholische Kirche mächtiger, zumal der Angriff der Katharer – die größte Gefahr vor dem Hussitismus zur Erneuerung der so schwer bedrängten alten Kirche entscheidend beitrug. Wie es dann der Albigenserkreuzzug zeigte, konnte die Häresie durch Gewalt zurückgeworfen, aber nicht ausgerottet werden; eher vermochte die Predigt und das Beispiel des armen Christenlebens von Diego und Dominikus etwas zu erreichen.

„Die katharische Geschichte begann mit der Betonung der evangelischen Lebensführung, die den Katharern einen Platz im Abendland sicherte. Sie schritt fort zur Ausbildung einer dogmatischen Kirche, die die Kräfte des abendländischen Christentums innerhalb und außerhalb der mittelalterlichen Kirche zum Widerspruch aufrief. Sie endete in der Nachahmung der katholischen Kirche und in der Vernichtung durch diese Kirche. Der historische Weg des Katharismus führte von der christlichen Geistigkeit über die bogomilische Kirchlichkeit zu einem Gemisch von gnostischem Inhalt und christlicher Form. Die Wirkung der Katharer auf die mittelalterliche Welt ist gering. Das christliche Abendland hat sich ihrer bedient, um das Zeitalter der Frömmigkeit gegen sie auf den Gipfel zu treiben und um danach das Zeitalter der Freiheit ohne sie einzuleiten. In dieser aufblühenden christlichen Hochkultur ist die fertige, aber dürftige Welt gnostischer Tradition zersprengt worden."[35] Die Härte des Katharismus wurde durch die neue, vor allem franziskanische Öffnung zur Welt im 13. Jahrhundert überwunden und verschwand dann, ohne irgendwelche Nachwirkungen zu hinterlassen.[36]

Die ersten Spuren des vom Balkan, wahrscheinlich durch Verkehr und Handel, vielleicht auch durch den zweiten Kreuzzug nach dem Westen gelangten bogomilischen Auffassungen führten kurz vor der Mitte des 12. Jahrhunderts nach dem Rheinland, nach Köln, nach Lüttich und nach Nordfrankreich. Schon Bernhard von Clairvaux hat sich auf den Bericht des Propstes Evervin von Steinfeld in der Eifel mit der unheimlichen Ketzerei ohne Ketzermeister befassen müssen. Die Ausbreitung ging durch ganz Europa.[37] Um die Mitte des Jahrhunderts sind auch in mehreren Orten Italiens Katharer nachweisbar, hier oft Patarener genannt. Diese neue Ketzerei erhielt wegen ihres strengen Lebenswandels Zuzug aus allen Schichten der Bevölkerung, vor allem waren Frauen wegen der Gleichberechtigung in der Ausübung des Kultes für die neue Lehre anfällig.[38]

Wann Katharer in Südfrankreich auftauchen, ist nicht genau festzustellen, und die Ansichten darüber gehen weit auseinander. Die Untersuchung von E. Griffe kann hier weiterführen.[39] Meinte man bisher, daß es vor dem Mönch Heinrich keine Katharer in Toulouse gab, so scheinen doch die

Arriani und Textores (Tisserands, Weber), von denen die Quellen berichten, Katharer gewesen zu sein. In dem Beschluß des Konzils von Toulon (1119) glaubt Griffe, eher Katharer als etwa den Mönch Heinrich zu erkennen.[40] Aus der Zeit gegen die Mitte des 12. Jahrhunderts hebt sich die Entsendung des hl. Bernhard von Clairvaux heraus, dann schweigen die Quellen wieder für längere Zeit in dieser Region, aber sie sprechen von Häretikern in Nordfrankreich und vor allem im Rheinland (Köln).[41] Für die Entstehung und den Ausbruch von Irrlehren haben schon die zeitgenössischen Chronisten die Verdorbenheit des Klerus verantwortlich gemacht, auch Petrus von Bruis und der Mönch Heinrich. Daß die Reform entscheidend zur Hebung des geistlichen Standes beitrug, wurde von der Bevölkerung begrüßt, weniger aber die oft damit verbundene Rückkehr großer Reichtümer in die Hand der Kirche. Ein Klima des Antiklerikalismus entstand durch den Protest weiter Kreise, denen unrechtmäßiger Besitz abgenommen wurde. So war die Lage im Languedoc durch die weitgehende Toleranz der Bevölkerung und der Magistrate günstig für die Häresie. Die Situation im Languedoc ist gekennzeichnet durch die große Verbreitung auf dem Lande, wo die kleineren Herren der Castra, der Landadel, in ihren Burgen die Neuerung fördern oder wenigstens ihre Verfolgung verhinderten. In den Jahren nach der Mitte des 12. Jahrhunderts war die Verbreitung so stark, daß auf dem Konzil von Tours (1163) in Gegenwart Papst Alexanders III., der vor Barbarossa aus Italien geflüchtet war, ein scharfes Vorgehen beschlossen wurde. Von der Taktik der Häretiker gibt die Konferenz von Lombers in der Nähe von Albi (1165) ein gutes Bild.[42] Es war die erste große öffentliche Verhandlung zwischen der Hierarchie und den Häretikern. Denn die Bischöfe waren nicht so untätig, wie oft gesagt und geschrieben wurde. Gerade der Bischof von Albi veranstaltete die große Tagung unter Teilnahme mehrerer Bischöfe und Äbte und auch der zuständigen weltlichen Obrigkeit. Allem nach traten die Häretiker in den Verhören nicht gerade bescheiden auf, antworteten auf die an sie gerichteten Fragen und lehnten die Bischöfe als Wölfe oder Mietlinge ab; darauf wurden sie als der Ketzerei überführt verurteilt.

In der Geschichte des Katharertums im Languedoc nimmt das sogenannte Konzil von St. Felix de Caraman im Bistum Toulouse einen wichtigen Platz ein. Die höchst eigenartige Überlieferung des einzigen Dokuments ist oder besser war umstritten, aber die Echtheit scheint immer mehr anerkannt zu werden.[43] Nach dieser Urkunde haben sich 1167 im Schloß St. Felix die Häupter der katharischen Kirche Südfrankreichs und Vertreter der italienischen Gemeinden unter der Leitung des Papa Niquinta von Konstantinopel versammelt. Allem nach gelang es dem balkanischen Gast, die harte Auffassung von den zwei unversöhnlichen Prinzipien durchzusetzen und die sich befehdenden Gruppen zu vereinen; auch sind Bistumsgrenzen zwischen Toulouse und Carcassonne festgelegt und neue katharische Bischöfe ordiniert worden. Die zahlreichen genannten Personen und Orte lassen die weite Verbreitung im Languedoc erkennen.

Da die weltlichen Gewalten nicht vorgehen konnten oder wollten, wurden der in Frankreich tätige Legat, Kardinal Peter von St. Chrysogono, und der Abt von Clairvaux, Henri de Marcy, im Jahre 1178 nach dem Süden entsandt.[44] Sie vermochten nicht viel auszurichten, wenn auch das feierliche Verhör zweier Häresiarchen in Toulouse zu erneuter Exkommunikation der Ketzer führte. In Canon 27 erneuerte dann das dritte Laterankonzil von 1179 die bisherigen Androhungen gegen die Begünstiger der Ketzer, vor allem unter dem Adel; doch enthält dieser Kanon im Gegensatz zu verbreiteter Auffassung keinen Aufruf zur Gewaltanwendung. Auch die Entsendung eines weiteren Legaten zu Anfang der achtziger Jahre, des früheren Abtes von Clairvaux und jetzigen Kardinalbischofs von Albano, Henri de Marcy, brachte wenig Erfolg. Von 1182–1198 weilte kein Legat mehr im Languedoc; durch den ungestörten Ausbau der Häresie verschlimmerte sich die Lage für die bisherige kirchliche Ordnung.

Die weiteren Studien von E. Griffe sind der Vorgeschichte des kommenden Kreuzzuges gewidmet und geben zunächst ein genaues, für die lokale Entwicklung besonders bedeutsames Bild der Ausbreitung des Katharismus im südfranzösischen Raum.[45] Daraus ergibt sich wiederum die starke, zum großen Teil von Antiklerikalismus bestimmte Unterstützung durch die großen und kleinen Herren des Landes, vor allem die Grafen von Toulouse und die Trencavel als Vizegrafen von Béziers und Carcassonne. In die Mitte des ersten Jahrzehnts des 13. Jahrhunderts gehört der beachtliche Versuch des Bischofs Diego von Osma und seines Begleiters Dominikus, durch Predigt und vorbildliche Lebensführung der Ketzerei Abbruch zu tun. Gewiß ein richtiger Weg, aber nicht in den Augen der päpstlichen Legaten, die einem strengen Regiment den Vorzug gaben, in diesem Sinne auch dem Papst berichteten, aber auch den Bischöfen nicht gerecht wurden.[46] Nach der Ermordung des gebieterisch auftretenden Legaten Peter von Castelnau im Jahre 1208 entschloß sich Innozenz III. zu hartem Durchgreifen und erließ den folgenschweren, mit dem Geiste des Christentums und den geltenden Gottesfrieden nicht zu vereinbarenden Aufruf zum „heiligen Krieg“, zum „Kreuzzug“ gegen die Ketzer.[47] Der französische König Philipp August gab dem Drängen des Papstes zur Beteiligung an dieser Kreuzfahrt nicht nach, aber ein Teil seiner Vasallen folgte dem Ruf, aus welchen Gründen auch immer.

Auf Einzelheiten des 1209 anhebenden und sich etwa zwei Jahrzehnte hinziehenden heiligen Krieges (nicht ganz zutreffend Albigenserkrieg genannt) soll hier nicht eingegangen werden.[48] Nach dem furchtbaren Blutbad von Béziers und der Einnahme von Carcassonne kam der Besitz des jungen, in der Gefangenschaft des Kreuzheeres umgekommenen Vicomte de Trencavel an einen der Heerführer, Simon von Montfort, der in den folgenden Jahren neben der Bekriegung der Ketzer seine eigenen Geschäfte besorgte.[49] Dadurch verlor der Kreuzzug sein Gesicht, und auch der Papst konnte das Absinken des „Ideals" nicht verhindern, die Verantwortung für diesen heiligen Krieg kann ihm nicht abgenommen werden. Letzten Endes kam im Verlauf der Kämpfe das Languedoc endgültig an die französische Krone. Die Inquisition brachte die katharische Bewegung im Süden Frankreichs langsam zum Erliegen und zwang viele, vor allem die führenden Katharer (Perfecti), zur Flucht nach Italien.

In Italien war es vor allem der Norden, das Piemont und die Poebene mit ihren großen und zahlreichen Städten, wo sich katharische Gemeinden unter eigenen Bischöfen bildeten.[50] Aber auch bis nach Mittelitalien sind Katharer anzutreffen, so in Orvieto und Viterbo, in Umbrien im sogenannten Tal von Spoleto, da die städtischen Behörden wenig Eifer zur Verfolgung zeigten und später auch das Vorgehen der Inquisitoren oft nicht duldeten. Die Lehrunterschiede waren in den italienischen Gruppen sehr stark, obwohl die hier zu nennenden größeren Gemeinden Concorezzo, Desenzano, Bagnolo und Vicenza nahe beieinander liegen.[51] Aus politischen Gründen wurden oft die Ghibellinen als Förderer der Häresie bezeichnet. Mit der Herrschaft der Anjou kam auch hier die Verfolgung. Eine vorübergehende Zunahme bewirkte die Flucht vieler Katharer seit der zweiten Hälfte des 13. Jahrhunderts aus dem Languedoc.[52]

Bewegung des Freien Geistes

Unter den religiösen Bewegungen, Irrungen, Ketzereien, Häresien von ausgeprägter Eigenart – wenn auch nicht immer in den Anfängen, sondern oft erst in der späteren Entwicklung – gibt es viele von der Normalkirche abweichende Strömungen. Sie lassen sich ohne große Mühe auf einen Nenner bringen: die Bewegung des Freien Geistes: „liber spiritus", „spiritus libertatis" etc.[53] Es sind Anschauungen, die in vielgestaltiger Auffächerung seit dem Übergang vom Hoch- zum Spätmittelalter durch Jahrhunderte hindurch erscheinen und noch in der Neuzeit bei den Alumbrados und im Quietismus eine Rolle spielen: in Einzelpersonen, in Gruppen und doch meist ohne festes Gefüge und organisatorischen Zusammenhang vor allem in Nordfrankreich, Belgien, in den Niederlanden, im Rheinland mit Köln an der Spitze, in Süddeutschland, Schlesien und Italien (Nord- und Mittelitalien).

Diese Eigenart kann wohl am besten verständlich gemacht werden, indem man den Weg der Forschung aufzeigt. In den letzten Jahrzehnten der intensiven Beschäftigung mit den mittelalterlichen Häresien unter den verschiedensten Gesichtspunkten blieb die Bewegung des Freien Geistes längere Zeit im Hintergrund, wurde als eine wenn auch mehr allgemeinere

Spielart unter den vielen Ketzereien angesehen und meist den Beginen zugeschrieben. Schon im 18. Jahrhundert schrieb Mosheim über sie, später dann Wattenbach, Fumi und De Stefano. Den Sektencharakter behandelte besonders stark Oliger in seiner außerordentlich gründlichen Studie über die Häresie des 14. Jahrhunderts in Umbrien.[54] Dem gegenüber haben dann Cohn, Grundmann und Leff auf die Breitenwirkung der Bewegung des Freien Geistes hingewiesen.[55] In ihrer großen Abhandlung ‚Il movimento del Libero Spirito, Testi e documenti' hat Romana Guarnieri ein sehr umfangreiches Material zur Geschichte der Bewegung des Freien Geistes zusammengetragen, dabei aber wohl die 1310 in Paris verbrannte Begine Margarete Porete zu sehr in die „Sekte" des Freien Geistes eingegliedert.[56] Nach jahrelanger Arbeit ist es ihr gelungen, Margarete Porete als die Verfasserin des ‚Miroir des simples âmes' nachzuweisen und das Weiterwirken dieses rätselhaften Buches durch die Jahrhunderte sichtbar zu machen. Es ist etwas Merkwürdiges um diese Schrift der Porete; vom französischen Urtext ist nur eine überarbeitete Handschrift greifbar (Chantilly, Condé F. XIV 26), während man von der Existenz weiterer französischer Handschriften weiß. Auch heute noch liegt ein geheimnisvoller Schleier über dem Poretetext. So blieb der Editorin nichts anderes übrig, als den von ihr 1961 „fuori commercio"[57] nach der Handschrift Chantilly veranstalteten Druck mit einigen Verbesserungen vorzulegen und ausführlich zu kommentieren. Der ‚Miroir des simples âmes (speculum simplicium animarum)' – wohl der wichtigste Text der altfranzösischen Mystik – fand eine erstaunliche Verbreitung und wurde in lateinischen, italienischen und mittelenglischen Übersetzungen überliefert.[58] Mehrere Handschriften stammen aus Klöstern der Kartäuser und aus italienischen Reformklöstern. So ist die wiederholt vertretene Ansicht, der Prozeß gegen die tieffromme, vornehme und verinnerlichte Begine sei einer Revision zu unterziehen, beachtenswert.[59] Ob direkte Beziehungen zwischen der Mystikerin und Meister Eckhart, der in jenen Jahren in Paris dozierte, bestanden, ist nach vielen Formulierungen sehr wahrscheinlich, bedarf aber noch eingehender Prüfung.

Schaut man von der Zeit der Entstehung des ‚Miroir', vor oder um 1300, zurück in die vorangehenden Jahrhunderte, so zeigen sich viele Ansätze, die dann im späten Mittelalter deutlicher hervortreten. Der Begriff der Freiheit „ubi autem spiritus domini, ibi libertas" wendet sich gegen den Zwang der Großkirche, führt zu einer Auffassung, die von der Grundstruktur der mittelalterlichen Kirche abweicht, ein ernsthaftes und elitäres Christentum anstrebt und schafft, ohne die vielen und immer noch vermehrten Vorschriften für ein normales Christenleben. Dabei sind im Vordergrund soziale Ursachen nicht auszuschließen, im Untergrund aber auch chiliastische Vorstellungen wirksam.[60] Seit dem sogenannten Reformjahrhundert beginnt, wie schon früher gezeigt, eine Durchleuchtung der Begriffe, eine Überprüfung, und die aufkommende Scholastik bringt Kritik, (Scheidung),

Diskussion und Interpretation. Neben den aus der Tradition lebenden, gebildeten Theologen und echten Mystikern gibt es eine viel größere Zahl von Personen, die ein mehr gefühltes als erkanntes Ideal anstreben, zugleich aber auch ihrer Berufung bewußt sein wollen und sind, dabei in mehr negativer Abgrenzung und populär vergröberter Praxis mit Kritik an den äußeren Formen der Kirche nicht sparen.[61] Die vorwiegend von Laien geförderte Bewegung des Freien Geistes wendet sich gegen die übermächtigen kirchlichen Institutionen, gegen den Anspruch der Wissenschaft (Paris, Scholastik), es erheben sich die Stimmen der Charismatiker und Propheten, es gilt, die verfestigten Positionen (Reichtum der Kirche) aufzubrechen, umzustürzen und zu entsichern. Der Begriff der Freiheit (libertas ecclesie) hat sich seit dem 11. Jahrhundert der sogenannten Reform gewandelt: nicht mehr die von der Kurie erstrebte Freiheit der Kirche von der Welt der Laien, sondern Freiheit, vor allem städtische Freiheit, von der kirchlichen Hierarchie, von den Vorschriften der Kirche, während Zugehörigkeit zur Kirche bewiesen wird durch Fasten nach Vorschrift, Gottesdienstbesuch, Beichte und Empfang der Eucharistie, vor allem durch demutsvolle Haltung bei der Wandlung in der Meßfeier: Ein wichtiges Kennzeichen für ketzerische Gesinnung ist die mangelnde Verehrung und das Zuhalten der Augen bei der Elevation der Hostie. Die Bewegung des Freien Geistes gilt vielfach als pantheistisch,[62] weil das Erlebnis der persönlichen Vergottung in allen Spielarten einen wichtigen Platz einnimmt und leicht in die Nähe der „gefährlichen" Mystik führt mit den Folgerungen: Sündenlosigkeit, Nichtbedürfens der kirchlichen Sakramente und Heilsmittel, Nichtbefolgung der kirchlichen Gebote für die von Gott erfüllte und vernichtete Seele („anima adnihilata"). Viele in der Bewegung des Freien Geistes zusammengefaßte oder von Romana Guarnieri zusammengeschaute Lehren finden sich einzeln und auch stärker ausgeprägt in schon genannten oder noch anzuführenden Häresien oder Sekten des 13. Jahrhunderts: so bei den Arnoldisten, weniger stark ausgeprägt auch bei den Katharern, bei Ugo Speroni, bei den Ortliebern, bei Segarellei und einzelnen Mystikern, vor allem aber bei den Begarden und Beginen, wie an anderer Stelle zu zeigen versucht wird; auch orientalische Einflüsse, besonders byzantinische, sind nicht auszuschließen.[63]

Schriftliche Zeugnisse sind außer dem ‚Miroir' selten, da Schriften oder Bücher – vor allem in der Landessprache – von den Inquisitoren eingezogen und oft mit den Verurteilten verbrannt wurden. Fast alles, was man über die Bewegung des Freien Geistes weiß, stammt aus Verhören und ist wegen der vielen Fehlerquellen mit Vorsicht zu verwenden. Als erste ausführliche Nachricht gilt das Gutachten Alberts des Großen über die Aussagen von zahlreichen Verhörten im schwäbischen Ries in den Jahren 1270–1273.[64] Darüber hinaus sind nur wenige zuverlässige Nachrichten überliefert, und deswegen hat die Auseinandersetzung, ob die Bewegung des Freien Geistes eine Sekte sei, kein abschließendes Ergebnis erbracht.[65] In der 1317 vom Straßburger Bischof eingeleiteten Untersuchung gegen die Begarden und ihr weibliches Gefolge, die mit dem Ruf „Brot durch Gott" durch die Straßen zogen, bezeichneten sie sich als Brüder und Schwestern von der Sekte des Freien Geistes und der freiwilligen Armut. Alle weiteren Kenntnisse verdankt man neben den Beschlüssen von Synoden, bischöflichen Verordnungen und chronikalischen Berichten einem knappen Dutzend von überlieferten Verhören.[66]

Die Beginen

Als eine nicht genau erfaßbare Gruppe der religiösen Bewegung – zwischen Christentum und Kirche – kann man die Begarden, Lollarden und Beginen bezeichnen. An ihrem ernsten religiösen Interesse ist kaum zu zweifeln, aber bei einem Teil von ihnen sehr an einer positiven Haltung zur kirchlichen Autorität. Die Erforschung der religiösen Bewegung hat auch hier zu neuen, sehr spezifischen Ergebnissen vor allem auf lokaler Ebene geführt.[67] Die vor Jahrzehnten gegebene Definition: „Beginen hießen seit dem 12. Jahrhundert Frauen, die, ohne einem approbierten kirchlichen Orden anzugehören und Gelübde abzulegen, nach Art von Ordensleuten gemeinsam lebten, einen Habit trugen, sich ihren Lebensunterhalt teilweise auf der Straße erbettelten, sonst aber sich einem Leben der Handarbeit und des Gebetes widmeten. Der männliche Zweig trug den Namen Begarden. Beide gehören zur großen Zahl jener Schöpfungen des Mittelalters, die sich aus der vielgestaltigen religiösen Bewegung des 12. und 13. Jahrhunderts entwickelten und in ihrem Kern zumeist eine Verwandtschaft mit dem Ideal freiwilliger gemeinsamer Armut aufweisen", ist auch heute noch brauchbar.[68] Allem nach ist die Bewegung der Begarden, Lollarden und Beginen kurz vor dem Ende des 12. und zu Beginn des 13. Jahrhunderts nachzuweisen, und zwar zuerst in Flandern und am Niederrhein. Diese Gruppen gehören, wie die Bewegung des Freien Geistes, in jenes soziologisch noch genauer zu überprüfende Feld zwischen den bisherigen oft erstarrten weltlichen und geistlichen Ordnungen. Es ist ein Zusammenfließen verschiedener neuer Ideen (Vita apostolica, freiwillige Armut) zu wahrhaft christlicher Existenz neben den oder außerhalb der von der hierarchischen Kirche gebilligten religiösen Stände; veranlaßt durch das oft beschworene wirkliche oder vermeintliche Ungenügen an der verfaßten Kirche.[69]

Frauengemeinschaften bei den Ketzern in der ersten Hälfte des 11. Jahrhunderts und bei den frühen Katharern könnten „ein echter Ansatzpunkt sein für den Ursprung der Beginenbewegung des nordfranzösisch-niederländischen und rheinischen Raumes". Den seit dem Ende des 12. Jahrhunderts zahlreichen häretischen Frauenkonventen (mulieres bonae) in

Südfrankreich entsprächen die mulieres religiosae des Nordens, die Beginen. Soziale Gegebenheiten spielen sicher keine geringe Rolle, wie in der Überzahl der nicht zur Heirat gelangten Frauen sichtbar wird. Meistens handelt es sich in den Städten um konventartige Zusammenschlüsse ohne feste Regel, aber nicht ohne Hausordnungen, während die einzeln in ihren Familien lebenden Beginen quellenmäßig schwer zu erfassen sind. Wenn auch die überlieferten Ziffern sicher übertreiben, so muß es sich doch, vor allem bei den Beginen – im Gegensatz zu den Begarden –, um einen nicht unbedeutenden Teil der Bevölkerung gehandelt haben. Als Hochburgen der Beginen gelten Köln und Straßburg, weniger die mittelrheinischen Städte.

Die bisherigen Untersuchungen ergaben eine Vielfalt der Formen: einzelne Beginen, die bei ihren Familien wohnen, kleinere und größere Zusammenschlüsse durch eigenen Besitz oder durch Stiftungen, Erwerb des Lebensunterhaltes durch Handarbeit, Dienst in Spitälern, weniger durch Bettel. Eine einfache, fast ordensähnliche Kleidung unterscheidet sie von der übrigen Bevölkerung, aus deren mittleren und oberen Schichten sie meistens stammen, während die Begarden dem niederen Volke angehörten.[70]

Die Frage nach der geistlichen Betreuung dieser religiösen Gemeinschaften weist auf die Schwierigkeit hin, die sich aus dem doch freien Zusammenleben ohne feste Bindung an verantwortliche kirchliche Obere ergaben. Sehr bald bemühten sich deshalb die Beginengemeinschaften um eine qualifizierte seelsorgerliche Führung, die sie bei der Pfarrgeistlichkeit vermißten. Seit der ersten Hälfte des 13. Jahrhunderts sind es vor allem die Mendikanten, die sich dieser Aufgabe widmeten, aber dadurch mit der Weltgeistlichkeit in Konflikt gerieten. Immer mehr suchten die Beginen Schutz durch Anschluß an die dritten Orden der Dominikaner und Franziskaner. Die Fälle wirklicher dogmatischer Verirrungen – meist in Richtung auf die Bewegung des Freien Geistes hin – sind angesichts der großen Zahl der Beginen relativ selten. Doch kam es an vielen Orten zu Verurteilungen und Hinrichtungen. Sehr umfangreich aber waren die Streitigkeiten mit dem Weltklerus, die im Laufe des 14. Jahrhunderts zu Konzilsentscheidungen und zu Verfolgungen führten. Die berühmten Dekrete des Konzils von Vienne, später durch Johann XXII. publiziert (Klementinen), könnten durch den Fall der 1310 in Paris verbrannten Begine Margarete Porete, wahrscheinlicher aber durch Vorstellungen der angesichts der Irrlehren und mangelnder Organisation und Eingliederung in die üblichen Ordnungen beunruhigten rheinischen Bischöfe, veranlaßt sein.[71] Später werden von der Kurie ausgehende Anregungen und Befehle zur Verfolgung der Begarden und Beginen von den Bischöfen und städtischen Magistraten aufgegriffen. Verfolgungen und Vertreibungen löschen am Ende des Mittelalters das Beginentum aus. So wurde auch in diesen Versuchen christlicher Lebensgestaltung die immer stärker werdende harte Macht der Hierarchie wirksam.

Die Waldenser

Eine besondere Stellung in der religiösen Bewegung nehmen die Waldenser ein, weniger hinsichtlich ihrer Entstehung als wegen ihrer Nähe zur allgemeinen hierarchischen Kirche und die durch diese – wenigstens in der ersten Zeit – unberechtigterweise durchgeführte Verfolgung. Sie sind auch die einzige Gruppe der religiösen Bewegung, die seit dem hohen Mittelalter bis zur heutigen Zeit am Leben geblieben ist.[72] Die Gestalt des Gründers, der reiche Kaufmann Waldes aus Lyon († 1207?) ist genug bekannt und muß nicht ausführlich vorgestellt werden.[73] Seine Erweckung und Abkehr von der Welt verlegt man in das Jahr 1176; das Jahr darauf fand er, nach gründlichem Bibelstudium, einige Gefährten, mit denen er sein neues Leben als Wanderprediger begann. Als „Pauperes spiritu" waren sie eine Gemeinschaft, zunächst ohne feste Organisation. Über die Anfänge, ob mehr „Prediger" als „Arme", ist die Forschung nicht einhelliger Ansicht. Während Selge in seinem grundlegenden Werk den Predigtanspruch besonders unterstreicht, wird von anderen der Schwerpunkt mehr auf die Armut gelegt.[74] Im Gegensatz zu den Katharern „trägt das Waldensertum im ganzen Inhalt seiner Predigt die Charakteristika einer orthodox-katholischen Erweckungsbewegung",[75] wie es viele in dieser aufgerührten Zeit gab, die mehr aus neutestamentlichen Ethos als aus kirchenreformerischen Ideen lebten. Bei den zahlreichen Wanderpredigern dieser Epoche ist oft nicht leicht zu entscheiden, ob sie mehr die Bußpredigt oder die Reform des kirchlichen Gefüges und der üblichen kirchlichen Praxis bevorzugen. Nachdem Waldes und seine ersten Jünger die Wanderpredigt aufnahmen und anders als viele „Erweckte" die Handarbeit ablehnten, um von ihren Hörern den Lebensunterhalt zu empfangen, kam es zu Schwierigkeiten mit den zuständigen Seelsorgern und der Hierachie. Auf dem 3. Laterankonzil (1179) erschien Waldes mit einigen Gefährten in Rom und erhielt von Alexander III. eine Art Bestätigung seiner Lebensform, wobei aber die Predigttätigkeit mehr oder minder an die Erlaubnis der kirchlichen Amtsträger gebunden wurde. Und im folgenden Jahr kam es vor dem Erzbischof von Lyon und dem nach Südfrankreich entsandten Kardinallegaten zu ähnlichen Vereinbarungen. Daß sich Waldes und seine Jünger für rechte Katholiken hielten, geht schon in den Anfängen aus ihrem Kampf gegen die Katharer hervor.[76]

Waldes war von seiner Berufung zum Prediger voll erfüllt und kämpfte sein ganzes Leben für den Predigtanspruch gegen die Hierarchie. Als eine gütliche Einigung nicht zu erreichen war, berief er sich auf seinen Gehorsam gegen Christus als den höchsten Bischof und auf seine göttliche Sendung, die keiner Vermittlung bedürfe. Hier wird wie oft im Mittelalter und auch später die schwierige Trennung zwischen Christentum (Charisma) und Kirche

(Institution) sichtbar. Daß als Erbschaft des Investiturstreites die Hierarchie mächtig an Boden gewann, ist genugsam betont worden. So wurde dann oft, ohne näheres Eingehen auf theologische Fragen und Probleme, die Gehorsamspflicht gegenüber der kirchlichen Leitung betont und dieser Gehorsam autoritativ verlangt, im Weigerungsfalle die Exkommunikation verhängt. So erscheinen dann auch die „Pauperes de Lugduno" in der großen Ketzerverurteilung von Papst und Kaiser im Jahre 1194 auf dem Konvent von Verona.[77] Das „theologisch fundierte Rechtsdenken hat die Waldenser aus der römischen Kirche hinausgeführt, wiederum aber nicht mit theologischer Notwendigkeit, sondern wegen des faktischen und geschichtswirksamen Selbstbewußtseins der Hierarchie ... die in der Theologie gegebene Möglichkeit göttlicher Missio und laikaler Predigt hatte hier nicht dieselbe Geschichtsbedeutung wie das theologisch begründete Kirchenrecht und das hierarchische Amtsbewußtsein, das sich darauf stützte".[78] Die für das hohe Mittelalter wichtige Frage der Laienpredigt ist vor kurzem von Rudolf Zerfaß, gerade auch für die Waldenser ausführlich behandelt worden.[79]

Trotz beginnender Verfolgung breitete sich die Waldensergemeinschaft rasch aus, vor allem nach Oberitalien, wo schon einige ähnliche Gruppen der religiösen Bewegung entstanden waren und auch zahlreiche katharische Gemeinden mit eigener Hierarchie existierten.[80] Noch zu Lebzeiten des Waldes gab es in seiner Gemeinschaft Richtungskämpfe, die zum Ausscheiden der italienischen Gruppe aus der bisher geschlossenen Gemeinschaft führten: die „lombardischen Armen". Ein späterer Einigungsversuch auf dem Treffen bei Bergamo im Jahre 1218 zwischen französischen Waldensern und den auf eine gewisse Institutionalisierung bedachten Lombarden konnte den Riß nicht mehr heilen. Und auf der anderen Seite gab es schon früher ein Zurück in die alte katholische Kirche, wie neben anderen Waldensern (Bernhard Prim) der gebildete und durch seinen Kampf gegen die Katharer bekannte Durandus von Osca (‚Liber antiheresis') mit zahlreichen Brüdern im Jahre 1208 in Rom tat: die „Pauperes catholici". So sehr sich Innozenz III. um die Eingliederung neuer religiöser Gruppen (Humiliaten) in das Gefüge der römischen Kirche bemühte, und oft mit Erfolg bemühte, mit den Waldensern kam es zu keiner Einigung mehr. Hier waren vor seinem Pontifikat die Würfel gefallen: Eine in ihren Anfängen rechtgläubige und eifrige Christengemeinschaft wurde aus Unverständnis für ihren Predigtanspruch nicht in die Kirche zurückgeführt; so blieb sie dann für längere Zeit am Rande des religiösen Geschehens des Abendlandes.

Neuere Untersuchungen haben sich ausführlich mit den Waldensern des 14. Jahrhunderts beschäftigt. Daraus wird nun zunächst die große Verbreitung in Mitteleuropa sichtbar.[81] Wichtige Zentren sind Ober- und Niederösterreich, Mittel- und Norddeutschland, während im deutschen Süden und Südwesten die Ausbreitung geringer gewesen sein dürfte. Außerhalb

Süddeutschlands, wo offenbar mehr die Städte bevorzugt wurden, war in Österreich, in Pommern und in der Mark Brandenburg das dörflich-bäuerliche Element vorherrschend. Freilich ist auch für dieses Jahrhundert die Quellenlage dürftig, und unsere Kenntnis stützt sich auf mehr zufällige Überlieferungen von Verhören die allerdings in der zweiten Hälfte des 14. Jahrhunderts und vor allem für Österreich, für Pommern und Brandenburg beachtlicher werden. Allem nach aber muß die Zahl der Verhöre größer gewesen sein.[82] Dabei ist gleich zu bemerken, daß die Inquisitoren im allgemeinen in diesem Bereich milder vorgingen, was ja auch der Sachlage entsprach, da es sich nicht um gefährliche Ketzer handelte. Es sind zahlreiche Fälle überliefert, wo die Angehörigen von Waldensergruppen in üblicher Beteiligung in der alten Kirche verblieben, und dies nicht nur zur Tarnung. Der Unterschied zwischen der sogenannten exoterischen Schicht, den zahlreichen Credentes und den esoterischen Meistern (Magistri) war groß, und da die Meister nur selten die Gemeinden zur Predigt und Beichtabnahme besuchen konnten, blieben die einfachen Gläubigen sich selbst überlassen. Beim Besuch der Gemeinden durch die Magistri lag der Schwerpunkt ihrer seelsorgerlichen Tätigkeit allem Anschein nach mehr auf der Beichte als auf der Predigt.

Hierarchische Gliederung und zentrale Leitung waren wohl nur schwach entwickelt. Die Grundideen blieben freilich mit einigen Akzentverschiebungen: radikaler Biblizismus, Kritik an der reichen Kirche und am Klerus, Ablehnung der katholischen Kirche und ihrer Sakramente als Heilsanstalt, Ablehnung des Eides und – wie bei den meisten mittelalterlichen Sekten – der Heiligenverehrung, der Fürbitte für die Verstorbenen und damit des Fegfeuers, der Pilgerfahrten, des Ablasses, des Weihwassers, des kirchlichen Begräbnisses und auch der kirchlichen Gebäude.[83] Nicht immer sind alle diese Faktoren in gleicher Stärke vorhanden. Aus den zahlreichen Verhören ergibt sich ein buntgefächertes Bild religiöser Vorstellungen, auch unter Beibehaltung katholischer Gebräuche; so war es in Pommern und Brandenburg schwer, die Credentes, also die gewöhnlichen Gläubigen, von der Marienverehrung abzubringen.

Seit der Kontroverse zwischen den sogenannten bürgerlichen und marxistischen Historikern ist die Beurteilung der sozialen Struktur aller mittelalterlichen Häresien und Sekten umstritten. Das gilt auch für die Waldenser des 14. Jahrhunderts, vor allem deswegen, weil in den Quellen nur selten die Berufe angegeben sind. In den österreichischen Waldensergebieten scheinen Kleinbauern und Handwerker zu überwiegen.[84] Nach den Protokollen für Pommern und Brandenburg waren die Verhörten meist Angehörige des unteren Mittelstandes: „Tuchmacher, Wollschläger, Hutmacher, Schneider, Weber und Weberinnen, Garnhersteller, Schuster, Riemenschneider, Firmer, Gerber, Schmiede und Kleinschmiede, Pfennighandwerker, Zimmerleute, Kistenmacher, Wagner, Spiegelmacher, Krüger,

Krämer, Metzger, Fischer, Müller ... und wohl als größte Gruppe Bauern samt ihren Knechten und Mägden",[85] dagegen kaum Kaufleute, städtische Patrizier und Adlige. Ohne sozialrevolutionäre Erscheinungen ganz auszuschließen, wobei die Kritik an der Kirche auch zu politischen Entladungen führen konnte, war doch offenbar das religiöse Anliegen, die Unzufriedenheit mit der sterilen geistlichen Betreuung durch den Klerus, das treibende Motiv zur Sektenbildung.[86]

Eine neue Lage entstand durch die Ereignisse in Böhmen zu Beginn des 15. Jahrhunderts: die hussitische Bewegung mit ihrem politisch-revolutionären, nach dem Westen ausgreifenden Elan.[87] Die Verbindung waldensischer Gemeinden in Österreich, der Mark Brandenburg und in Pommern wurden intensiver und fanden einen sichtbaren Ausdruck in der Person des unermüdlichen waldensisch-taboritischen, im Jahre 1458 in Straßburg verbrannten Bischofs Friedrich Reiser, der sich „Friedericus Dei gratia episcopus fidelium in Romana ecclesia, donationem Constantini spernentium" nannte. Nach der Mitte und in der zweiten Hälfte des Jahrhunderts flohen viele märkisch-pommersche, überhaupt mitteleuropäische Waldenser vor landesherrlichen Zugriffen nach Böhmen und Mähren und vereinigten sich mit den „Böhmischen Brüdern". Übereinstimmungen und Verschiedenheiten in Lehre, Kult und Verfassung sind nicht immer leicht festzustellen.[88]

Poenitentes und Disciplinati

Büßer, ob gezwungen oder freiwillig, hat es im Altertum und im frühen und hohen Mittelalter immer gegeben. Für das 12. und 13. Jahrhundert berichten viele Quellen von losen Zusammenschlüssen büßender Laien, ohne daß aber daraus Orden entstanden sind.[89] Bei den vielen frühen Gründungen handelt es sich vorwiegend um laikale Initiativen, und so kam es oft zu Konflikten mit den kirchlichen Autoritäten, welche im Laufe der Zeit Aufsicht (Visitation) erstrebten und meistens auch erreichten. Im Prozeß der Verbürgerlichung (Verstaatlichung) religiös-caritativer Aufgaben nahmen die Bruderschaften besonders in Italien eine bedeutende Stellung ein. Weil Franziskus von Assisi nach seiner Berufung und Bekehrung Buße zu tun begann (poenitentiam facere) hielt man längere Zeit ihn für den Gründer eines Büßerordens, und so ist bis heute das Verhältnis des eigentlichen Franziskanerordens zum sogenannten Dritten Orden schwierig zu erklären; es scheint sich aber um ein Nebeneinander zu handeln.[90] Ohne eine strenge Organisation waren solche Bußbrüderschaften in Spitälern tätig, standen hinsichtlich der geistlichen Betreuung in naher Beziehung zu Augustinern, Dominikanern und Franziskanern, trugen auch je nach Ausrichtung graue oder schwarze Mäntel aus einfachen Stoffen. Weibliche Poenitenten schlossen sich oft in eigenen Häusern zusammen und hatten so große Ähnlichkeit mit den Beginen jenseits der Alpen.

Unter Disciplinati sind besonders die Geißlerbruderschaften (Flagellanten, Battuti) zu verstehen. Ihnen hat sich in jüngster Zeit das Interesse der Forschung mit großem Eifer zugewandt, vor allem durch die Gründung des „Centro di documentazione sul movimento dei Disciplinati" in Perugia.[91] Um es gleich zu sagen: nicht immer sind Flagellanten und andere Bruderschaften leicht auseinander zu halten.

Gewiß war die Selbstgeißelung schon älter und wurde oft im Kreise der Eremiten geübt, auch in den vielen Büßergruppen, vor allem in Italien. Jetzt trat sie mehr in die Öffentlichkeit, veranlaßt durch die schwierige politische Lage in Mittelitalien nach dem Sturz der staufischen Herrschaft und dem Gegensatz zwischen Guelfen und Ghibellinen. Ob das durch Joachim von Fiore bedeutsame Jahr 1260 einen Anstoß gab, ist unklar und umstritten.[92] Der lokale Anlaß zu Perugia scheint in der Person des im Jahre 1260 schon einige Zeit als eine Art Einsiedler lebenden Bürgers Rainer Fasoni zu liegen. Jedenfalls begann im Herbst 1260 eine fast die ganze Stadtbürgerschaft erfassende Welle der Einkehr und Buße, die sich vor allem in Prozessionen mit Geißelung, Kirchenbesuch und Gesängen (Laudi) äußerte und bald auch auf ganz Mittelitalien übergriff. Ob sich diese Form der Bewegung auch auf das Gebiet nördlich der Alpen ausdehnte, ist nicht sicher auszumachen. Der ursprüngliche Eifer der herumziehenden Scharen nahm wie oft bald feste Formen an in Bruderschaften, die weit bis in die Neuzeit bestanden und neben einfachem Christenleben besonders caritative Tätigkeiten ausübten, während die Geißelung zurücktrat. Das 16. Jahrhundert sah eine mächtige Wiederbelebung dieser Bruderschaften, besonders an den Grenzen gegen die Neuerung, im Piemont, der Lombardei und Venetien. Waren die Anfänge noch stark vom Begriff der apostolischen Armut geprägt, so verlor allmählich im Zuge der allgemeinen sozialen Entwicklung diese Haltung an Bedeutung, und wie andere Bruderschaften erwarben auch diese zahlreiche Immobilien.[93]

Das große Pestjahr 1349 und das Jahr 1350 als heiliges Jahr sahen wieder Geißlerfahrten und viele andere Bußprozessionen, die vor allem durch die Anrufung Marias und ihre Fürbitte die Abwendung der großen Übel zu erreichen hofften.[94] Der Ursprung der wieder auflebenden Geißlerprozessionen (von Ungarn her?) ist nicht eindeutig festzulegen; erfaßt wurden vor allem die mitteldeutschen Landschaften, die Niederlande und Flandern, während sowohl das avignonesische Papsttum als auch die königliche Regierung das Übergreifen auf französisches Gebiet verboten.[95] Hier zeichnet sich ein deutlicher Unterschied ab: Diese Bewegungen, vorwiegend von Laien getragen, nahmen oft eine antihierarchische und antiklerikale Haltung ein. Dagegen war man im mitteleuropäischen Raum ziemlich machtlos, während im bildungsmäßig überlegenen Westen die staatlichen und kirchlichen Autoritäten, allen voran die Universität Paris, diese plebeischen und teilweise wilden Formen kirchlicher Betätigung mit Verachtung straften.

Eine neue Welle von Geißlerzügen und ähnlichen Bußprozessionen, ausgelöst durch die allgemeine Unsicherheit im Großen Schisma, gab es an der Wende vom 14. und 15. Jahrhundert. So zog Vincenz Ferrer, der große katalanische Prediger, begleitet von zahlreichen Geißlergruppen um das Jahr 1400 von Aragón über Südfrankreich nach der Riviera; seine feurige Bußpredigt vom Kommen des Antichrist fand immer mehr Zulauf und erhitzte die eschatologisch-apokalyptische Unruhe und Spannung der Massen.[96] In Oberitalien, vor allem in Genua und Umgebung, aber auch bis in die Toskana, waren es 1399 die „Bianchi" (nach ihrer weißen Kleidung so benannt), die als wilde Scharen mit ihrer primitiven Wundersucht viele Städte und Territorien belästigten und deswegen oft abgewiesen wurden.[97]

Während es im späten Mittelalter zwar auch sozial bedingte lokale Aufstände gab, kann man nach Ansicht von Frantisek Graus von größeren Ketzergruppen, anders als im hohen Mittelalter, erst wieder zu Beginn des 15. Jahrhunderts bei der böhmischen Revolution der Hussiten reden.[98] Den gefährlichen theoretischen Angriffen etwa von Ockham, Marsilius, Wyclif und Hus entsprach eher eine antiklerikale Haltung der ländlichen Bevölkerung gegen den materiall vor allem besser gestellten städtischen Klerus, und dies äußerte sich in latenter Pfaffenfeindlichkeit, religiösem Synkretismus und Interesselosigkeit in Sachen des Glaubens, was wiederum zu Angriffen gegen die Institution der benefizialen Kirche führte.[99]

Die Inquisition

In den letzten Jahren ist die frühere, oft vehemente und nicht durch hinreichende Quellenstudien belegte Verurteilung der Inquisition einer ruhigeren Beurteilung gewichen.[100] Es bleibt aber aus der Sicht der christlichen Botschaft noch genug des Schrecklichen mit ihr verbunden, und mit Recht nannte Selge „die Ketzerverfolgung eine der beunruhigsten Erscheinungen der Kirchengeschichte".[101] Um es gleich zu sagen, der übliche Hinweis auf die meist aus politischen Gründen arbeitende staatliche Inquisition kann vor christlicher Verantwortung nicht als Entschuldigung gelten.

Wichtige Aufschlüsse über Entstehung und Funktion der verschiedenen Formen kirchlicher und staatlicher Inquisition werden vor allem einer genaueren Prüfung und Wertung bisher bekannter oder neu erschlossener Quellen sowie den Untersuchungen über die rechtliche Basis verdankt. Alle bisherigen Arbeiten überragt in dieser Hinsicht die gründliche Studie von Maissonneuve, die zunächst den Weg des römischen Rechtes von den christlichen Kaisern der Antike bis zu den Kanonisten des frühen und hohen Mittelalters verfolgt und für die rechtliche Entwicklung grundlegend ist.[102] Gewiß war es immer die Aufgabe der Bischöfe, über die Reinheit des Glaubens zu wachen und das Eindringen unchristlicher, primitiver und magischer Vorstellungen zurückzuweisen. Seit dem Aufkommen häretischer Anschauungen um die Jahrtausendwende gab es sehr verschiedene Ansichten über deren Bekämpfung, wobei der Episkopat meistens eine tolerante Haltung einnahm, sich auf das Wort vom „Wachsenlassen des Unkrautes bis zur Ernte" berief und durch Belehrung dem Unheil steuern wollte. Dagegen waren es oft fanatische Massen, die wegen Störung des Gemeinwesens mit Gewalt gegen der Häresie Verdächtige vorgingen. Erst als dieses Wachsenlassen gefährliche Formen annahm, griffen auch die Bischöfe schärfer zu, behandelten sie die Abwehr auf zahlreichen Synoden und wandten sich an die Kurie um Hilfe, freilich oft zu spät, wie die rasche Ausbreitung der katharischen Häresie im Süden Frankreichs deutlich zeigt.[103]

Entscheidend für die Entwicklung der Ketzerverfolgung zu einer kirchlichen Institution scheint der Pontifikat Alexanders III. (1159–1181) mit den Beschlüssen des 3. Laterankonzils (1179) zu sein, dem bald auf dem sogenannten Konvent von Verona (1184) im Zusammenwirken von Kaiser Barbarossa und Papst Lucius III. das berühmte Edikt ‚Ad obolendam' folgte.[104] In diesen Jahren vollzog sich der Übergang von der bisherigen milden Praxis des Zuredens und der Diskussion zur gewaltsamen Unterdrückung. Aber das Schwanken im Vorgehen gegen Ketzer und ihre Beschützer dauerte noch längere Zeit an; so auch bei den ersten Maßnahmen Innozenz' III., wie sie in der Dekretale ‚Vergentis in senium' (1199) mit dem Vermögenseinzug als Bestrafung von Häretikern und ihren Förderern sichtbar werden.[105] Mit Recht bringt man die Wandlung zum Aufspüren und gewaltsamen Vorgehen gegen „Andersgläubige" mit dem Aufstieg der päpstlichen Macht in Verbindung, und es gilt nicht als zufällig, daß diese Wandlung mit der fortschreitenden Verrechtlichung der kirchlichen Leitung, besonders unter den drei Juristenpäpsten Alexander III., Lucius III. und Innozenz III. Hand in Hand geht. Im Kampf gegen die unheimliche Ausbreitung der Häresie in Südfrankreich rief Innozenz III. zum Ketzerkreuzzug auf und beschritt damit einen höchst bedenklichen, für das christliche Weltverständnis gefährlichen Weg.[106] Auf die relativ maßvollen, frühere Edikte zusammenfassenden Beschlüsse des 4. Laterankonzils[107] folgen die Ketzergesetze Kaiser Friedrichs II. und die entsprechenden Erlasse Gregors IX., der als Begründer der päpstlichen Inquisition angesehen wird. Mit Innozenz IV. ist diese Entwicklung im wesentlichen abgeschlossen.[108]

Über die Arbeitsweise der Inquisition und der Inquisitoren gibt eine Reihe von neueren Studien Auskunft. Ihnen ist zunächst eine gewisse Unsicherheit des Vorgehens und das Bemühen um Weisungen zu entnehmen.

Aufgrund der im 13. Jahrhundert entstehenden zahlreichen Inquisitoren-Handbücher läßt sich eine weitverbreitete typische Praxis erkennen,[109] die frühesten Handbücher stammen verständlicherweise aus Frankreich, und sie haben für lange Zeit das Frageschema und damit die Verhörsprotokolle beeinflußt.[110]

Durch die Entwicklung zum päpstlichen Instrument war Mißbrauch der Macht und Gefahr des „Ausuferns" gegeben, weil nämlich die Inquisitoren Ankläger und Richter in einer Person waren, weil es gegen sie keine Berufung gab, weil Denunzianten von Ketzern und Mitarbeiter der Inquisition durch Ablässe ausgezeichnet wurden und die laikalen Gewalten ihre Urteile vollstrecken sollten.

Den Quelleneditionen und Untersuchungen der letzten Jahre ist zu entnehmen, daß die Zahl der im späten Mittelalter von der Inquisition Erfaßten sich auf viele Tausende beläuft, wenn auch die Urteile relativ maßvoll ausgefallen sein dürften.[111]

Über die verhängten Strafen geben die Formulare der Inquisitoren-Handbücher Auskunft: normale Bußwerke wie Fasten und caritative Auflagen, Wallfahrten nach Santiago de Compostela, Rom, nach Jerusalem und Konstantinopel zur Unterstützung des heiligen Landes und des lateinischen Kaiserreiches,[112] Tragen des Ketzerkreuzes auf der Kleidung, Beschlagnahme des Besitzes. Für schwere Fälle, vor allem für Hartnäckige und Rückfällige: Auspeitschung, Einkerkerung, Übergabe an die weltliche Gewalt zur „animadversio debita", was trotz der formelhaften Bitte um Schonung des Lebens meist den Feuertod bedeutete. Über die Zahl der zum Scheiterhaufen Verurteilten und Hingerichteten gibt es keine genaue Übersicht, und sie müßte aus dem nunmehr sehr erweiterten Quellenmaterial sorgfältig erhoben werden; jedenfalls ist gegen die Katharer im Süden Frankreichs und in Oberitalien mit Härte vorgegangen worden, und auch einige Inquisitoren, wie der berüchtigte Konrad von Marburg († 1233), brachten durch ihre unmenschliche Strenge die Inquisition in Verruf und förderten den offenen Widerstand.

Die Inquisition als päpstliche Institution gewann an Bedeutung durch den Aufstieg und den Ausbau der päpstlichen Macht in der Struktur der mittelalterlichen Kirche. So konnten auch gegen die Mitte des 13. Jahrhunderts die neuen zentral geleiteten Bettelorden in ihren Dienst gestellt werden. Zunächst Dominikaner und dann auch – jedenfalls nicht im Geiste des hl. Franziskus von Assisi – seine Ordensbrüder. Man findet sie, den Intentionen des Heiligen nicht entsprechend, an vielen Stellen und nicht immer im Sinne ihres Stifters tätig.[113] Seit den Bemühungen Innozenz' III. um die Festigung der päpstlichen Herrschaft im Kirchenstaat bot sich die Inquisition das ganze 13. Jahrhundert hindurch und auch noch im 14. Jahrhundert als ein sehr brauchbares Hilfsmittel an: im Kampf Gregors IX. und Innozenz' IV. gegen Kaiser Friedrich II., in den- Auseinandersetzungen der Parteien, oft Ghibellinen und Guelfen genannt, um die Stadtherrschaft, besonders in wichtigen Städten und Festungen des Kirchenstaates wie Orvieto und Viterbo, bei denen häretische und gegen die Kurie erbitterte Gruppen oft eine nicht unbedeutende Rolle spielten.[114] Die kuriale Politik im Kirchenstaat und die italienische und europäische Politik führte auch und besonders im 14. Jahrhundert zu mißbräuchlichem Einsatz der Inquisition und zur häufigen und religiös ungerechtfertigten Verhängung von kirchlichen Strafen wie Exkommunikation und Interdikt. Es genüge hier ein Hinweis auf Papst Johannes XXII., der in seiner Parteinahme für die französische Politik und für Robert von Neapel zum Schaden des Reiches sich rücksichtslos des Inquisitionsprozesses bediente und viele Länder der „Christianitas“ in religiöse Unsicherheit brachte; dabei galt Ungehorsam gegen die politischen Forderungen des Papstes als Häresie. Das Politische wurde unheilvoll mit wirklicher oder vorgegebener Ketzerbekämpfung vermischt.[115] Ähnlich ist die feindselige Haltung Johannes XXII. und seines Nachfolgers Benedikt XII. gegenüber Ludwig dem Bayern zu erklären.

Schien die päpstliche Inquisition zunächst nur als Notmaßnahme errichtet, so blieb sie weiter in Wirkung und wurde zusehends zu einer Rechtsinstitution eigener und den herkömmlichen Rechtsformen nicht entsprechender Prägung ausgebaut, was die schon bestehende Rechtsunsicherheit nicht minderte. So wird verständlich, daß sich gegenüber der Anmaßung der Inquisitoren, der auch die Bischöfe nicht zu steuern vermochten, der Widerstand vor allem des Weltklerus und der ihre mühsam erworbenen Freiheiten und Sonderrechte verteidigenden städtischen Magistrate mehr und mehr bemerkbar machte und in einigen Fällen zu Gewalttätigkeiten führte.[116] Es zeigt die Inquisition des späten Mittelalters eine höchst beklagenswerte, mit christlicher Toleranz nicht zu vereinbarende Entwicklung, die weitgehend der päpstlichen Kurie anzulasten ist. „Man kann den Päpsten des ausgehenden zwölften Jahrhunderts nicht absprechen, daß sie auf der Grundlage eines juristischen Kirchenbegriffes den beiden Prinzipien (caritas und potestas) Rechnung zu tragen gewillt waren. Dennoch überwog schließlich in der Konfrontation mit den Ketzereien die potestas. Der Erfolg einer rein juristisch ausgerichteten Ekklesiologie und der hierokratischen Doktrin tragen einen großen Teil der Verantwortung dafür. Die Entwicklung war nicht unvermeidlich. Aber wer sich zuviel von rein juristischen Lösungen erhofft, muß wohl meist auf den Geist der caritas verzichten.“[117] Zur Verteidigung der Inquisition wird gelegentlich gesagt, daß ohne sie die katholische Kirche in der damaligen Form untergegangen wäre. Aber da die Form der mittelalterlichen Kirche nur *eine* der Möglichkeiten der Darstellung des Christentums ist, wäre vielleicht eine andere, nicht auf Besitz gegründete Kirche ohne die bisherige politische Macht entstanden.

Schluß

Hier wurde das mittelalterliche Christentum in der mächtigen Organisation der Kirche betrachtet. Es hat sich wohl ergeben, daß im Rahmen der Kirchenverfassung die römische Kurie und das Papsttum oft im Mittelpunkt standen und den Anspruch darauf auch häufig und nachhaltig formulierten. Obwohl dieses Selbstverständnis weitgehend auf Behauptungen aufgebaut ist und diese im Mittelalter als solche oft zurückgewiesen wurden, haben sich diese Behauptungen in der Enge der katholischen Kirche der Neuzeit erhalten. Man denke nur an das Wort Papst Pius XII. in einer Ansprache an römische Seminaristen: „(Papa) in ipso vobis Christus praesens est"; oder an die neulich in einer Ansprache an die Bischofssynode von Papst Paul VI. gebrauchte Wendung: „Ipse vero Romanus Pontifex, quamquam a Christo plenitudinem potestatis accepit".

Demgegenüber gibt die geschichtliche Erscheinung des Papsttums und des Kirchenstaates keinen Anlaß zur späteren Hochstilisierung. Im Gegenteil; die geschichtlichen Tatsachen im frühen und hohen Mittelalter und besonders im Großen Schisma offenbaren die Schwäche der Institution und die Papstreihe kann nur eine beschränkte Legitimation aufweisen. Von der Geschichte her gesehen bietet die hierarchisch-benefiziale Kirche ein ungenügendes, ja armseliges Bild, gemessen am Reichtum der Formen und Ideen des Mittelalters.

Die Versuche, aus der Überlieferung ein verpflichtendes System (Lex fundamentalis) zu erheben, müssen scheitern. Nach dem geschichtlichen Befund konnte es so oder auch anders sein. Von den vielen Möglichkeiten des frühen Christentums ist nur Weniges geblieben, und dieses wurde bei aller Relativität als das wahre Christentum ausgegeben. Man wird Tierney zustimmen müssen, daß das Papsttum „nur *ein* mögliches Modell der petrinischen Autorität in der Kirche" ist, und kann noch hinzufügen, auch nicht das optimale. Dem ernsthaften Betrachter bleibt die Feststellung überlassen, ob sich diese Dinge in der Neuzeit verbessert oder verschlechtert haben.

Anmerkungen

Einleitung

1 E. Göller, Die Periodisierung der Kirchengeschichte und die epochale Stellung des Mittelalters zwischen dem christlichen Altertum und der Neuzeit. Freiburger Rektoratsrede, Freiburg/Br. 1919. – G. Falco, La polemica sul Medioevo, Torino 1933, Neudruck, Napoli 1977. – Ders., Albori d'Europa. Pagine di storia medievale, Roma 1947, Neudruck, Napoli 1977. – Zur Frage der Periodengrenze zwischen Altertum und Mittelalter (hg.) von P. E. Hübinger (Wege der Forschung LI) Darmstadt 1959. – Il passagio dall'antichità al medioevo in occidente 6–12 aprile 1961 (Settimane di studio del centro italiano di studi sull'alto medioevo IX) Spoleto 1962; darin besonders S. 13–37: E. Sestan, Tardo antico e alto medievale. Difficoltà di una periodizzazione. – Bedeutung und Rolle des Islam beim Übergang vom Altertum zum Mittelalter (hg.) von P. E. Hübinger (Wege der Forschung CCII) Darmstadt 1968. – Kulturbruch oder Kulturkontinuität im Übergang von der Antike zum Mittelalter (hg.) von P. E. Hübinger (Wege der Forschung CCI), Darmstadt 1968. – R. Morghen, Il Medioevo nella storiografia del Età moderna, in: Nuove questioni di storia medioevale, Milano 1969, 1–36. – J. Voss, Das Mittelalter im historischen Denken Frankreichs. Untersuchungen zur Geschichte des Mittelalterbegriffes und der Mittelalterbewertung von der 2. Hälfte des 16. bis zur Mitte des 19. Jahrhunderts (Veröffentlichungen des histor. Instituts der Universität Mannheim 3) München 1972; die Einleitung gibt eine sehr gute Übersicht zum Mittelalterbegriff. – H. Zimmermann, „De medii aevi barbarie" – ein alter Gelehrtenstreit, in: Geschichtsschreibung und geistiges Leben im Mittelalter. Festschrift H. Löwe, Köln/Wien 1978, 650–670. – L. Gatto, Viaggio intorno al concetto di Medioevo, Roma 1977.

2 Saeculum 1, 1950, 433–465; dann in: Hübinger, Zur Frage der Periodengrenze 206–238, zuletzt in Germanentum und Spätantike, Zürich–Stuttgart 1965, 275–308, stark verändert und weitergeführt.

3 I. Mieck, Periodisierung und Terminologie der frühen Neuzeit. Zur Diskussion der beiden letzten Jahrzehnte, in: Geschichtswissenschaft und Unterricht 19, 1968, 357–373. – Handbuch der europäischen Geschichte (hg.) von Th. Schieder, Bd. 3. Die Entstehung des neuzeitlichen Europa (hg.) von J. Engel, 1971.

4 R. W. Southern, Kirche und Gesellschaft im Abendland des Mittelalters, Berlin–New York 1976, 350: Die Gewohnheit, Kirchengeschichte von weltlicher Geschichte zu trennen, hat dazu geführt, alles Kirchliche ätherischer zu sehen, als es wirklich war. Nur wenn man Kirchengeschichte als einen Aspekt weltlicher Geschichte betrachtet, kann man beginnen, die Grenzen ebenso wie die Möglichkeiten der Kirche im Mittelalter zu verstehen, und man erkennt den Abstand, den die Kirche des Mittelalters von jener der Neuzeit trennt.

5 Concetto, storia, miti e imagini del Medio Evo (Civiltà europea e civiltà Veneziana. Aspetti e Problemi 7), (hg.) von V. Branca, Firenze 1973; besonders 51–89: R. Manselli, Il Medioevo come „Christianitas": una scoperta romantica. – P. Brezzi, Medio Evo „cristiano" e sociologia religiosa, in: Studi sul Medioevo cristiano offerti a Raffaello Morghen (Istituto storico italiano per il Medio Evo, studi storici fasc. 83–87), I, Roma 1974, 233–250: die Heranziehung der religiösen Soziologie bietet ein etwas anderes, vielleicht besseres und genaueres Bild des Mittelalters.

6 Die Sedisvakanzen dauerten: Zwischen Coelestin IV. und Innozenz IV. zwanzig Monate; zwischen Klemens IV. und Gregor X. zwei Jahre und neun Monate; zwischen Honorius IV. und Nikolaus IV. dreizehn Monate; zwischen Nikolaus IV. und Coelestin V. zwei Jahre und drei Monate.

I. Die Kirchenverfassung in der politischen Entwicklung vom Ende der Spätantike bis zur Mitte des 15. Jahrhunderts

1 Handbuch der europäischen Geschichte, Band 1: Europa im Wandel von der Antike zum Mittelalter (hg.) von Th. Schieffer. Stuttgart, 1976. Die kirchliche Entwicklung ist bis zur Mitte des 11. Jahrhunderts geschildert; die für die Kirchengeschichte wichtigen Abschnitte sind fast alle von Th. Schieffer bearbeitet. Einzelnes: S. 313–322: Die Reichskirche des 6. Jahrhunderts; S. 371–396: Das byzantinisch-langobardische Italien (568–751); S. 504–526: Reichskirche und Landeskirchen des 7. Jahrhunderts; S. 527–632: Das Karolingerreich; S. 1034–1067: Die abendländische Kirche des nachkarolingischen Zeitalters (Rechtsordnung und geistiges Leben, alte und neue Landeskirchen, Reformbewegungen). – Für den Übergang vom christlichen Altertum zum Frühmittelalter: C. Andresen, Die Kirchen der alten Christenheit, Stuttgart, 1971, besonders S. 523–607: Die römisch-katholische Kirche.

2 R. Schieffer, Das 5. ökumenische Konzil in kanonistischer Überlieferung, in: ZSavRG Kan.Abt. 59, 1973, 1–34. – G. Schwaiger, Päpstlicher Primat und Autorität der allgemeinen Konzilien im Spiegel der Geschichte. München–Paderborn–Wien, 1977, 50–57. – E. Zettel, Die Bestätigung des 5. allgemeinen Konzils durch Papst Vigilius. Untersuchungen über die Echtheit der Briefe Scandala und Aetius (JK. 936, 937). Bonn 1974.

3 G. Kreuzer, Die Honoriusfrage im Mittelalter und in der Neuzeit. (Päpste und Papsttum 8). Stuttgart 1975. – G. Schwaiger, Die Honoriusfrage. Zu einer neuen Untersuchung des alten Falles, in: ZKG 88, 1977, 85–97; ders. Päpstlicher Primat (s. Anm. 2) 58–72.

4 Für die Beziehungen in den folgenden Jahrhunderten wichtig: La chiesa greca in Italia dall'VIII al XVI secolo. Atti del convegno storico interecclesiale. Padova, 1972–1973; daraus zu nennen: S. 135–151. – O. Bertolini, Dal VI al VII concilio ecumenico: Problemi giurisdizionali e riflessi politici in Italia delle controversie dottrinali.

5 I Problemi dell'occidente nel secolo VIII 6–12 aprile 1972 (Settimane di studi del centro italiano di studi sull'alto medioevo XX) Spoleto 1973.

6 J. Haller, Die Quellen zur Geschichte der Entstehung des Kirchenstaates, Leipzig und Berlin, 1907. – H. Fuhrmann, Quellen zur Entstehung des Kirchenstaates

(Historische Texte/Mittelalter 7) Göttingen 1968. – O. Bertolini, Roma di fronte a Bisanzio e ai Langobardi, Bologna 1941. – Ders., Le origini del potere temporale e del dominio temporale dei Papi, in: I Problemi (vor. Anm.) 231–255 und Discussione 319–325. – E. Caspar, Geschichte des Papsttums 2, Tübingen 1933, 514–739; ders., Das Papsttum unter fränkischer Herrschaft, Darmstadt 1956, 7–17. – G. Tellenbach, Italia nell'occidente cristiano nel fluire del secolo VIII, in: I. Problemi (vor. Anm.) 383–411.

7 E. Caspar, Gesch. des Papsttums 2, 732: (Diese neuen Offiziösen) „bedienten sich dabei der Ausdrucksformen ihrer Zeit und ihres geistlichen Standes, indem sie politische Dinge und Vorgänge, das höchst gewagte und gefährliche päpstliche Spiel, zwischen Reichsuntertanenschaft, langobardischem Landesfeind und fränkischem Schutz hindurchzusteuern, mit dem erbaulichen Dämmer biblischer Sprache, das die scharfen Umrisse verwischte, umgaben. Man muß diese Berichte mit erhöhter Vorsicht lesen".

8 Caspar, Gesch. des Papsttums 2, 740: „Über den vierziger Jahren des achten Jahrhunderts lag die bleierne und beängstigende Ruhe eines Gewitterhimmels kurz vor dem Losbrechen eines Sturms, der die letzten Notbauten der ersten germanischen Staatengründungsepoche um das Mittelmeer hinwegfegen sollte. Das neue Europa der mittelalterlichen Jahrhunderte begann Gestalt zu gewinnen. An seiner Wiege aber standen wachen Geistes die Lenker der römischen Kirche und schufen dem Stuhle Petri beim Aufbau der neuen Welt eine Grundlage, auf welcher er schließlich zum Thron der Weltherrschaft erhöht wurde."

9 W. H. Fritze, Papst und Frankenkönig. Studien zu den päpstlich-fränkischen Rechtsbeziehungen von 754 bis 825 (Vorträge und Forschungen, Sonderband 10) Sigmaringen 1973. – J. Jarnut, Quierzy und Rom. Bemerkungen zu den „Promissiones Donationis" Pippins und Karls, in: HZ 220, 1975, 265–297. – A. M. Drabek, Die Verträge der fränkischen und deutschen Herrscher mit dem Papsttum von 754 bis 1020 (Veröffentlichungen des Instituts für österr. Geschichtsforschung XXII) Wien–Köln–Graz 1976.

10 K. Schmid, Zur Ablösung der Langobardenherrschaft durch die Franken, in: QF 52, 1972, 1–36.

11 Großer hist. Weltatlas II, Das Mittelalter (hg.) von J. Engel, München 1970, Karte 88b.

12 H. Fuhrmann, Das Constitutum Constantini (Konstantinische Schenkung) Text (MGH. Fontes iuris Germanici antiqui in usum scholarum, Hannover 1968) mit Übersicht über die handschriftliche Überlieferung, ausführlicher Literatur und Handschriftenverzeichnis; ders., Konstantinische Schenkung und abendländisches Kaisertum. Ein Beitrag zur Überlieferungsgeschichte des Constitutum Constantini, in: DA 22, 1966, 63–178; ders., Das frühmittelalterliche Papsttum und die Konstantinische Schenkung. Meditation über ein unausgeführtes Thema, in: I Problemi (s. Anm. 5) 257–292, wenig verändert: Constitutum Constantini und pseudoisidorische Dekretalen. Der Weg der Konstantinischen Schenkung zu ihrer Wirksamkeit, in: Einfluß und Verbreitung der pseudoisidorischen Fälschungen 2, Stuttgart 1973, 354–407, mit ausführlicher Literatur. – J. Petersmann, Die kanonistische Überlieferung des Constitutum Constantini bis zum Dekret Gratians, in: DA 30, 1974, 356–449.

13 Die neueste Arbeit zur Konstantinischen Schenkung: W. Setz, Lorenzo Vallas Schrift gegen die Konstantinische Schenkung De falso credita et ementita Constantini donatione. Zur Interpretation und Wirkungsgeschichte (Bibliothek des Deutschen historischen Instituts in Rom XLIV) Tübingen 1975, entfernt sich von der bisher oft vertretenen Meinung, es handle sich „um eine politisch motivierte, antikirchliche Streitschrift zur Unterstützung König Alfonsos V. von Neapel in seinem Kampf gegen Papst Eugen IV." und sieht im Konzil von Florenz das auslösende Moment für die Abfassung der Schrift. Die vor allem unter konfessionellen Gesichtspunkten intensive Beschäftigung mit der „Donatio" durch die Jahrhunderte wird ausführlich dargestellt; ein Anhang bringt den Text des Constitutum Constantini.

14 Fuhrmann, Das frühmittelalterliche Papsttum (s. Anm. 12), 286: „Nimmt man alles in allem, so ist kaum spürbar, daß das Papsttum seine politischen Handlungen auf die Basis des Constitutum Constantini gestellt hat". 291: „In einer Umgebung, in welcher die Kaiserliche Nachfolgerolle des Papstes in Rom als selbstverständlich erschien, konnte das schriftliche Constitutum eine bereits gehegte Grundauffassung nur bekräftigen."

15 Fuhrmann, ebenda 287: Man möge auch den Charakter der Konstantinischen Schenkung bedenken. Das „Privileg für die römische Kirche", wie es in späterer Überlieferung manchmal hieß, ist „vom Umfang her ebenso ungeheuerlich wie vom Inhalt"; 288: Das letzte Drittel des Constitutum Constantini konzediert entweder Dinge, die dem Papst niemand streitig machte oder die in ihren Dimensionen kaum beansprucht werden konnten.

16 P. De Leo, Ricerche sui falsi medioevali I. Il Constitutum Constantini: compilazione agiografica del sec. VIII. Note e documenti per una nuova lettura (Università degli studi della Calabria, Studi e documenti 1) Reggio Calabria 1974; – R.-J. Loenertz, „Constitutum Constantini", destination, destinataires, auteur, date, in: Aevum 48, 1974, 199–245. – ders., En marge du Constitutum Constantini. Contribution à l'histoire du texte, in: Revue des sciences philosophiques et theologiques 59, 1975, 289–294. – ders., Constitutum Constantini et la basilique du Latran, in: Byzantin. Zs. 69, 1976, 406–410.

17 N. Huyghebaert, La Donation de Constantin ramenée à ses véritables dimensions. A propos de deux publications récentes, in: RHE 71, 1976, 45–69.

18 H. Fuhrmann, Einfluß und Verbreitung der pseudoisidorischen Fälschungen von ihrem Auftauchen bis in die neuere Zeit (Schriften der MGH XXIV/1–3 Stuttgart 1972–74; ausführl. Bespr. in ZKG 87, 1976 (C. Brühl).

19 Setz, Lorenzo Valles Schrift (Anm. 13) 30ff.

20 Karl der Große 1965; der Katalog der Ausstellung in Aachen 1965 ist sehr ausführlich besprochen in Studi medievali, 3. Serie 7, 1966, 933–958 (C. Bertelli). – P. Classen, Karl der Große, das Papsttum und Byzanz. Düsseldorf 1968 (erweiterte Ausgabe aus Karl der Große 1). – G. Wolf, Zum Kaisertum Karls des Großen. Beiträge und Aufsätze. (Wege der Forschung 38) Darmstadt 1972. – K. Hauck, Karl der Große in seinem Jahrhundert, in: Frühmittelalterliche Studien 9, 1975, 202–214.

21 H. Büttner, Mission und Kirchenorganisation des Frankenreiches bis zum Tode Karls des Großen, in: Karl der Große 454–487.

22 Dazu die neue Arbeit K. J. Benz, „Cum ab oratione surgeret". Überlegungen zur Kaiserkrönung Karls des Großen, in: DA 31, 1975, 337–369.

23 H. Zimmermann, Imperatores Italiae, in: Historische Forschungen für W. Schlesinger (hg.) von H. Beumann. Köln–Wien 1974, 379–399.

24 H. Zimmermann, Das dunkle Jahrhundert. Ein historisches Porträt. Graz–Wien–Köln 1971, 76f.: „Die Papstgeschichte tritt in den Hintergrund. Die nach Johannes X. regierenden Päpste waren kaum mehr als Marionetten, ihre Pontifikate gewöhnlich nur kurz und ohne größere Bedeutung. Das gilt für die Herrschaftsperiode Alberichs ebenso wie für die Jahre vorher". – R. Manselli, Il papato e l'Italia meridionale: da Giovanni VIII ai Normanni, in: Studi Romani 21, 1973, 306–313.

25 J. Fleckenstein, Otto der Große in seinem Jahrhundert, in: Frühmittelalterliche Studien 9, 1975, 153–267. – Otto der Große (hg.) von H. Zimmermann (Wege der Forschung 450). Darmstadt 1976.

26 K.-J. Herrmann, Das Tuskulanerpapsttum (1012–1046), Stuttgart 1973. Er verweist auf Reformbeschlüsse auf Synoden in Ravenna (1014) und in Pavia (1022), 133–150: Mönchtum und Reform.

27 K. A. Fink, Bespr. von A. Mercati, Serie dei Sommi Pontefici Romani, Annuario Pontificio per l'anno 1947, in: Theol. Quartalschrift 127, 1947, 431–434; dort auch die Stelle aus Mirbt, Quellen [3]1911, 462.

28 K. A. Fink, Zum Thema: Papstabsetzungen im Mittelalter, in: Theol. Quartalschrift, 149, 1969, 185–188.

29 J. Wollasch, Die Wahl des Papstes Nikolaus II., in: Adel und Kirche, 205–220; auch in: Il monachesimo e la riforma ecclesiastica (1049–1122) (Atti della quarta settimana internazionale di studio Mendola, 23–29 agosto 1968) Miscellanea del centro di studi medioevali VI, Milano 1971, 54–73. – D. Hägermann, Untersuchungen zum Papstwahldekret von 1059. I.: Das Papstwahldekret und die Wahl Nikolaus II.; II.: Die verfälschte Fassung des Papstwahldekrets, in: ZSavRG KanAbt 56, 1970, 157–193; ders., Zur Vorgeschichte des Pontifikates Nikolaus II., in: ZKG 81, 1970, 352–361. – W. Stürner, Das Papstwahldekret und die Wahl Nikolaus II., in: ZSavRG 59, 1973, 417–419.

30 W. Goez, Papa qui et episcopus. Zum Selbstverständnis des Reformpapsttums im 11. Jahrhundert, in: AHP, 1970, 27–59.

31 Goez 59.

32 H.-G. Krause, Das Papstwahldekret von 1059 und seine Rolle im Investiturstreit, in: Studi Gregoriani 7, 1960; über die Aufnahme der Arbeit von Krause vgl. W. Stürner, Der Königsparagraph im Papstwahldekret von 1059, in: Studi Gregoriani 9, 1972, 39–44.

33 W. Stürner, „Salvo debito honore et reverentia". Der Königsparagraph im Papstwahldekret von 1059, in: ZSavRG KanAbt 54, 1968, 1–56; dazu H. Grundmann, eine neue Interpretation des Papstwahldekretes von 1059, in: DA 25, 1969, 234–236; ders., Der Königsparagraph im Papstwahldekret von 1059, in: Studi Gregoriani 9, 1972, 37–52; ders., Das Papstwahldekret von 1059 und die Wahl Nikolaus II., in: ZSavRG KanAbt59, 1973, 417–419. – H. Vollrath, Kaisertum und Patriziat in den Anfängen des Investiturstreites, in ZKG 85, 1974, 11–44.

34 MGH Leg. sect. IV. Constitutiones 1, 540 nr. 382 (auch bei Bernheim, Quellen

zur Geschichte des Investitutrstreites I, Leipzig und Berlin 1913, 13: Salvo debito honore et reverentia dilecti filii nostri Henrici, qui in praesentiarum rex habetur et futurus imperator Deo concedente speratur, sicut iam sibi concessimus, et successorum illius, qui ab hac apostolica sede personaliter hoc ius impetraverint, die verfälschte Form, früher kaiserliche Form genannt, bei Bernheim, Quellen 14–17.

35 O. Capitani, Episcopato ed ecclesiologia nell'età Gregoriana, in: Le istituzioni ecclesiastiche della „Societas Christiana" dei secoli XI–XII. Papato, cardinalato ed episcopato (Miscellanea del centro di studi medioevali VII) Milano 1974, 316–373.

36 G. Miccoli, Aspetti del rapporto tra ecclesiologia ed organizzazione ecclesiastica nel primo periodo della riforma Gregoriana, in: Chiesa e riforma nella spiritualità del sec. XI (Convegni del centro di studi sulla spiritualità medievale VI) Todi 1968, 75–116, bes. 112: il momento di passaggio di una chiesa di tipo episcopale ad una chiesa centralizzata romana, und 113: nel momento in cui la chiesa di Roma diveniva un'unica grande diocesi di Roma, cadeva ogni limite di consuetudine, che potesse stacolare l'iniziativa del papa.

37 R. Schieffer, Spirituales latrones. Zu den Hintergründen der Simonieprozesse in Deutschland zwischen 1069 und 1075, in: HJ 92, 1972, 19–60.

38 J. Wollasch, Die Wahl des Papstes Nikolaus II., in: Adel und Kirche, 220.

39 Capitani, Esistè un „età Gregoriana"?. Considerazioni sulle tendenze di una storiografia medievistica, in: RSLR 1, 1965, 454–481. Von der kaum überschaubaren Forschung zum Investiturstreit und Gregor VII. seien nur die folgenden Werke genannt, alle mit reichen Literaturangaben: Studi Gregoriani. Per la storia di Gregorio VII e della riforma Gregoriana, raccolti da G-B. Borino, Roma 1–4, 1947–1952, ausführlich besprochen von P. E. Schramm in Gött. Gel. Anzeigen 207, 1953, 62–140; 5, 1956; 6, 1959–1961, dazu O. Capitani, Impressioni di lettura e note in margine a Studi Gregoriani VI, in: Rivista di storia della chiesa in Italia 18, 1964, 467–494; 7, 1960; H.-G. Krause, Das Papstwahldekret von 1059 und seine Rolle im Investiturstreit; 8, 1970 ist Register für die Bände 1–6; von Band 9, Rom 1972 an neuer Untertitel: Per la storia della „Libertas ecclesiae" und hg. von A. Stickler, O. Bertolini, O. Capitani, H. Fuhrmann, M. Maccarrone, J. J. Ryan. In diesem Band 2–15 ein Nachruf auf Borino (vorher im Dizionario biografico degli Italiani 5, 1970, 787–791 von O. Bertolini; 17–35: O. Capitani, Al di là di una commemorazione (eine kritische Würdigung der Arbeit von Borino unter historiographischem Gesichtspunkt. – Ch. Schneider, Prophetisches Sacerdotium und heilsgeschichtliches Regnum im Dialog 1073–1077. Zur Geschichte Gregors VII. und Heinrich IV (Münstersche Mittelalter-Schriften 9) Münster 1972. – Investiturstreit und Reichsverfassung (Forschungen und Vorträge 17) (hg.) von J. Fleckenstein, Sigmaringen 1973. – G. Miccoli Bibliotheca Sanctorum 7, 1966, 294–379.

40 E. Caspar, Das Register Gregors VII. in: MGH Epp. sel. II/1,2 1920–23, Neudruck 1955. – L. Santifaller, Quellen und Forschungen zum Urkunden- und Kanzleiwesen Papst Gregors VII. I. Teil Quellen: Urkunden. Regesten. Facsimilia (Studi e testi 130) Città del Vaticano 1957.

41 Ph. Jaffé, Gregorii VII Epistolae collectae. Monumenta Gregoriana, in: Bibliotheca rerum Germanicarum 2, Berlin 1865, 520–576. – H. E. J. Cowdrey.

The epistolae vagantes of pope Gregory VII (Oxford Medieval texts) Oxford 1972.

42 G. B. Borino, Note Gregoriane, in: Studi Gregoriani 5, 1956, 390–402 und 6, 1959–61, 363–390, bes. 380 ff. – A. Murray, Pope Gregory VII and his letters, in: Traditio 22, 1966, 149–202, allem nach hat die These von der geringen Korrespondenz des Papstes nicht überzeugt.

43 R. Schieffer, Tomus Gregorii papae. Bemerkungen zur Diskussion um das Register Gregors VII., in: Archiv für Diplomatik 17, 1971, 169–184 mit Lit. – H. Hoffmann, Zum Register und zu den Briefen Papst Gregors VII., in: DA 32, 1976, 86–130.

44 R. Schieffer, Spirituales latrones. Zu den Hintergründen der Simonieprozesse in Deutschland zwischen 1069 und 1075, in: Hist. Jahrbuch 92, 1972, 19–60.

45 H. Zimmermann, Wurde Gregor VII. 1076 in Worms abgesetzt?, in: MIÖG 78, 1970, 122–131. – W. Goez, Zur Erhebung und ersten Absetzung Papst Gregors VII., in: RQ 63, 1968, 117–144. – T. Schmidt, Zu Hildebrands Eid vor Kaiser Heinrich III., in: AHP 11, 1973, 374–386.

46 Canossa als Wende. Ausgewählte Aufsätze zur neueren Forschung (hg.) von H. Kämpf. (Wege der Forschung 12) Darmstadt 1973. – Ch. Schneider (s. Anm. 39) 201–213: Canossa. – R. Schieffer, Von Mailand nach Canossa. Ein Beitrag zur Geschichte der christlichen Herrscherbuße von Theodosius d. Gr. bis zu Heinrich IV., in: DA 28, 1972, 333–370, für Gregor VII. 359 ff. – H. Beumann, Tribur, Rom, Canossa, in: Investiturstreit und Reichsverfassung (s. Anm. 39), 33–60. – E. Hlawitschka, Zwischen Tribur und Canossa, in: HJ 94, 1974, 25–45. – L. L. Ghirardini, L'imperatore a Canossa. Parma ²1965; ders., L'enigma di Canossa, Bologna 1968; ders., Chi ha vinto à Canossa? Bologna 1970. – H. Zimmermann, Der Canossagang von 1077. Wirkungen und Wirklichkeit. (Akademie der Wissenschaften und der Literatur Mainz, Abhandlungen der geistes- und sozialwissenschaftlichen Klasse 1975 Nr. 5) Mainz–Wiesbaden 1975; ausführlich besprochen in: RSCI 30, 1976, 515–539: La riconciliazione di Canossa nella storiografia (G. Fornasari); italienische Übersetzung: Canossa 1077. Storia e attualità, Bologna 1977 (mit Zusätzen in Text und Illustrationen).

47 Z. Zafarana, Sul „conventus" del clero romano nel maggio 1082, in: Studi medievali, 3. Serie 7, 1966, 399–403; dieser Conventus ist keine Gregorianische Synode, sondern eine Versammlung, die die Forderung Gregors ablehnt, die „beni ecclesiastici" zum Kampf gegen Wibert zu verwenden.

48 Über die verschiedenen Fassungen der „letzten Worte", ihre zeitgeschichtliche und propagandistische Bedeutung und vor allem über die Deutung im 19. und 20. Jahrhundert. P. E. Hübinger, Die letzten Worte Papst Gregors VII. (Rheinisch-westfälische Akademie der Wiss. Vorträge G. 185) Opladen 1973.

49 A. Nitschke, Die Wirksamkeit Gottes in der Welt Gregors VII. eine Untersuchung über die religiösen Äußerungen und politischen Handlungen des Papstes, in: Studi Gregoriani 5, 1956, 115–219. – Ch. Schneider (s. Anm. 39).

50 H. M. Klinkenberg, Die Theorie der Veränderbarkeit des Rechtes im frühen und hohen Mittelalter, in: Miscellanea Mediaevalia 6, 1969, 163 f., 173. – Ph. Jaffé, Monumenta Gregoriana. (Bibliotheca rerum Germanicarum 2) Berlin 1865, 576: Wimundo episcopo Aversano scribit, consuetudinem veritati postponendam esse ... Si consuetudinem fortassis opponas, advertendum est, quod

Dominus dicit: Ego sum veritas et vita. Non dixit: Ego sum consuetudo, sed veritas. Et certe, ut beati Cypriani utamur sententia, quaelibet consuetudo, quantumvis vetusta, quantumvis vulgata, veritati omnino est postponenda; et usus, qui veritati est contrarius, abolendus...

51 Für die fast plötzlich auftretende Flut von Streitschriften in der Zeit des Investiturstreites ist immer noch wertvoll die Arbeit von C. Mirbt, Die Publizistik im Zeitalter Gregors VII., Leipzig 1894. – Von neueren Untersuchungen, die auch die Quellen, außer den Libelli di lite (MGH II) angeben, seien nur genannt Z. Zafarana, Ricerche sul „Liber de unitate ecclesiae conservanda", in Studi medievali serie III, 7, 1966, 617–700. – K. Pellens, Die Texte des Normannischen Anonymus, Wiesbaden 1966. – J. Ziese, Historische Beweisführung in Streitschriften des Investiturstreites (Münchener Beiträge zur Mediävistik und Renaissanceforschung 8) München 1972. – s. auch R. Schieffer, Von Mailand nach Canossa, in: DA 28, 1972, 366ff.

52 W. Ullmann, The Growth of papal government in the middle ages, London [3]1970, deutsche Übersetzung: Die Machtstellung des Papsttums im Mittelalter, Graz–Wien–Köln 1960.

53 E. Müller-Mertens, Regnum Teutonicum. Aufkommen und Verbreitung der deutschen Reichs-und Königsauffassung im früheren Mittelalter (Forschungen zur mittelalterlichen Geschichte 15), Wien–Köln–Graz 1970. – dazu F. Kempf, Ein zweiter Dictatus Papae? Ein Beitrag zum Depositionsanspruch Gregors VII., in: AHP 13, 1975, 119–139. – G. Koch, Auf dem Wege zum Sacrum Imperium. Studien zur ideologischen Herrschaftsbegründung der deutschen Zentralgewalt im 11. und 12. Jahrhundert (Forschungen zur mittelalterlichen Geschichte 20) Wien–Köln–Graz 1972.

54 Müller-Mertens 354: (Begriff eines deutschen Reiches) „Er tritt mit der Inauguration des Gregorianismus schlagartig in den Sprachgebrauch der Reformkurie ein, er wird von Gregor zielgerecht und parteilich im Sinne und im Dienste seiner Politik, seines Programms und seiner Doktrin eingesetzt".

55 G. G. Meersseman, Chiesa e „ordo laicorum" nel sec. XI, in: Chiesa e riforma nella spiritualità del sec. XI (Convegni del centro di studi sulla spiritualità medievale 6) Todi 1968, 37–74.

56 E. Petrucci, Rapporti di Leone IX con Constantinopoli. Parte I: Per la storia dello scisma del 1954, Roma 1975.

57 Storia di Milano 2–4, Milano 1954. – C. Violante, La Pataria Milanese e la riforma ecclesiastica. Le premesse (1045–1057) Roma 1955; ders., I laici nel movimento patarino, in: I Laici nella „Societas christiana" 597–687. Abdruck in: C. Violante, Studi sulla cristianità medioevale. Società, Istituzioni, Spiritualità, raccolti da Piero Zerbi, Milano 1972, 145–246. – G. Miccoli, Per la storia della Pataria milanese, in: Bullettino dell'Istituto storico italiano per il Mediovo 70, 1958, 43–123. – H. E. J. Cowdrey, The papacy, the patarenes and the church of Milan, in: Transactions of the royal society, 5th series 18, 1968, 25–48. – H. Keller. Pataria und Stadtverfassung, Stadtgemeinde und Reform: Mailand im Investiturstreit, in: Investiturstreit und Reichsverfassung (Vorträge und Forschungen 17) (hg.) von J. Fleckenstein, Sigmaringen 1973, 321–350, mit sehr viel, vor allem ital. Lit. – G. Cracco, Pataria: opus e nomen (tra verità e autorità) in: Rivista di storia della chiesa in Italia 28, 1974, 357–387; die Arbeit bringt eine

sorgfältige und tiefschürfende Untersuchung der vielfach schillernden Bezeichnungen. – Die Herkunft des Namens ist noch nicht endgültig geklärt, er ist vielleicht durch Zufall entstanden und als Schimpfwort (Lumpen) gebraucht worden, so verstanden die Anhänger der Pataria das Wort als verletzend und nannten sich selbst nie Patarener. – A. Frugoni, Due schede „Pannosus" e „Patarinus" in: Bullettino dell'Istituto storico ital. per il medio evo 65, 1953, 129–135. – J. Siegwart, Die Pataria des 11. Jahrhunderts und der heilige Nikolaus von Patara in: Zs. für schweiz. KG 71, 1977, 30–92. – Ch. Thouzellier, Hérésie et hérétiques. Vaudois, Cathares, Patarins, Albigeois, Roma 1969, 204–221; dazu A. Patschovsky in DA, 26, 1970, 565f. – H. Keller, Die soziale und politische Verfassung Mailands in den Anfängen des kommunalen Lebens, in: HZ 211, 1970, 34–64, spez. 55. – Cracco 357, 384f. – Violante, La Pataria 198; I laici 616. – R. Morghen, Aspetti ereticali dei movimenti religiosi popolari, in: I laici 582–596. – Eine Zusammenfassung in: The concept of heresy, 167–171.

58 Violante, I laici 613, 691. – Zu Alexander II. T. Schmidt, Alexander II. (1061–1073) und die römische Reformgruppe seiner Zeit (Päpste und Papsttum 11) Stuttgart 1977.

59 Violante, I Laici 637.

60 Ders., La Pataria 147–173 und I Laici 600.

61 G. Miccoli, Ecclesiae primitivae forma, in: Chiesa Gregoriana. Ricerche sulla riforma del secolo XI, Firenze 1966, 225–299; dazu ders., Aspetti del rapporto tra ecclesiologia ed organizzazione ecclesiastica nel primo periodo della riforma Gregoriana, in: Chiesa e riforma nella spiritualità del sec. XI 13–16 Ottobre 1963 in: Convegni del centro di studi sulla spiritualità medievale, 6, Todi 1968.

62 C. Erdmann, Die Entstehung des Kreuzzugsgedankens, Stuttgart 1935, Neudruck 1955, 196 der Lehenseid: Ich werde die römische Kirche auf Aufforderung getreulich per saecularem militiam unterstützen.

63 E. Caspar, Das Register Gregors VII. MGH epp. sel. 2, 1, 1920, 201; auch E. Bernheim, Quellen zur Geschichte des Investiturstreites Heft 1, Leipzig–Berlin ²1913, 47f. – Dazu H. Fuhrmann, Reformpapsttum und Rechtswissenschaft, in: Investiturstreit und Reichsverfassung (s. Anm. 57), 175–203 mit ausführl. Lit. bes. 186ff. – M. Pfliegler, Dokumente zur Geschichte der Kirche, Innsbruck–Wien–München ²1957, 145f.

64 H. Mordek, Proprie auctoritates apostolice sedis. Ein zweiter Dictatus papae Gregors VII.?, in: DA 28, 1972, 105–132; ital. Fassung des Aufsatzes mit wenig Änderungen, aber ohne den Text, in: Rivista di storia della chiesa in Italia 28, 1974, 1–22: Dictatus papae e proprie auctoritates apostolice sedis. Intorno all'idea del primato pontificio di Gregorio VII.

65 Mordek 126–132: die französische und die italienische Versionen des Textes.

66 So Satz 7, Mordek 127: „A nemine papa iudicari potest, etiam si fidem negaverit ut de Marcellino constat"; dazu Miccoli, Aspetti (oben Anm. 61) 111f.; und Satz 14, Mordek 129: „Omni tempore licet ei nova decreta constituere et antiqua temperare", der dem Papst die absolute Gesetzgebungsgewalt zubilligt.

67 Mordek 132, Sätze 30 und 32–37; Mordek 114: Die Schlußthesen 30 und 32–37 explizieren im einzelnen die liturgischen Privilegien des apostolischen Stuhles: daß nur der Papst am Altar des hl. Petrus geweiht werden dürfe, daß es nur ihm erlaubt sei, das regnum und die übrige kaiserliche Ausstattung anzulegen, ferner

ohne Einschränkung das Pallium, den roten Mantel, das Lintheum und die goldene Rose zu tragen und das Ostermahl gemeinsam mit den Bischöfen und Klerikern im Liegen einzunehmen.

68 Wie schwierig die Erklärung einzelner Thesen ist, zeigt die Stellungnahme von O. Capitani, (s. Anm. 35) zu W. Ullmann, Romanus pontifex indubitanter efficitur sanctus: Dictatus Papae 23 in retrospect and prospect, in: Studi Gregoriani 6, 1959–1961, 229–264.

69 H. Fuhrmann, Das Reformpapsttum und die Rechtswissenschaft, in: Investiturstreit und Reichsverfassung (Vorträge und Forschungen 17) Sigmaringen 1973, 175–203 bietet die beste Übersicht über Gregor als Kanonisten, der er nicht war. Bezeichnend ist das geringe Weiterwirken in die folgende Zeit vor allem in das Dekret Gratians; dazu und zu seinen Quellen: J. Gilchrist, Gregory VII and the Jiuristic sources of his ideology, in Studia Gratiana 12, 1967, 1–37 und ders., The reception of pope Gregory VII into the Canon Law (1073–1141) in: ZSavRG KanAbt 59, 1973, 35–82.; über die selbstherrliche Einstellung zur kirchenrechtlichen Tradition gibt der Dictatus papae in der ersten und besonders in der zweiten Fassung gute Auskunft, ganz im Gegensatz zu den vielen neuen Rechtssammlungen seiner Zeit, die zwar auch die Stellung des Papstes eifrig überhöhen, aber doch mehr auf die rechte oder verfälschte Tradition Bezug nehmen.

70 G. Miccoli, Chiesa Gregoriana. Ricerche sulla riforma del sec. XI, Firenze, 1966, 225–299: Ecclesiae primitivae forma, ausführlicher in Studi medievali III serie, 1, 1960, 470–498. – K. Ganzer, Das Kirchenverständnis Gregors VII., in: Trierer theol. Zeits. 78, 1969, 95–109.

71 J. Benzinger, Invectiva in Romam. Romkritik im Mittelalter vom 9. bis zum 12. Jahrhundert, Lübeck–Hamburg 1968, 49–73: Romfeindschaft in den publizistischen Auseinandersetzungen des 11. Jahrhunderts.

72 Benzinger 66.

73 Acta apostolicae sedis, series II vol. XXI, 1954 in den Nuntii radiophonici II 407–413 (datus die 11 iulii mensis a. 1954): Christifidelibus Salerni coadunatis, ob recognizionem canonicam corporis s. Gregorii PP. VII sacra sollemnia celebrantibus. L'inclito nome di S. Gregorio VII ... risuona ormai da nove secoli nella Chiesa di Dio come simbolo del perfetto ed indomito atleta di Cristo, ed insieme si contrappone agli avversari dei diritti della Sede apostolica ... La fulgida figura di Gregorio VII come gigante del Papato, sicchè di lui si può dire con tranquilla verità, essere uno dei piu grandi Pontefici, non solo del Medio Evo, ma di tutte le età.

74 A. Becker, Papst Urban II., Stuttgart 1964, 162 ff.; ders., Urban II. und die deutsche Kirche (Vorträge und Forschungen 17) Sigmaringen 1973, 241–275; 269: „daß er [Urban II.] schließlich weder Mönchs- und Cluniazenserpapst, noch Kanonikerpapst, noch auch „Gregorianer" alter Prägung gewesen ist, sondern ein Mann des Überganges, der selbst den Übergang mitbewirkt hat".

75 Die wichtigste Literatur für den folgenden Abschnitt s. P. Classen, Das Wormser Konkordat in der deutschen Geschichte, in: Investiturstreit und Reichsverfassung (s. Anm. 57) 411–460. – J. Fried, Der Regalienbegriff im 11. und 12. Jahrhundert, in: DA 29, 1973, 450–528. – Müller-Mertens, Regnum Teutonicum (s. Anm. 53) 375–383: Das Wormser Konkordat und das deutsche Reich.

76 Die wichtigsten Texte zur Vorgeschichte und Geschichte des Wormser Konkordats bei E. Bernheim, Quellen zur Geschichte des Investiturstreits, Heft 2: Zur Geschichte des Wormser Konkordats, Leipzig und Berlin 1907.

77 P. Zerbi, Pasquale II e l'ideale della povertà della chiesa, in: Annuario per l'anno academico 1964–1965. Università cattolica del Sacro cuore, Milano 1965, 203–229; dazu Fried, Der Regalienbegriff (s. Anm. 75) 473; offenbar ging es weniger um den evangelischen Armutsgedanken als um die Entweltlichung des höheren Klerus (Kriegsdienst und Regierungsangelegenheiten).

78 Fried, Der Regalienbegriff.

79 R. Hiestand, Legat, Kaiser und Basileus. Bischof Kuno von Praeneste und die Krise des Papsttums von 1111/1112, in: Aus Reichs-Geschichte und nordischer Geschichte. Karl Jordan zum 65. Geburtstag (Kieler histor. Studien Bd. 16) Stuttgart 1972, 141–152.

80 L. Pellegrini (Mario da Bergamo), Orientamenti di politica ecclesiastica e tensioni all'interno del collegio cardinalizio nella prima metà del secolo XI, in: Le istituzioni ecclesiastische della „societas christiana" dei secoli XI–XII. Papato, cardinalato ed episcopato (Miscellanea del centro di studi medioevali 7) Milano 1974, 445–475, bes. Excursus: Pasquale II e la sua curia di fronte a Enrico V dopo il 1111, 465–475.

81 Th. Schieffer, Nochmals die Verhandlungen von Mouzon (1119), in: Festschrift Edmund E. Stengel, Münster–Köln 1952, 324–341. – S. A. Chodorow, Ecclesiastical politics and the ending of the Investiture contest: The papal election of 1119 and the negotiations of Mouzon, in: Speculum 46, 1971, 613–640.

82 H. Büttner, Erzbischof Adalbert von Mainz, die Kurie und das Reich in den Jahren 1118 bis 1122, in: Investiturstreit und Reichsverfassung (s. Anm. 57) 395–410, bes. 403 ff.

83 A. Hofmeister, Das Wormser Konkordat. Zum Streit um seine Bedeutung, mit einer textkritischen Beilage, in: Forschungen und Versuche zur Geschichte des Mittelalters und der Neuzeit. Festschrift Dietrich Schäfer zum 70. Geburtstag dargebracht von seinen Schülern. Jena 1915, 64–148; neue Ausgabe dieses Aufsatzes von R. Schmidt (Darmstadt 1962, mit Vorwort und neuerer Literatur). – Hofmeister hat aus vielen (noch nicht allen heute bekannten) Überlieferungen der Papsturkunden einen Text hergestellt (S. 147). – Zu einer tiefergehenden Interpretation der immer noch nicht endgültig erschlossenen Texte: P. Classen, Das Wormser Konkordat 413–416 (oben Anm. 75) mit Literatur.

84 E. Bernheim, Das Wormser Konkordat und seine Vorurkunden hinsichtlich Entstehung, Formulierung, Rechtsgültigkeit (Untersuchungen zur deutschen Staats- und Rechtsgeschichte Heft 81) Breslau 1906; in diesen Zusammenhang gehört der bekannte „Tractatus de investitura episcoporum", in MGH Libelli de lite II 495–504, Fried, Der Regalienbegriff (s. Anm. 75) 468 ff., 517; J. Ziese, Historische Beweisführung in Streitschriften des Investiturstreites (Münchener Beiträge zur Mediävistik und Renaissance-Forschung 8) München 1972. – J. Beumann, Sigebert von Gembloux und der Traktat de investitura episcoporum (Vorträge und Forschungen, Sonderband 20) Sigmaringen 1976. – J. Krimm-Beumann, Der Traktat „De investitura episcoporum" von 1109, in: DA 33, 1977, 37–83, neue Textausgabe S. 66–83.

85 La vita comune del clero nei secoli XI e XII. Atti della settimana di studio

Mendola, settembre 1959 (Miscellanea del centro di studi medioevali III 1, 2) Milano 1962; wichtig 1–15: C. Violante, Prospettive e ipotesi di lavoro, und 482–493: Ch. Dereine, Discorso conclusivo. Ein Hilfsmittel für die weitere Erforschung der vita communis findet sich in Band 1, S. 495–536: Introduzione allo studio della vita canonicale del medioevo a cura di C. Violante e C. D. Fonseca.

86 F. J. Schmale, Kanonie, Seelsorge, Eigenkirche, in: HJ 78, 1959, 38–63. – G. Denzler, Die Kanonikerbewegung und die gregorianische Reform im 11. Jahrhundert, in: Studi Gregoriani 9, 1972, 223–237. – T. Schmidt, Die Kanonikerreform in Rom und Papst Alexander II. (1061–1073), in: Studi Gregoriani 9, 1972, 199–221. Die grundlegende Studie von C. D. Fonseca, Medioevo canonicale (Milano 1970) hat die Ergebnisse der zitierten Tagung ausgewertet; besprochen in Studi medievali, 3. Serie 11, 1970 und in ZSavRG Kan. Abt. 57, 1971, 388–392; dazu der Forschungsbericht von St. Weinfurter in HZ 224, 1977, 379–397: Neuere Forschungen zu den Regularkanonikern im Deutschen Reich des 11. und 12. Jahrhunderts.

87 L'Eremitismo in occidente nei secoli XI e XII. Atti della seconda settimana di studio, Mendola 30 agosto–6 settembre 1962 (Miscellanea del centro di studi medioevali 4) Milano 1965; ausführlich besprochen in ZSavRG Kan. Abt. 53, 1967, 409–414 (Semmler) und in: WW 33, 1970, 55–60 (S. Clasen). – Probleme des Eremitentums wurden auf der 7. Tagung (1977) nochmals eingehend besprochen, s. RSCI 31, 1977, 499.

88 I Laici nella „societas christiana" dei secoli XI e XII. Atti della terza settimana inter. di studio, Mendola 21–27 agosto 1965 (Miscellanea del centro di studi medioevali 5) Milano 1968; ausführlich besprochen in: ZSavRG Kan. Abt. 56, 1970, 437–446 (G. May) und in ZKG 83, 1972, 129–131 (H. Hoffmann); dazu auch G. G. Meersseman, Chiesa e „Ordo laicorum" nel sec. XI, in: Chiesa e riforma nella spiritualità del sec. XI (Convegni del centro di studi sulla spiritualità medievale 6) Todi 1968, 37–74.

89 Il Monachesimo e la riforma ecclesiastica (1049–1122). Atti della quarta settimana internazionale di studio, Mendola 23–29 agosto 1968 (Miscellanea del centro di studi medioevali 6) Milano 1971; besprochen in ZKG 86, 1975, 249–251 (H. Hoffmann) und Francia 2, 1974, 784–789 (N. Bulst); ausführlicher Bericht in RSCI 27, 1973, 529–550 (A. Granata) und RSLR 8, 1972, 216–222.

90 Le istituzioni ecclesiastiche della „Societas christiana" dei secoli XI–XII: Papato, Cardinalato ed Episcopato. Atti della quinta settimana internazionale di studio, Mendola 26–31 agosto 1971 (Miscellanea del centro di studi medioevali 7) Milano 1974.

91 Le istituzioni ecclesiastiche della „Societas christiana" dei secoli XI–XII: Diocesi, Pievi e Parrochie. Atti della sesta settimana internazionale di studio, Milano 1–7 settembre 1974 (Miscellanea del centro di studi medioevali 8) Milano 1977; dazu RSCI 28, 1974, 631–635 (A. Cocci) und Studi medievali 3. Serie 17, 1976, 425–428 (L. Palma).

92 Istituzioni monastiche et istituzioni canonicali in Occidente (1123–1215). 7 settimana internazionale di studio della Mendola; dazu: Mendola 1977: Appunti e impressioni, in RSCI 31, 1977, 496–503 (G. M. Cantarella).

93 K. Ganzer, Das römische Kardinalskollegium, in: Le istituzioni ... Papato (s.

Anm. 90) 153–181, mit aller früheren Literatur. – C. G. Fürst, Cardinalis. Prolegomena zu einer Rechtsgeschichte des Kardinalskollegiums, München 1967. – E. Pásztor, Riforma della chiesa nel secolo XI e l'origine del collegio dei cardinali. Problemi e ricerche, in: Studi sul medio evo cristiano offerti a Raffaello Morghen (Istituto storico italiano per il medio evo, studi storici fasc. 88–92. II, 1974, 609–625; dies., San Pier Damiani, il cardinalato e la formazione della curia Romana, in: Studi Gregoriani 10, 1975, 317–339. – R. Hüls, Kardinäle, Klerus und Kirchen Roms 1049–1130 (Bibliothek des deutschen historischen Instituts in Rom 48) Tübingen 1977.

94 C. G. Fürst, I cardinalati non Romani, in: Le istituzioni (s. Anm. 90) 186f. gibt eine chronologische Zusammenstellung der Orte mit Kardinälen.

95 M. Fois, I compiti e le prerogative dei cardinali vescovi secondo Pier Damiani nel quadro della sua ecclesiologia primaziale, in: AHP 10, 1972, 25–105.

96 G. Alberigo, Cardinalato e collegialità. Studi sull'ecclesiologia tra l'XI e il XIV secolo, Firenze 1969; ders., Regime sinodale e chiesa Romana tra l'XI e il XII secolo, in: Le istituzioni (s. Anm. 90) 229–271. – O. Capitani, Episcopato ed ecclesiologia nell'età Gregoriana, in: Le istituzioni (s. Anm. 87) 316–373.

97 Die von den Kardinälen in Synoden und im Konsistorium ausgeübte Tätigkeit hat Mario da Bergamo o.f.m. cap (Luigi Pellegrini) in seinen das relativ dürftige Quellenmaterial bis in die Einzelheiten durchleuchtenden Arbeiten aufgezeigt.

98 Beste Übersicht bei E. Pásztor, La curia Romana, in: Le istituzioni (oben Anm. 90) 490–504 mit Lit., dort ist auch auf eine neue Arbeit der Verf. hingewiesen: San Pier Damiani, il cardinalato e la formazione della Curia Romana, in: Atti del convegno internazionale dedicato a san Pier Damiani, in occasione del nono centenario della sua morte (Ravenna 2–7 ottobre 1972. – K. Jordan, Die Entstehung der römischen Kurie. Ein Versuch, in: ZSavRG KanAbt 28, 1939, 97–152; Nachdruck mit einem Nachtrag Darmstadt 1962 (Libelli XCI). – J. Sydow, Untersuchungen zur kurialen Verwaltungsgeschichte im Zeitalter des Reformpapsttums, in: DA 11, 1954/55, 18–73.

99 E. Caspar, Geschichte des Papsttums, Bd. 2, Tübingen 1933, 334ff. 625–631, 785f.

100 R. Elze, Die päpstliche Kapelle im 12. und 13. Jahrhundert, in: ZSavRG KanAbt 36, 1950, 145–204; ders., Das „Sacrum Palatium Lateranense" im 10. und 11. Jahrhundert, in: Studi Gregoriani 4, 1952, 27–54.

101 P. Brezzi, Roma e l'Impero medioevale (774–1252) Bologna 1947, 304f.

102 P. F. Palumbo, Lo scisma del MCXXX. I precedenti. La vicenda romana e le ripercussioni europee della lotta tra Anacleto e Innocenzo II. Col regesto degli atti di Anacleto II. Roma, 1942. – F.-J. Schmale, Studien zum Schisma des Jahres 1130 (Forschungen zur Kirchl. Rechtsgesch. und zum Kirchenrecht 3) Köln-Graz 1961. – P. F. Palumbo, Nuovi studi (1942–1962) sullo scisma di Anacleto II., in: Bullettino dell'Istituto storico Italiano per il Medio Evo 75, 1963, 71–103. – Mario da Bergamo, Osservazioni sulle fonti per la duplice elezione del 1130, in: Aevum 39, 1965, 45–65; ders., La duplice elezione papale del 1130. I precedenti immediati e i protagonisti, in: Raccolta di studi in memoria di Giovanni Soranzo, Milano 1968, 265–302; ders., Cardinali e curia sotto Callisto II (1119–1124), in: Raccolta di studi in memoria di Sergio Mocchi Onory, Milano 1972, 507–556; ders., (Luigi Pellegrini-Mario da Bergamo o.f.m.cap.), Orientamenti di politica

ecclesiastica e tensioni all'interno del collegio cardinalizio nella prima metà del secolo XII, in: Le istituzioni ecclesiastiche 445–475.

103 Die Studie von Mario da Bergamo, Cardinali e curia sotto Callisto II ist auch beachtlich als Vorarbeit zur längst fälligen Geschichte des Konsistoriums und bietet Ergänzungen zu Alberigo, Regime sinodale (s. Anm. 96). Zu erwähnen noch C. G. Fürst, Kennen wir die Wähler Gelasius' II.? Zur Glaubwürdigkeit des Kardinalverzeichnisses in Pandulfs vita Gelasii, in: Festschrift für Karl Pivec, Innsbruck 1966, 69–80.

104 Beste Übersicht bei Mario da Bergamo, Osservazioni (s. Anm. 102) und La duplice elezione del 1130 (s. Anm. 102).

105 „in angulo, in abscondito, in tenebris, in umbra mortis, contempto canone" zitiert bei Palumbo, Nuovi studi (s. Anm. 102) 95.

106 Mario da Bergamo, La duplice elezione, zählt für Innozenz 12, für Anaklet 14 Kardinäle.

107 Zu Innozenz II. s. Enciclopedia cattolica 7, 1951, 7–10: Papa (Palumbo); Lexikon für Theologie und Kirche 5, 1960, 686: von Anfang an nicht Gegenpapst (Schmale). – Zu Anaklet II. s. Enciclopedia cattolica 1, 1949, 1126–1128: Antipapa (Brezzi): Lexikon für Theologie und Kirche 1, 1957, 467f.: Gegenpapst (Wolter).

108 G. Tellenbach, Der Sturz des Abtes Pontius von Cluny und seine geschichtliche Bedeutung, in QF 42/43, 1963, 54. In dieser Richtung auch P. Classen, Zur Geschichte Papst Anastasius' IV., in: QF 48, 1968, 48 Anm. 14 und 15; 53: „Wir wissen nicht, warum er sich 1130 als einer der wenigen schon von Paschalis II. kreierten Kardinäle, zugleich auch als einer der wenigen Römer im Kardinalskollegium auf die Seite Haimerichs und Innozenz' II. schlug: Beziehungen zu den Franzosen, den Zisterziensern oder den Regularkanonikern lassen sich nicht geltend machen". 55: „Wir haben in Anastasius IV. anstelle eines Regularkanoniker-Papstes und Franzosenfreundes einen ausgesprochenen Römerpapst kennengelernt".

109 P. Brezzi, Roma e l'Impero medioevale (774–1252), Bologna 1947, 310.

110 R. Sommerville, The council of Clermont (1095), and latin christian society, in: Archivum historiae Pontificiae 12, 1974, 55–90. – A. Becker, Papst Urban II. Teil 1, Stuttgart 1964.

111 N. Paulus, Geschichte des Ablasses im Mittelalter. Paderborn, I, 1922, 195–211: Die ältesten Kreuzzugsablässe, II, 1923, 25–60: Die Kreuzzugsablässe von 1216–1350.

112 Die wichtigste Literatur: St. Runciman, A history of the crusades 3 Bände, Cambridge 1955. – H. E. Mayer, Geschichte der Kreuzzüge, Stuttgart 1965. – P. Alphandéry-A. Dupont, La chrétienté et l'idée de croisade, 2 Bände, Paris 1954/59; ital. Übers. und Einleitung von O. Capitani: La cristianità e l'idea di crociata, Bologna 1974. – E. E. Eickhoff, Friedrich Barbarossa im Orient. Kreuzzug und Tod Friedrichs I. (Istanbuler Mitteilungen, Beiheft 17), Tübingen 1977. – H. Glaser, Das Scheitern des zweiten Kreuzzuges als heilsgeschichtliches Ereignis, in: Festschrift für Max Spindler, München 1969, 115–142. – H. Roscher, Papst Innozenz III. und die Kreuzzüge, Göttingen 1969. – E. Stickel, Der Fall von Akkon. Untersuchungen zum Abklingen des Kreuzzugsgedankens am Ende des 13. Jahrhunderts (Geist und Werk der Zeiten 45) Bern–Frankfurt

1975 (mit ausführl. Lit). – M. Erbstösser, Die Kreuzzüge. Eine Kulturgeschichte, Leipzig 1977.

113 Paulus, Geschichte des Ablasses II 28: Innozenz IV. „hielt sich für berechtigt, die Bekämpfer des Staufers mit dem Kreuzablasse zu belohnen; in einem Schreiben ... erklärte er, unter den jetzigen Verhältnissen sei es nützlicher und Gott angenehmer, dem römischen König Wilhelm von Holland, dem Gegner des gebannten Kaisers, beizustehen, als eine Kreuzfahrt nach Palästina zu unternehmen, da eine Niederlage Friedrichs der Kreuzzugssache zum Vorteile gereichen würde, während dafür von dessen Siege nichts zu hoffen wäre".

114 A. Frugoni, Arnaldo da Brescia nelle fonti del secolo XII. Istituto storico italiano per il Medio Evo (Studi storici fasc. 8–9, Roma 1954. – Zu Barbarossa: G. Wolf, Friedrich Barbarossa (Wege der Forschung 340) Darmstadt 1975 (mit Literatur 375–379).

115 Die beste Charakteristik bei B. Moeller, Papst Innozenz III. und die Wende des Mittelalters, in: Bleibendes im Wandel der Kirchengeschichte. Kirchenhistorische Studien (hg.) von Bernd Moeller und Gerhard Ruhbach, Tübingen 1973, 151–167.

116 Guten Aufschluß über den Stand der Forschung gibt H. G. Walther, Imperiales Königtum, Konziliarismus und Volkssouveränität, München 1976, wo fast die ganze neuere Literatur (Ullmann, Buisson, Barion, Kempf, Maccarrone, Stickler und Tierney) angeführt und verwertet ist; dazu noch als Beispiel W. D. McCready, Papal plenitudo potestatis and the source of temporal authority in late medieval papal hierocatic theory, in: Speculum 48, 1973, 654–674; ders., The papal sovereign in the ecclesiology of Augustinus Triumphus, in: Mediaeval studies 39, 1977, 177–205; wichtig auch O. Capitani, Le istituzioni ecclesiastiche medievali. Tra ideologia e metodologia, in: Rivista di storia della chiesa in Italia 30, 1976, 345–362.

117 H. Burn-Murdoch, Titles of the Roman see, in: The Church Quart. Rev. 159, 1958, 237–364. – Y. Congar, Titel, welche für den Papst verwendet werden, in: Concilium 11, 1975, 538–544: Episcopus ecclesiae catholicae – Catholicae ecclesiae episcopus – Papa, Papatus – Sedes apostolica – Apostolicus (Domnus) Apostolatus – Servus servorum Dei – Episcopus (Patriarcha) universalis – Vicarius Petri, Vicarius Christi – Caput ecclesiae – Pontifex maximus – Summus Pontifex.

118 Die Auseinandersetzungen an der Pariser Universität im XIII. Jahrhundert (hg.) von A. Zimmermann (Miscellanea Mediaevalia 10) Berlin–New York 1976.

119 M. Goodich, The politics of canonization in the thirteenth century: Lay and mendicant Saints, in: Church history 44, 1975, 294–307.

120 A. Frugoni, Celestiniana, Istituto storico italiano per il medio evo (Studi storici fasc. 6–7) Roma 1954.

121 F. Baethgen, Der Engelpapst, Leipzig 1943.

122 W. Ullmann, Die Bulle Unam Sanctam: Rückblick und Ausblick, in: Röm. hist. Mitteil. 16, 1974, 45–77.

123 Ausführl. Lit. in Handbuch der Kirchengeschichte (Hg.) H. Jedin, Band III/2, Freiburg–Basel–Wien 1968.

124 K. Jordan, Zur päpstlichen Finanzgeschichte im 11. und 12. Jahrhundert, in: QF 25, 1933/34, 61–104.

125 J. Favier, Les finances pontificales à l'époque du grand schisme d'occident 1378–1409 (Bibliothèque des écoles françaises d'Athènes et de Rome fasc. 211) Paris 1966.

126 A. Esch, Das Papsttum unter der Herrschaft der Neapolitaner. Die führende Gruppe Neapolitaner Familien an der Kurie während des Schismas 1378–1415, in: Festschrift H. Heimpel (Veröffentlicht. des Max-Planck-Instituts für Geschichte 36/II) Göttingen 1972, 713–800; ders., Simonie-Geschäft in Rom 1400: „Kein Papst wird das tun, was dieser tut", in: Vierteljahrsschrift für Sozial- und Wirtschaftsgeschichte 61, 1974, 433–457.

127 H. Schneider, Der Konziliarismus als Problem der neueren katholischen Theologie. Die Geschichte der Auslegung der Konstanzer Dekrete von Febronius bis zur Gegenwart (Arbeiten zur Kirchengeschichte 47) Berlin–New York 1976. – H. G. Walther, Imperiales Königtum, Konziliarismus und Volkssouveränität. Studien zu den Grenzen des mittelalterlichen Souveränitätsgedankens, München 1976; beide Bücher haben sehr umfangreiche Literaturangaben. – G. Schwaiger, Päpstlicher Primat und Autorität der allgemeinen Konzilien im Spiegel der Geschichte, München–Paderborn–Wien 1977. – H. Hofmann, Repräsentation. Studien zur Wort- und Begriffsgeschichte von der Antike bis ins 19. Jahrhundert (Schriften zur Verfassungsgeschichte 22) Berlin 1974, wichtig § 16, S. 248–285: Repräsentation der versammelten Gemeinde. Der Gedanke der Identitätsrepräsentation in der konziliaren Bewegung. – Die Entwicklung des Konziliarismus. Werden und Nachwirken der konziliaren Idee (hg.) von R. Bäumer (Wege der Forschung 279) Darmstadt 1976.

128 Die Texte des Normannischen Anonymus (Veröffentlichungen des Instituts für europäische Geschichte Mainz 42) (hg.) von K. Pellens, Wiesbaden 1966; ders., Das Kirchendenken des Normannischen Anonymus (Veröffent. des Instituts für europäische Geschichte Mainz 69), Mainz 1973.

129 Texte (s. vorige Anm. 39); Pellens, Kirchendenken 70.

130 J. Benzinger, Invectiva in Romam. Romkritik im Mittelalter vom 9. bis zum 12. Jahrhundert (Histor. Studien 404) Lübeck und Hamburg 1968. – H. Schüppert, Kirchenkritik in der lateinischen Lyrik des 12. und 13. Jahrhunderts (Medium aevum. Philologische Studien 23) München 1972, S. 196f.: die dichtenden „clerici" werden zu den schärfsten Kritikern aller Mißstände. Unermüdlich fordern sie in ihren satirischen und moralisierenden Gedichten eine Erneuerung, die vom Haupt ausgehen und auf die Glieder übergreifen soll. Die Kirche des hohen Mittelalters, die im Aufstieg zum Gipfel ihrer Weltherrschaft begriffen war, gab auf diese Herausforderung keine Antwort. So ist der Ruf nach einer Reform, welche die Dichter des 12. und 13. Jahrhunderts anstimmten, bis zum Ende des Mittelalters nicht verstummt. Immer wieder werden die kirchenkritischen Gedichte abgeschrieben und aktualisiert, bis eine neue Zeit anbrach, welche die mittelalterlichen Gravamina aufgriff und durch die revolutionäre Wirkung ihrer „reformatio" auch die Kirche dazu zwang, die seit Jahrhunderten anstehende Reform einzuleiten". – S. Gieben, Robert Grosseteste at the papal curia Lyons 1250. Edition of the documents, in: Collectanea Franciscana 41, 1971, 340–393; die Beanstandungen Grossetestes beziehen sich vorwiegend auf den Geschäftsgang der Kurie und die vielen Appellationen. – ... (sic), Novus regnat Salomon in diebus malis. Une satire contre Innocent III., in Festschrift

Bernhard Bischoff, Stuttgart 1971, 372–390; ebd. P. G. Schmidt, Henrici speculum praelatorum 364–371.

131 H. Heimpel. Zu zwei Kirchenreform-Traktaten des beginnenden 15. Jahrhunderts. Die Reformschrift „De praxi curiae Romanae („Squalores Romanae curiae", 1403) des Matthäus von Krakau und ihr Bearbeiter. – Das „Speculum aureum de titulis beneficiorum" (1404/05) und sein Verfasser (Sitzungsberichte der Heidelberger Akademie der Wissenschaft, Philosophisch-historische Klasse, Jahrgang 1974, 1, Abhandlung) Heidelberg 1974; ein seit Jahrzehnten immer wieder behandeltes und nicht gelöstes Problem der spätmittelalterlichen Forschung abschließend erbringt H. den Nachweis, daß 1. das Speculum aureum den Krakauer Kanonisten Paulus Wladimiri zum Verfasser hat, daß 2. der juristische Berater des Matthäus von Krakau (später Bischof von Worms) in seinem De praxi curiae Romanae („Squalores Romanae curiae") kein anderer als der pfälzische Protonotar Job Vener sein kann; zu Matthäus von Krakau: ders., Der verketzerte Matthäus von Krakau, in: Festschrift für Walter Schlesinger II Köln–Wien 1974, 443–455.

132 K. A. Fink, Arengen spätmittelalterlicher Papsturkunden, in: Mélanges Eugène Tisserant IV (Studi e Testi 234).

133 S. Anm. 126.

134 E. Delaruelle, La piété populaire au moyen âge, Torino 1975. – R. Manselli, La religion populaire au moyen âge. Problèmes de méthode et d'histoire, Montréal 1975. – F. Machilek, Die Frömmigkeit und die Krise des 14. und 15. Jahrhunderts, in: Mediaevalia Bohemica 3, 1970, 209–227. – La religion populaire en Languedoc du XIIIe siècle à la moitié du XIVe siècle. (Cahiers de Fanjeaux 11) Toulouse 1976. – Z. Hledíková, Die Visitationen des weltlichen Klerus im vorhussitischen Böhmen, in: Mediaevalia Bohemica 2, 1969, 249–274. – I. Hlaváček – Z. Hledíková, Protocollum visitationis archidiaconatus Pragensis annis 1379–1382 per Paulum de Janowicz archidiaconum Pragensem factae, Praha 1973, dazu Z. Hledíková, Die Visitationen S. 261: „es ist dies auch die einzige mittelalterliche Visitation in Böhmen und meines Wissens auch die einzige mitteleuropäische Visitation bis zum Beginn des 16. Jahrhunderts, worüber sich ein eingehendes Protokoll erhalten hat". – I. Hlaváček, Beiträge zum Alltagsleben im vorhussitischen Böhmen. Zur Aussagekraft des Prager Visitationsprotokolls von 1379–1381 und der benachbarten Quellen, in: Jahrbuch für fränkische Landesforschung 34/35, 1975, 865–882.

135 H. Koller, Reformation Kaiser Siegmunds (MGH Staatsschriften des späteren Mittelalters VI) Stuttgart 1964. – L. Graf zu Dohna, Reformatio Sigismundi. Beiträge zum Verständnis einer Reformschrift des 15. Jahrhunderts (Veröffentl. des Max-Planck-Instituts für Geschichte 4) Göttingen 1960. – H. Heimpel, Reformatio Sigismundi, Priesterehe und Bernhard von Chartres, in: DA 17, 1961, 526–537. – K. Mommsen, Die Reformatio Sigismundi, Basel und die Schweiz, in: Schweizerische Zeitschrift für Geschichte 20, 1970, 71–91. – F. Irsigler, Die „Kleinen" in der sogenannten Reformatio Sigismundi, in: Saeculum 27, 1976, 248–255 mit Lit. – H. Koller, Revolution des 15. Jahrhunderts, in: Mediaevalia Bohemica 3, 1970, 229–236.

136 A. Franke–G. Zschäbitz, Das Buch der hundert Kapitel und der vierzig Statuten des sogenannten Oberrheinischen Revolutionärs. Edition von A. F., histor.

Analyse von G. Z. (Leipziger Übersetzungen und Abhandlungen zum Mittelalter sect. A IV) Berlin 1967; dazu H. Boockmann, Bemerkungen zur Reformschrift des sog. Oberrheinischen Revolutionärs, in: DA 25, 1969, 537–541. – J. Bücking, Der „Oberrheinische Revolutionär" heißt Conrad Stürtzel, seines Zeichens kgl. Hofkanzler, in: Archiv für Kulturgeschichte 56, 1974, 177–197 (meist abgelehnt).

137 K. A. Fink, Das Scheitern der Kirchenreform im 15. Jahrhundert, in: Mediaevalia Bohemica 3, 1970, 237–244.

II. Askese und Mönchtum – Individuelles Christentum

1 G. Constable, Medieval monasticism. A select bibliography, Toronto and Buffalo 1976. – K. S. Frank, Grundzüge der Geschichte des christlichen Mönchtums, Darmstadt 1975, für das Mittelalter 35–123 mit einiger Lit. – Il monachesimo nell'alto-medio evo e la formazione della civiltá occidentale, 8–14 aprile 1956 (Settimane di studio del centro italiano di studi sull'alto medioevo IV), Spoleto 1957.

2 C. Andresen, Die Kirchen der alten Christenheit, Stuttgart 1971, 413–445: Das Mönchtum in der reichskatholischen Kirche und passim. – Frühes Mönchtum im Abendland (Die Bibliothek der alten Welt, Reihe Antike und Christentum, Zürich–München 1975, I: Lebensformen (Augustinus, Kassian, Cassiodor, Leander und Isidor von Sevilla), II: Lebensgeschichten (Martin von Tours, Germanus von Auxerre, die Juraväter, Kolumban, Gallus) (hg.) von C. Andresen; eingeleitet, übersetzt und erklärt von K. S. Frank.

3 F. Prinz, Frühes Mönchtum im Frankenreich. Kultur und Gesellschaft in Gallien, den Rheinlanden und Bayern am Beispiel der monastischen Entwicklung (4. bis 8. Jahrhundert), München–Wien 1965, ausführl. Bespr. in ZSavRG KanAbt 53, 1967, 400–408 (J. Semmler) und ZKG 79, 1968, 100–103 (K. Schäferdiek); ders.: Mönchtum und frühmittelalterliche Gesellschaft, in: Regulae Benedicti Studia 1, 1972, 209–217; ders.; Mönchtum und Gesellschaft im Frühmittelalter (Wege der Forschung CCCXII), Darmstadt 1976; Die Einleitung S. 1–11 zeigt die Bedeutung des frühmittelalterlichen Mönchtums und seinen „Weg aus einer christlich-radikalen Protesthaltung gegenüber die spätantike Welt- und Stadtzivilisation bis in den geistlich-politischen Mittelpunkt der karolingischen Gesellschaft, in der das Kloster ein tragendes Element der gesamten politischen Herrschaftsstruktur geworden ist". – M. Heinzelmann, Bischofsherrschaft in Gallien. Zur Kontinuität römischer Führungsschichten vom 4. bis 7. Jahrhundert. Soziale, prosopographische und bildungsgeschichtliche Aspekte, München 1976.

4 G. Penco, Storia del monachesimo in Italia dalle origini alla fine del Medio Evo, Roma 1961; ders., Il monachesimo in Italia, in: Nuove questioni di storia medioevale, Milano 1969, 701–728 mit viel Lit., außerdem zur Vielzahl der Klöster: T. Lecisotti, Aspetti e problemi del monachesimo in Italia, in: Il monachesimo nell'alto medio evo (Anm. 1) 327 ff. – Monasteri in alta Italia dopo le invasioni saracene e magiare (sec. X–XII). Relazioni e communicazioni presentate al XXXII congresso storico subalpino. III convegno di storia della chiesa in Italia. Pinerolo, 6–9 settembre 1964, Torino 1966. – O. Capitani, in: Il

monachesimo e la riforma ecclesiastica (1049–1122) Milano 1971, 516–536 und auch C. D. Fonseca, Medio evo canonicale, passim. – J. Semmler, Karl der Große und das fränkische Mönchtum in: Karl der Große II 257, Anm. 16, rechnet für die Zeit 800/820 mit mehr als 650 Klöstern allein auf dem Boden des Frankenreiches, Italien ausgenommen. – Zu Spanien: A. Linage Conde, Les origines del monacato benedictino en la peninsula ibérica, 3 Bde. (Coleccion „Fuentes y estudios de historia Leonesa" 9–11) León 1973.

5 E. Nasalli Rocca, Considerazioni giuridiche sulla regula e sul penitenziale di San Columbano, in: Contributi dell' Istituto di storia medioevale II Raccolta di studi in memoria di Sergio Mochi Onory, Milano 1972, 438–458. – K.-U. Jäschke, Kolumban von Luxeuil und sein Wirken im alemannischen Raum, in: Mönchtum, Episkopat und Adel zur Gründungszeit des Klosters Reichenau (hg.) von A. Borst (Vorträge und Forschungen XX), Sigmaringen 1974, 71–130, mit ausführl. Lit. – A. E. Angenendt, Monachi peregrini. Studien zu Pirmin und den monastischen Vorstellungen des frühen Mittelalters (Münstersche Mittelalter-Schriften 6) München 1972. – Mönchtum, Episkopat und Adel zur Gründungszeit des Klosters Reichenau (s. oben); die in diesem Band enthaltenen Arbeiten greifen weit über das genannte Thema und den Bodensee-Raum hinaus, bringen den neuesten Forschungsstand mit ausführlichen Literaturangaben und sind daher für das 8. Jahrhundert von großer Bedeutung; besonders hervorzuheben die Zusammenfassung 433–452 von A. Borst.

6 H. Löwe, Pirmin, Willibrord und Bonifatius. Ihre Bedeutung für die Missionsgeschichte ihrer Zeit, in: La conversione al cristianesimo nell'Europa dell'alto medioevo, 14–19 aprile 1966 (Settimane di studio del centro italiano di studi sull'alto medioevo XIV), Spoleto 1967, 217–261. – A. Angenendt, Willibrord im Dienste der Karolinger, in: Annalen des histor. Vereins für den Niederrhein Heft 175, 1973, 63–113; ders., Pirmin und Bonifatius. Ihr Verhältnis zu Mönchtum, Bischofsamt und Adel, in: Mönchtum, Episkopat und Adel 251–304.

7 F. Prinz, Abriß der kirchlichen und monastischen Entwicklung des Frankenreiches bis zu Karl dem Großen, in: Karl der Große 290–299, Zitat 299.

8 R. Hanslik, Benedicti Regula (Corpus scriptorum ecclesiasticorum latinorum LXXV) Vindobonae 1960. – A. de Vogüé–J. Neufville, La règle de Saint Benoît, 6 Bde. (Sources chrétiennes 181–186) Paris 1971–1972; dazu die Bespr. von E. Manning, Une nouvelle édition de la règle de S. Benoît, in: RHE 68, 1973, 457–464. – G. Arnaldi, San Benedetto guadagnato alla storia (in margine a una nuova edizione della regola) in: Studi sul medioevo cristiano, offerti a Raffaele Morghen (Istituto storico italiano per il Medioevo, studi storici fasc. 83–87) Bd. I: Roma 1974, 1–27. – B. Steidle, Die Benediktus-Regel, lateinisch und deutsch, zweite überarbeitete Auflage, Beuron 1975, mit einer kurzen, gute Auskunft gebenden Einleitung 7–52.

9 K. Hallinger, Papst Gregor der Große und der hl. Benedikt, in: Studia Anselmiana 42, 1957, 231–319.

10 A. de Vogüé, La règle du Maître (Sources chrétiennes 105–107) Paris 1: 1964; 2: 1964; 3: 1965. – H. Vandenhoven–F. Masai–P. B. Corbett, Regula Magistri. Édition diplomatique des manuscrits latins 12205 et 12634 de Paris (Publications de Scriptorium III) Bruxelles–Paris 1953.

11 E. Franceschini, La questione de la regola di s. Benedetto, in: Il monachesimo

nell'alto medioevo e la formazione della civiltà occidentale (Settimane di studio del centro italiano di studi sull'alto medioevo IV) Spoleto 1957, 221–256; die sehr lebhafte Diskussion 437–472. – F. Prinz, Frühes Mönchtum im Frankenreich (s. Anm. 3) 263 ff. – B. Jaspert, Die Regula Benedicti-Regula Magistri-Kontroverse (Supplementa zu den Regulae Benedicti Studia 3) Hildesheim 1975; ders., Regula Magistri-Regula Benedicti. Bibliographie ihrer Erforschung 1938–1970, in: Studia monastica 13, 1971, 129–171; auch separat: Subsidia monastica 1, 1971. – G. Turbessi, Recenti indagini intorno alla regola di S. Benedetto e ai suoi rapporti con la precedente e coeva legislazione monastica (Rassegna bibliografica sugli studi degli anni 1960–72), in: La scuola cattolica 101, 1973, 479–510.

12 Zu diesen Fragen ein neues Jahrbuch: Regulae Benedicti Studia, Annuarium Internationale, (hg.) von B. Jaspert und E. Manning (Hildesheim). Bd. 1 (1972): Erster Internationaler Regula-Benedicti-Kongreß (Rom 1971); Bd. 2 (1973); Bd. 3/4 (1975); Bd. 5 (1977): Zweiter Internationaler Regula-Benedicti-Kongreß Maria Laach, 15.–20. September 1975; dazu B. Jaspert, Regula-Benedicti-Kongreß in Maria Laach, in: Studia monastica 18, 1976, 453–460.

13 Zur Klosterpolitik sind noch zu nennen: J. Semmler, Traditio und Königsschutz. Studien zur Geschichte der königlichen monasteria, in: ZSavRG Kan. Abt. 45, 1959, 1–33; ders., Episcopi potestas und Karolingische Klosterpolitik, in: Mönchtum, Episkopat und Adel (s. Anm. 5) 305–395; ders., Pippin III. und die fränkische Kirche, in: Francia 3, 1975, 88–146.

14 Semmler, Karl der Große und das fränkische Mönchtum, in: Karl der Große II 255–289; 255–262: Klöster und Konvente im fränkischen Reich während der Regierungszeit Karls des Großen 768–814; 262–289: Karl der Große und die Klöster (das Zitat S. 289).

15 J. Semmler, Reichsidee und kirchliche Gesetzgebung bei Ludwig dem Frommen, in: ZKG 71, 1960, 37–65; ders., Die Beschlüsse des Aachener Konzils im Jahre 816, in: ZKG 74, 1963, 14–82. – Corpus consuetudinum monasticarum, (hg.) von K. Hallinger, I. Initia consuetudinis Benedictinae, consuetudines saeculi octavi et noni, Siegburg 1963, 1–91: ordines aevi regulae mixtae; 178–422: Monumenta aevi Anianensis; 423–582: Legislatio Aquisgranensis.

16 J. Semmler, ZKG 74, 1963, 76.

17 Von den vielen neueren Untersuchungen mit ausführlichen Literaturangaben seien nur genannt: F. Irsigler, Untersuchungen zur Geschichte des frühfränkischen Adels, Bonn 1969 – H. Grahn-Hoek, Die fränkische Oberschicht im 6. Jahrhundert. Studien zu ihrer rechtlichen und politischen Stellung (Vorträge und Forschungen, Sonderband 21) Sigmaringen 1976 – W. Störner, Früher Adel, Studien zur politischen Führungsschicht im fränkisch-deutschen Reich vom 8. bis 11. Jahrhundert, Stuttgart 1973 – F. Prinz, Frühes Mönchtum im Frankenreich. Kultur und Gesellschaft in Gallien, den Rheinlanden und Bayern am Beispiel der monastischen Entwicklung (4. bis 8. Jahrhundert) München–Wien 1965; besonders 311–381: Adel und Kirche mit viel Einzelmaterial, hauptsächlich aus Bayern; 424–456: Das Problem der Vögte und der Kirchenvogtei. Ausführl. Bespr. Zs. für Rechtgesch., kanon. Abt. 53, 1967, 400–408 (J. Semmler) und ZKG 79, 1968, 100–103 (K. Schäferdiek) – G. Tabacco, Der Zusammenhang zwischen Macht und Besitz im fränkischen und langobardischen Reich, in: Saeculum 24, 1973, 220–240, Vortrag in XX settimana di studio

del centro italiano di studi sull'alto medioevo: I Problemi dell'occidente nel secolo VIII. – Zum Grundsätzlichen: K. Schreiner, Zur biblischen Legitimation des Adels. Auslegungsgeschichtliche Studien zu 1. Kor. 1,26–29, in: ZKG 85, 1974, 317–357; A. Borst (Hg.) Das Rittertum im Mittelalter (Wege der Forschung CCCIL), Darmstadt 1976 – F. Prinz, Mönchtum und frühmittelalterliche Gesellschaft, in: Regulae Benedicti Studia 1, 1972, 209–217.

18 F. Graus, Volk, Herrscher und Heilige im Reich der Merovinger. Studien zur Hagiographie der Merovingerzeit, Prag 1965; ders., Sozialgeschichtliche Aspekte der Hagiographie der Merovinger- und Karolingerzeit. Die Viten der Heiligen des südalemannischen Raumes und die sogenannten Adelsheiligen, in: Mönchtum, Episkopat und Adel zur Gründungszeit des Klosters Reichenau 131–176, zur Definition des Adels 162f. – F. Prinz, Heiligenkult und Adelsherrschaft im Spiegel merovingischer Hagiographie, in: HZ 204, 1967, 529–544.

19 U. Nonn, Eine fränkische Adelssippe um 600. Zur Familie des Bischofs Berthram von Le Mans, in: Frühmittelalterliche Studien 9, 1975, 186–201. – M. Heinzelmann, Bischofsherrschaft in Gallien. Zur Kontinuität römischer Führungsschichten vom 4. bis zum 7. Jahrhundert. Soziale, prosopographische und bildungsgeschichtliche Aspekte, München 1976.

20 F. Prinz, Klerus und Krieg im früheren Mittelalter. Untersuchungen zur Rolle der Kirche beim Aufbau der Königsherrschaft (Monographien zur Geschichte des Mittelalters 2) Stuttgart 1971.

21 Dazu die ausführliche, aus umfangreichem Quellenmaterial schöpfende Arbeit von C. Brühl, Fodrum, gistum, servitium regis. Studien zu den wirtschaftlichen Grundlagen des Königtums im Frankenreich und in den fränkischen Nachfolgestaaten Deutschland, Frankreich und Italien vom 6. bis zur Mitte des 14. Jahrhunderts (Kölner histor. Abhandlungen 14) zwei Bände Köln–Graz 1968; ein Beispiel: H.-P. Wehlt, Reichabtei und König dargestellt am Beispiel der Abtei Lorsch mit Ausblicken auf Hersfeld, Stablo und Fulda (Veröffentl. des Max-Planck-Instituts für Geschichte 28) Göttingen 1970.

22 F. Prinz, Klerus und Krieg – L. Auer, Der Kriegsdienst des Klerus unter den sächsischen Kaisern. 1. Teil: Der Kreis der Teilnehmer, in: Mitteilungen des Instituts für österr. Geschichtsforschung 79, 1971, 316–407; 2. Teil: Verfassungsgeschichtliche Probleme, ebenda 80, 1972, 48–70.

23 F. Felten, Laienäbte in der Karolingerzeit. Ein Beitrag zum Problem der Adelsherrschaft über die Kirche, in: Mönchtum, Episkopat und Adel zur Gründungszeit des Klosters Reichenau, 397–431; 398 zitiert die drastische Schilderung bei E. Sackur, Die Cluniacenser, Neudruck, Halle 1965, 25f.

24 Auer, Der Kriegsdienst (s. Anm. 22) 55.

25 Auer, Der Kriegsdienst 318, 360; Prinz, Klerus und Krieg 196–200.

26 Prinz, Klerus und Krieg 144f.

27 J. Fleckenstein, Die Hofkapelle der deutschen Könige I. Teil: Grundlegung. Die karolingische Hofkapelle (Schriften der MGH 16, 1) Stuttgart 1959; II. Teil: Die Hofkapelle im Rahmen der ottonisch-salischen Reichskirche (Schriften der MGH 16, 2) Stuttgart 1966; ders., Heinrich IV. und der deutsche Episkopat in den Anfängen des Investiturstreites, in: Adel und Kirche 221; ders., Hofkapelle und Reichsepiskopat unter Heinrich IV., in: Investiturstreit und Reichsverfas-

sung (hg.) von J. Fleckenstein (Vorträge und Forschungen XVII) Sigmaringen 1973, 117–140; ders., Zum Begriff der ottonisch-salischen Reichskirche, in: Geschichte, Wirtschaft, Gesellschaft, Festschrift für Clemens Bauer zum 75. Geburtstag (hg.) von E. Hassinger, J. H. Müller und H. Ott, Berlin 1974, 61–71. – Zum Begriff der Reichskirche auch W. Goez, Papa qui et episcopus. Zum Selbstverständnis des Reformpapsttums im 11. Jahrhundert, in: AHP 8, 1970, 27–59, bes. 33 f.

28 L. Santifaller, Zur Geschichte des ottonisch-salischen Reichskirchensystems (Öster. Akademie der Wiss. philos.-histor. Klasse, Sitzungsberichte 229) Wien 1962², beschäftigt sich zunächst mit den drei Wurzeln und dem fränkischen Reichskirchensystem, um dann ausführlich das ottonisch-salische Reichskirchensystem zu behandeln. Wichtig sind die Exkurse 51–260 durch ihre statistischen Angaben und ihre umfassende Literaturübersicht, bes. die Exkurse VII: Übersicht über die Standesverhältnisse der deutschen Bischöfe und Domkapitel im Mittelalter, VIII: Bestimmungen über die Rechte des Kaisers bei der Papstwahl, IX: Verzeichnis der Päpste 955–1057, X: Über die Mitwirkung und die Rechte des Papstes bei der Errichtung von Bistümern und Metropolen, XI: Päpstliche Verbote der Laieninvestitur.

29 O. Köhler, Die Ottonische Reichskirche. Ein Forschungsbericht, in: Adel und Kirche 141–204, bespricht die einschlägige Literatur von der Mitte der dreißiger Jahre an.

30 J. Fleckenstein, Die Hofkapelle im Rahmen der ottonisch-salischen Reichskirche (s. Anm. 27) 116: von hier aus wird erst einsichtig, wie fruchtbar der Ansatz Ottos d. Großen war, als er die Hofkapelle soweit auszubauen begann, daß sie fähig wurde, den Großteil der Bischöfe für sein Herrschaftsgebiet zu stellen. Sie ist dadurch nicht nur zur vielberufenen „Vorschule des deutschen Episkopates" geworden, sondern hat sich auch als ein lebendiges Bindeglied zwischen dem Herrscher und den Bischöfen als seinen unentbehrlichen Helfern bewährt. Und weil mit diesem Ausbau der Hofkapelle ihre Einfügung in die Reichskirche Hand in Hand ging, ist sie darüber hinaus die eigentliche Mitte der ottonischen Reichskirche geworden".

31 C. Brühl, Die Sozialstruktur des deutschen Episkopats im 11. und 12. Jahrhundert, in: Le istituzioni ecclesiastische della „Societas Christiana" dei secoli XI–XII (Miscellanea del centro di studi medioevali VIII), Milano 1977, 42–56.

32 Fleckenstein (wie Anm. 27) 208.

33 K. Bosl, Der „Adelsheilige". Idealtypus und Wirklichkeit, Gesellschaft und Kultur im merowingerzeitlichen Bayern des 7. und 8. Jahrhunderts. Gesellschaftsgeschichtliche Beiträge zu den Viten der Bayerischen Stammesheiligen Emmeram, Rupert, Korbinian, in: Speculum historiale. Geschichte im Spiegel von Geschichtsschreibung und Geschichtsdeutung, Freiburg/München 1965, 167–187.

34 H. Grundmann, Adelsbekehrungen im Hochmittelalter. Conversi und nutriti im Kloster, in: Adel und Kirche 325–345 bringt eine Fülle von Beispielen, die den neuen Stil und die Durchbrechung der bisherigen Praxis zeigen können. – H. Keller, „Adelsheiliger" und Pauper Christi in Ekkeberts Vita sancti Haimeradi, in: Adel und Kirche 307–324; dazu W. Heinemeyer, Heimerad und Hasungen

– Mainz und Paderborn, in: Aus Reichsgeschichte und nordischer Geschichte, Karl Jordan zum 65. Geburtstag (Kieler histor. Studien 16) Stuttgart 1972, 112–130.

35 J. Ehlers, Adlige Stiftung und persönliche Konversion. Zur Sozialgeschichte früher Prämonstratenserkonvente, in: Geschichte und Verfassungsgeschichte, Frankfurter Festgabe für W. Schlesinger (Frankfurter histor. Abhandlungen 5) Wiesbaden 1973, 32–55; Zu Cappenberg: M. Petry. Die ältesten Urkunden und die frühe Geschichte Cappenbergs, in: Archiv für Diplomatik 18, 1972, 143–289.

36 F. Graus, Sozialgeschichtliche Aspekte (s. Anm. 18) 131–176; der Adelsheilige 159–176.

37 A. Borst in der Zusammenfassung der Vorträge in: Mönchtum, Episkopat und Adel zur Gründungszeit des Klosters Reichenau (s. Anm. 5) 442.

38 G. de Valous, Le monachisme clunisien des origines au XVe siècle. Vie intérieure des monastères et organisation de l'ordre, 2. vermehrte Aufl. 1970. – Sehr nützlich für die Geschichte Clunys: H. Richter, Cluny, Beiträge zur Geschichte und Wirkung der cluniazensischen Reform (Wege der Forschung CCXLI) Darmstadt 1975; der Band enthält die wichtigsten, die Forschung bestimmenden Arbeiten und eine umfassende Bibliographie. – Zur Forschung über Cluny: C. D. Fonseca in der Einleitung zu: Il monachesimo e la riforma ecclesiastica (1049–1122) 1–18. – K. Hallinger, Gorze Kluny, Studien zu den monastischen Lebensformen und Gegensätzen im Hochmittelalter (Studia Anselmiana fasc. XXII–XXV, I, Roma 1950, II Roma 1951. – J. Wollasch, Mönchtum des Mittelalters zwischen Kirche und Welt (Münstersche Mittelalter-Schriften 7) München 1973. – La spiritualità cluniacense (Centro tudertino di studi sulla spiritualità medioevale II) Todi 1960. – W. Teske, Laien, Laienmönche und Laienbrüder in der Abtei Cluny. Beiträge zum Konversen-Problem, in: Frühmittelalterliche Studien 10, 1976, 248–322 I. Teil. – P. Segl, Cluny in Spanien. Ergebnisse und neue Fragestellungen, in: DA 33, 1977, 560–569. – D. Knowles, Aufstieg und Niedergang von Cluny, in: Concilium 10, 1974.

39 Zu Totengedächtniswesen und Nekrologen: K. Schmid und J. Wollasch, Societas et Fraternitas. Begründung eines kommentierten Quellenwerkes zur Erforschung der Personen und Personengruppen des Mittelalters, in: Frühmittelalterliche Studien 9, 1975, 1–48.

40 H. Jakobs, Die Cluniazenser und das Papsttum im 10. und 11. Jahrhundert. Bemerkungen zum Cluny-Bild eines neuen Buches (zu H. E. J. Cowdrey, The Cluniacs and the gregorian reform, Oxford 1970), in: Francia 2, 1974/75, 641–663; J. nennt Cluny „eine christlich-europäische Spielart monastischer Herrschaft" (651) – J. Mehne, Cluniacenserbischöfe, in: Frühmittelalterliche Studien 11, 1977, 241–287.

41 Zu den Wirren in der 1. Hälfte des 12. Jahrhunderts: G. Tellenbach, Der Sturz des Abtes Pontius von Cluny und seine geschichtliche Bedeutung, in: QF 42/43, 1963, 13–55. – A. H. Bredero, Cluny et Citeaux au XIIeme siècle: les origines de la controverse, in: Studi medievali, 3. Serie 12, 1971, 135–175. – P. Zerbi, Intorno allo scisma di Ponzio abate di Cluny (1122–1126), in: Storiografia e storia. Studi in onore di Eugenio Dupré Theseider, Roma 1974, 835–891. – Encore sur Pons de Cluny et Pierre le vénérable: ein Gespräch zwischen A. H. Bredero und P. Zerbi am 30. Okt. 1973 unter Leitung von J. Leclercq, in: Aevum 48, 1974, 134–149.

42 N. Bulst, Untersuchungen zu den Klosterreformen Wilhelms von Dijon (962–1031). (Pariser historische Studien 11) Bonn 1973 (sehr ausführliche Lit.); 220–248: Die Gründungsurkunde Fruttuarias und nach 330 ein Facsimile dieser durch die zahlreichen Unterschriften berühmten Urkunde.

43 E. Morini, Eremo e cenobio nel monachesimo greco dell'Italia meridionale nei secoli IX e X, I. Unità di concezione e moltiplizità di forme organizzative nella vita monastica, in: Rivista di storia della chiesa in Italia 31, 1977, 1–39; II. Il cenobitismo ed eremitismo nel mondo italo-greco, ebenda 354–390.

44 L'eremitismo in occidente nei secoli XI e XII (Miscellanea del centro di studi medioevali IV) Milano, 1965; S. 9–23 wichtiger Überblick von C. Violante im discorso di apertura.

45 H. Grundmann, Deutsche Eremiten, Einsiedler und Klausner im Hochmittelalter (10.–12. Jahrhundert), in: Archiv für Kulturgeschichte 45, 1963, 60–90; auch etwas gekürzt in L'eremitismo 311–329: Eremiti in Germania dal X al XII secolo „Einsiedler" e „Klausner".

46 G. Tabacco, Romualdo di Ravenna e gli inizi dell'eremitismo Camaldolese, in: L'eremitismo 73–119. – W. Kurze, Zur Geschichte Camaldolis im Zeitalter der Reform, in: Il monachesimo e la riforma ecclesiastica, 1049–1122 (Miscellanea del centro di studi medioevali VI) Milano 1971, 399–415. – E. R. Labande, Essai sur les hommes de l'an mil, in: Concetto, storia, miti e immagini del medio evo, a cura di Vittore Branca, Firenze 1973, 135–182, bes. 168–182: Le moine Romuald.

47 O. Capitani, San Pier Damiani e l'Istituto eremitico, in: L'eremitismo 122–163. – K. Reindel, Neue Literatur zu Petrus Damiani, in: DA 32, 1976, 405–443. – Convegno internazionale di studi Damianei, Ravenna, Faenza, Pomposa 2 al 7 ottobre 1972, in: Studi Gregoriani 10, 1975. – H.-P. Laqua, Traditionen und Leitbilder bei dem Ravennater Reformer Petrus Damiani 1042–1052 (Münstersche Mittelalterschriften 30) München 1976.

48 K. Elm, Italienische Eremitengemeinschaften des 12. und 13. Jahrhunderts. Studien zur Vorgeschichte des Augustiner-Eremitenordens, in: L'eremitismo 491–559; ders., Die Bulle „Ea quae iudicio" Clemens IV. 30. VIII. 1266. Vorgeschichte, Überlieferung, Text und Bedeutung, Sonderdruck aus Augustiniana 14–16, 1964–66; ders., Gli eremiti neri nel Dugento. Ein neuer Beitrag zur Vorgeschichte des Augustiner-Eremitenordens, in: QF 50, 1971, 58–79. – A. Kunzelmann, Geschichte der deutschen Augustiner-Eremiten 1 (Cassiciacum 26) Würzburg 1969. – Bibliographie zur Geschichte und Theologie des Augustiner-Eremitenordens bis zum Beginn der Reformation (hg.) von E. Gindele (Spätmittelalter und Reformation. Texte und Untersuchungen 1) Berlin–New York 1977.

49 K. Elm, Ausbreitung, Wirksamkeit und Ende der provencalischen Sackbrüder (Fratres de poenitentia Jesu Christi) in Deutschland und den Niederlanden. Ein Beitrag zur kurialen und konziliaren Ordenspolitik des 13. Jahrhunderts, in: Francia 1, 1973, 257–324. Der Orden entstand in den vierziger Jahren des 13. Jahrhunderts in der Provence durch Gründung eines Laien, breitete sich zunächst in der Provence und in Frankreich aus, dann in Italien und in Westeuropa, kam kurz vor 1260 auch in das Reich, erhielt seine Niederlassungen durch Schenkungen ähnlich wie die großen, Bettelorden, von denen er am meisten

in Verfassung und Geisteshaltung den Dominikanern glich, nur mit stärkerer Betonung der Armut. Nach der Auflösung gingen die Mitglieder der über hundert Konvente einzeln oder geschlossen in weiterbestehende Orden über.

50 G. Severino, La discussione degli „ordines" di Anselmo di Havelberg, in: Bullettino del Istituto storico ital. per il medio evo 78, 1967, 75–122. – Neben der bekannten Kontroverse zwischen Abt Petrus Venerabilis von Cluny und Bernhard von Clairvaux bringt der „Libellus de diversis ordinibus" eine interessante Stellungnahme zur Vielfalt der neuen Mönchstypen. Während als Verfasser „zweifellos Reimbold, Kanoniker von Lüttich" angesehen wird (Congar), bezeichnet die neue Textausgabe etwas vorsichtiger als vorherrschende Ansicht, daß Reimbold der Verfasser sei: Libellus de diversis ordinibus et professionibus qui sunt in ecclesia (hg.) von G. Constable–B. Smith, Oxford, 1972, S. XV ss. – Der Herausgeber der Schriften Reimbolds C. De Clercq hat den libellus nicht aufgenommen: Reimboldi Leodiensis opera omnia, Corpus Christianorum, continuatio medievalis, Tournhout 1966. – Neue Stellungnahme von B. Metz, A propos du „Libellus de diversis ordinibus", in: RHE 68, 1973, 814–822. – Wichtig auch G. Constable, Cluny-Citeaux-La Chartreuse, San Bernardo e la diversità delle forme di vita religiosa nel XII secolo, in: Studi su San Bernhardo di Chiaravalle. Nell' ottavo centenario della canonizzazione. Convegno internationale Certosa di Firenze (6–9 novembre 1974) (Biblioteca Cisterciensis 6) Roma 1975, 93–114.

51 R. Manselli, Certosini e Cisterciensi, in: Il monachismo e la riforma ecclesiastica (1049–1122), 79–104 mit ausführl. Lit.

52 Zu Robert von Molesme: Bibliotheca Sanctorum XI, 238–245 (G. Battista).

53 Jean de la croix Bouton-Jean B. van Damme, Les plus anciens textes de Citeaux (comentarii cistercienses. Studia et documenta II) Achel 1974.

54 Wichtige Beiträge in: Studi su San Bernhardo (s. Anm. 50). – Zu Bernhard von Clairvaux: Die Großen der Weltgeschichte III, 1973, 364–375 (J. B. Schneyer); Bibliotheca Sanctorum III, 1–37 (P. Zerbi).

55 Zusammenfassend: A. Schneider, Die Cistercienser. Geschichte. Geist. Kunst, Köln 1974. – Forschungsschwerpunkt bei der Freien Universität Berlin sind Zisterzienser-Studien; seit 1975 sind 4 Bände erschienen.

56 C. Violante, La povertà nelle eresie del secolo XI in Occidente, in: Studi sulla cristianità medioevale, Milano 1972, 69–107; ders., Riflessioni sulla povertà nel secolo XI, in: Studi sul Medioevo cristiano offerti a Raffaello Morghen (Istituto storico italiano per il medioevo, studi storici fasc. 88–92) II, Roma 1974, 1061–1081 bringt sozialgeschichtliche Erwägungen zur Armutsauffassung des 11. Jahrhunderts. – K. Bosl, Potens und Pauper. Begriffsgeschichtliche Studien zur gesellschaftlichen Differenzierung im frühen Mittelalter und zum Pauperismus des Hochmittelalters, in: Alteuropa und die moderne Gesellschaft. Festschrift für Otto Brunner, Göttingen 1963, 60–87, bes. 74ff.

57 M. Mollat (Hg.), Etudes sur l'histoire de la pauvreté (Moyen-âge XVIe siècle). (Publications de la Sorbonne, serie études, tome 8) 2 Bde. Paris 1974; das Werk bringt mehrere Bibliographien und eine Übersicht über die vielen, von hervorragenden Fachleuten in Seminaren behandelten Themen. – G. Severino Polica, Storia della povertà e storia dei poveri. A proposito di una iniziativa di Michel Mollat, in: Studi medievali, 3. Serie 17, 1, 1975, 363–391.

58 Povertà e richezza nella spiritualità dei secoli XI e XII (Convegni di studi sulla spiritualità medievale 8) 1969, grundlegend: R. Manselli, Evangelismo e povertà (S. 9–41). – Poverty in the middle ages, ed. by D. Flood, Referate einer Tagung in Mönchengladbach 1973 (Franziskanische Forschungen 27) Werl/Westfalen 1975. – La concezione della povertà nel medio-evo. Antologia e scritti a cura di Ovidio Capitani, Bologna 1974. – La povertà del secolo XII e Francesco d'Assisi. (Atti del II Convegno internazionale Assisi, 17–19 ottobre 1974) Assisi, 1975.

59 E. Frascadore–H. Ooms, Bibliografia delle bibliografie francescane, Firenze 1964–65. – L. Salvatorelli, La storiografia franciscana contemporanea, in: X congresso internaz. di scienze storiche, Roma 4–11 settembre 1955, Relazioni 3, Firenze 1955, 403–418.

60 R. Manselli, Rassegna di storia francescana, in: Rivista di storia e letteratura religiosa 1, 1965, 117–137. – D. E. Flood, Die Regula non bullata der Minderbrüder, Werl/Westf. 1967, 157–168; ders., John Moorman zur „Franziskanischen Frage", in: WW 35, 1972, 41–48. – San Francesco nella ricerca storica degli ultimi ottanta anni (Atti del IX congresso storico internaz. dell'Academia Tudertina, Todi 13–16 ottobre 1968), Todi 1971, mit Beiträgen von R. Manselli, E. Grau, I. Baldelli, K. Esser, E. Delaruelle, K.-V. Selge, C. Serban, P. Zerbi. – La questione francescana da Sabatier ad oggi (Atti del primo convegno internaz di studi francescani, Assisi 18–20 ottobre 1973, Assisi 1974 – St. da Campagnola, Le origini francescane come problema storiografico (Pubblicazioni degli istituti di storia della facoltà di Lettere e Filosofia 21), Perugia 1974; Bespr. in: AFH 68, 1975, 474–477 (J. Poulenc) und in: WW 39, 1976, 64–70 (E. Grau).

61 W. Goetz, Die Quellen zur Geschichte des hl. Franz von Assisi, Gotha 1904. – J. Moorman, The sources for the life of S. Francis of Assisi, Manchester 1940, Neuaufl. 1966, s. Flood in vorhergehender Anm. – L. Lemmens, Opuscula s. Francisci, Quaracchi, 1904; deutsche Übersetzung der Opuscula von K. Eßer und L. Hardick, Die Schriften des heiligen Franziskus von Assisi (Franziskanische Quellenschriften 1) Werl/Westf. 1963[3]. – H. Boehmer, Analekten zur Geschichte des Franciscus von Assisi. S. Francisci opuscula, regula paenitentium, antiquissima de regula minorum, de stigmatibus s. patris, de Sancto eiusque societate testimonia mit einer Einleitung und Regesten zur Geschichte des Franciscus und der Franciskaner, Tübingen–Leipzig 1904., ders., Analekten zur Geschichte des Franciscus von Assisi, 3. Aufl. mit einem Nachtrag von C. Andresen, Tübingen 1961. – K. Eßer, Über die Chronologie der Schriften des hl. Franziskus, in: Archivum Franciscanum historicum 65, 1972, 20–25; ders., Zur Frage der Echtheit einiger dem hl. Franziskus zugeschriebenen opuscula, in: Collectanea Franciscana 41, 1971, 241–259, wo eingangs dargelegt wird, daß die Stilkritik hier kaum anwendbar ist, da die von Franziskus zunächst in Volgare verfaßten oder diktierten Texte von verschiedenen Schreibern ins Lateinische umstilisiert wurden. – E. Grau, Die neue Bewertung der Schriften des hl. Franziskus von Assisi seit den letzten 80 Jahren, in: San Francesco nella ricerca storica degli ultimi ottanta anni (s. Anm. 60) 33–73. – K. Esser–R. Oliger, La tradition manuscrite des opuscules de saint François d'Assise. Préliminaires de l'édition critique, Roma 1972 (Bespr. in Rivista di storia della chiesa in Italia 27, 1973, 585–589 (A. Volpato). – K. Esser, Studien zu den opuscula des hl. Franziskus von Assisi (Subsidia scientifica franciscalia 4) Roma 1973; ders., Die

opuscula des hl. Franziskus von Assisi. Neue textkritische Edition. Editiones collegii s. Bonaventurae ad Claras aquas (Spicilegium Bonaventuranum 13) Grottaferrata (Romae) 1976. – E. Kurten, Weitere Textzeugen für die opuscula des hl. Franziskus von Assisi. Ergänzungen zu K. Esser–R. Oliger, La tradition manuscrite des opuscules de Saint François d'Assise (s. oben) Collectanea Franciscana 45, 1975, 251–267 – Corpus des sources franciscaines: 1. G. Mailleux, Thesaurus Celanensis, Louvain 1974. 2. J.-F. Godet, Sancti Bonaventurae legenda maior et minor sancti Francisci, Louvain 1975. 3. J.–F. Godet et G. Mailleux, Legenda trium sociorum. anonymus Perusinus, Fr. Juliani de Spira vita sancti Francisci, s. commercium s. Francisci cum domina paupertate, Louvain 1976. 5. F. Godet et G. Mailleux, Opuscula s. Francisci, Scripta sanctae Clarae, Louvain 1976. – H. Grundmann, Litteratus-illitteratus. Der Wandel einer Bildungsnorm vom Altertum zum Mittelalter, in: Archiv für Kulturgeschichte 40, 1958, 1–61. – Y. Congar, Clercs et Laics au point de vue de la culture au moyen âge: „Laicus" = Sans lettres, in: Studia mediaevalia et mariologica P. Carolo Balić OFM septuagisimum explenti annum dicata, Roma 1971, 309–332.

62 E. Grau, Zur Authentizität der ersten admonito des heiligen Franziskus, in: Franziskanische Studien 52, 1970, 120–136; dazu K. Eßer, Chronologie 23 ff.

63 Eßer, Chronologie 28–39.

64 K. Eßer, Exhortatio ad laudem Dei. Ein wenig beachtetes Loblied des hl. Franziskus, in: AFH 67, 1974, 3–17.

65 V. Branca, Il cantico di frate Sole, in: Archivum Franciscanum historicum 41, 1948, 3–87. – E. W. Platzeck, Das Sonnenlied des hl. Franziskus von Assisi. Eine Untersuchung seiner Gestalt und seines inneren Gehaltes nebst neuer deutscher Übersetzung, München 1957. – I. Baldelli, Il cantico di Francesco, in: San Francesco nella ricerca storica degli ultimi ottanta anni (s. Anm. 60) 75–94, aus philologischer Sicht mit neuer Lit. – E. Leclerc, Il cantico delle creature, 1973. – F. Bajetto, Un trentennio di studi (1941–1973) sul cantico del Frate Sole. Bibliografia ragionata, in: L'Italia Francescana 49, 1974, 5–62.

66 D. Lapsanski, The autographs on the „Cartula" of St. Francis of Assisi, in: Archivum Franciscanum historicum 67, 1974, 18–37 mit Abbildungen.

67 Vita I Celano 32: Analecta Franciscana X, Ad claras Aquas, 1926–1941, 25: Videns beatus Franciscus, quod Dominus Deus quotidie augeret numerum in idipsum, scripsit sibi et fratribus suis habitis et futuris, simpliciter et paucis verbis, vitae formam et regulam, sancti evangelii praecipue sermonibus utens, ad cuius perfectionem solummodo inhiabat. Testament (s. Anm. 71) 101: Et ego paucis verbis et simpliciter feci scribi et dominus papa confirmavit mihi. – A. Quaglia, Questione di nome e di sostanza, Approposito del „breve scritto" di S. Francesco nel 1209–10, in: Miscellanea Franciscana 76, 1976, 209–226.

68 Zur Regula non bullata von 1221/22: H. Boehmer, Analekten 1–18. – Dann die neue Arbeit von D. E. Elood, Die Regula non bullata der Minderbrüder (Franziskanische Forschungen 19, Werl/Westfalen 1967) mit dem neugestalteten kritischen Text (54–74), ausführliche Besprechung in ZKG 70, 1968, 111–114 von K.-V. Selge; zu Flood eine Ergänzung durch einen weiteren handschriftlichen Fund: K. Esser, Ein bedeutsames Fragment der Regula non bullata des hl. Franziskus, in: Franziskanische Studien 52, 1970, 97–119. – D. E. Flood–W. van Dijk–Th. Matura, La naissance d'un charisme: une lecture de la première règle de

François d'Assise, Paris 1973. – K. Esser, Textkritische Untersuchungen zur Regula non bullata der Minderbrüder, Grottaferrata 1974.

69 Das Original befindet sich im Sacro Convento in Assisi. Kritischer Text bei H. Grundmann, Die Bulle „Quo elongati" Gregors IX., in: AFH 54, 1961, 3–25. – Boehmer, Analekten (s. Anm. 61) 20–24. – Werkbuch zur Regel des hl. Franziskus (hg.) von den deutschen Franziskanern, Werl/Westfalen 1955. – Esser, Anfänge 101–118; ders., Die endgültige Regel der Minderbrüder im Lichte der neuesten Forschung, in: Franziskanisches Leben. Gesammelte Dokumente, (hg.) von K. Esser – E. Grau, Werl/Westfalen 1968, 31–96. – A. Quaglia, Storia e non-storia sui primordi della regola Francescana, in: Miscellanea Francescana 70, 1970, 250–261. – A Ghinato, Una regola in cammino. Il dinamismo della regola nella evoluzinone storica dei Frati Minori, Vicenza 1973.

70 Esser, Chronologie (s. Anm. 61) 56: Ein genuines ureigenstes Werk des Franziskus.

71 K. Esser, Das Testament des heiligen Franziskus von Assisi. Eine Untersuchung über seine Echtheit und seine Bedeutung. (Vorreformationsgeschichtliche Forschungen 15) Münster 1949.

72 Esser, das Testament 10: Et postquam Dominus dedit michi de fratribus, nemo ostendebat michi, quid deberam facere, sed ipse Altissimus revelavit michi, quod deberem vivere secundum formam Evangelii.

73 Analecta Franciscana X.–S. Clasen, Legenda antiqua s. Francisci. Untersuchung über die nachbonaventurianischen Franziskusquellen Legenda trium sociorum, Speculum perfectionis, Actus b. Francisci et sociorum eius und verwandtes Schrifttum (Studia et documenta Francescana V), Leiden 1967; ausführl. Bespr. von O. Schmucki: A Francisco legendarum ad Franciscum historicum, in: Collectanea Franciscana 38, 1968, 373–392, spez. 379–392 und K.-V. Selge, in ZKG 81, 1970, 114–120. – J. Cambell, Une tentative de résoudre la question franciscaine, in: Miscellanea Franciscana 69, 1969, 187–206: dazu E. Pásztor in: Studi medievali 3. serie 13, 1972, 483–485. – Th. Desbonnets–D. Vorreux, Saint François d'Assise. Documents, Écrits et premières Biographies, Paris 1968; diese französ. Übersetzung nimmt in den Vorreden und Anhängen Stellung zur „franziskanischen Frage"; dazu L. Di Fonzo, Una pregevole edizione francese delle leggende Francescane, in: Miscellanea Francescana 19, 1969, 207–227. – O. Schmucki, De operibus circa S. Francisci vitam ac spiritum nuperime in lucem editis, in: Collectanea Franciscana 43, 1973, 385–407.

74 Analecta Franciscana X 1–126: Celano I, 127–268: Celano II, 269–331: Tractatus de miraculis. – Thomas von Celano, Leben und Wunder des hl. Franziskus von Assisi. Einführung, Übersetzung, Anmerkungen von E. Grau (Franziskan. Quellenschriften 5) Werl/Westf. 1964. – G. Miccoli, La „conversione" di San Francesco secondo Tommaso da Celano, in: Studi Medievali 3. serie 5, 1964, 775–792. – Analecta Franciscana X, 555–652: Bonaventura. Legenda maior, Franziskus, Engel des sechsten Siegels. Sein Leben nach den Schriften des hl. Bonaventura. Einführung, Übersetzung. Anmerkungen von S. Clasen (Franziskan. Quellenschriften 7) Werl/Westf. 1962. – G. Miccoli, Di alcuni passi di san Bonaventura sullo sviluppo dell'ordine francescano, in: Studi medievali 3. serie 11, 1970, 381–395.

75 L. Lemmen, Die Schriften des Bruders Leo von Assisi (gest. 1271), in: Miscellanea Francesco Ehrle (Studi e testi 39) III, Roma 1924, 25–48. – Documenta antiqua Franciscana edidit L. Lemmen, Bd. 1, Quarachi 1901. – Leben und goldene Worte des Bruders Aegidius, (hg.) von P. A. Schlüter und L. Hardick (Franziskanische Quellenschriften 3), Werl/Westfalen 1953.

76 R. B. Brooke, Scripta Leonis, Rufini et Angeli sociorum s. Francisci. The writings of Leo Rufino and Angelo companions of St. Francis, edited and translated, Oxford 1970.

77 G. Abate, Nuovi studi sulla legenda di s. Francesco detta dei „Tre Compagni", in: Miscellanea Francescana 39, 1939, 1–55, 225–267, 358–432. – S. Clasen, Zur Kritik Van Ortroys an der „Legenda trium sociorum", in: Miscellanea Melchor de Pobladura 1, Rom 1964, 35–73. – Eine vorzügliche Einführung in die Probleme der Legenda trium sociorum gibt E. Pásztor, in der ausführlichen Besprechung des Buches: I fiori dei tre compagni. Testi francescani latini con introduzione e note da fr. J. Cambell. Versione italiana a fronte di N. Vian 1971, in: Studi medievali 3. serie 9, 1968, 252–264. – Th. Desbonnets, La légende des Trois Compagnons. Nouvelles recherches sur la généalogie des biographes primitives de saint François, in: AFH 65, 1972, 66–106. Der Verfasser hält II Celano nicht für eine Quelle der Legenda trium sociorum, sondern umgekehrt. Auch die Legenda maior des Bonaventura sei nicht Quelle der drei socii. – Th. Desbonnets, Legenda trium sociorum. Edition critique, in: AFH 67, 1974, 38–144. – G. Philippart, Les écrits des compagnons de s. François. Aperçu de la „Question Franciscaine" des origines à nos jours, in: Analecta Bollandiana 90, 1972, 143–166. – Die immer mehr erkannte Bedeutung des Kreises um Bruder Leo wird herausgestellt in der umfangreichen Untersuchung über den sogenannten Anonymus Perusinus von L. di Fonzo, L'Anonimo Perusino tra le fonti Francescane del secolo XIII. Rapporti letterari e testo critico, in: Miscellanea Francescana 72, 1972, 117–483; demnach gilt als Verfasser ein gewisser Giovanni da Perugia, der lange Jahre ein treuer Anhänger des seligen Bruders Aegidius gewesen sein soll. – Stanislao da Campagnola, La „compilatio Assisiensis". Una nuova proposta per la cosidetta „Legenda antiqua perusina", in: Laurentianum 16, 1975, 357–367. – Die Dreigefährtenlegende des hl. Franziskus. Die Brüder Leo, Rufin und Angelus erzählen vom Anfang seines Ordens. Einführung von S. Clasen. Übersetzung und Anmerkungen von E. Grau (Franziskanische Quellenschrift. 8) Werl/Westfalen 1972; Besprechung in: AFH 66, 1973, 255–259 von K. Esser. – R. Manselli, Nos qui cum eo fuimus. San Francesco e la testimonianza dei tre compagni, in: Archivio di Filosofia 1972, 505–516; dazu La povertà del secolo XII (s. Anm. 57) 63 f., 72 f., 273 ff.

78 B. Bughetti–R. Pratesi, I Fioretti di san Francesco. Firenze 1959. – G. Davico Buonino, I Fioretti di san Francesco. Torino 1965 – Mariano da Alatri, Genuità del messaggio Francescano dei Fioretti comprovata da un raffronto filologico con gli scritti di san Francesco, in: Collectanea Franciscana 38, Roma 1968, 5–77. – A Quaglia, La genesi degli „Actus" – „Fioretti", Sassoferrato 1970. – Fioretti. Franz von Assisi in der Legende seiner ersten Gefährten. Mit einem Nachwort des Übersetzers aus dem Italienischen von X. Schnieper. Luzern 1972. – A. Quaglia, Studi su i Fioretti di san Francesco. Falconara/M. 1977.

79 L. Salvatorelli, La personalità di San Francesco e il nucleo originario del

Francescanesimo, in: X congresso internaz. di scienze storiche, Roma 4–11 sett. 1955, Relazioni III, Firenze 1955, 424–437. – S. Clasen, Manipulierte Franziskusforschung, in: Wissenschaft und Weisheit 32, 1969, 218–246. – K. Esser, Anfänge und ursprüngliche Zielsetzungen des Ordens der Minderbrüder. Studia et documenta Franciscana IV) Leiden 1966 mit ausführl. Lit.; Bespr. von K.-V. Selge in: ZKG 79, 1968, 106–110. – Eine gute Einführung in die Anfänge des Ordens gibt O. Schmucki, De initiatione in vitam Franciscanam luce regule aliorumque primariorum fontium, in: Laurentianum 12, 1971, 169–179, 241–264. – S. Clasen, Miszellen zur Geschichte des hl. Franziskus von Assisi, in: WW 35, 1972, 217–230. – Stanislao da Campagnola, Le origini francescane come problema storiografico, Perugia 1974.

80 J.-M. Bienvenu, Préhistoire du Franciscanisme. Aspects pré-franciscains de l'érémitisme et de la prédication itinérante dans la France de l'ouest, fin XIe et début XIIes, in: Poverty in the middle ages (hg.) von D. Flood, Werl/Westf. 1975, 27–36. – K. Elm, Franziskus und Dominikus. Wirkungen und Antriebskräfte zweier Ordensstifter, in: Saeculum 23, 1972, 127–147.

81 O. Schmucki, Gli ultimi due anni di San Francesco d'Assisi e il rinovamento della nostra vita, in: Laurentianum 17, 1976, 209–250. – K. Haines, The death of St. Francis of Assisi, in: Franziskanische Studien 58, 1976, 27–46. – Biographien: P. Sabatier, Vie de S. François d'Assise, Paris 1894, édition définitive 1931. – J. Jörgensen, Der hl. Franz von Assisi, München 1952. – A. Fortini, Vita di San Francesco, 4 Bde, Assisi 1959. – O. Englebert, Vie de Saint François d'Assise, nouvelle édition refondue et mise à jour, Paris, 1972 mit ausführl. Bibliographie. – G. B. Ladner, Das älteste Bild des Hl. Franziskus von Assisi. Ein Beitrag zur mittelalterlichen Porträtikonographie, in: Festschrift Percy Ernst Schramm zu seinem siebzigsten Geburtstag von Schülern und Freunden zugeeignet I, 1964, 449–460.

82 Legenda trium sociorum § 37: poenitentiales di civitate Assisii oriundi. – G. Meersseman, Dossier de l'ordre de la pénitence au XIIIe siècle, Freiburg/Schweiz 1961; Bespr. von G. Cracco in Studi medievali 3. serie 3, 1962, 638–645. – Die Probleme des „ordo de poenitentia" sind sehr ausführlich behandelt in: Collectanea Franciscana 43, 1973, 5–334: L'ordine della penitenza di san Francesco d'Assisi nel secolo XIII (Atti del convegno di studi Francescani, Assisi 3-4-5 luglio 1972 auch gesondert erschienen Roma 1973); ausführl. Bespr. in AFH 67, 1974, 313–319 von K. Eßer. – M. Vovk, Die franziskanische „Fraternitas" als Erfüllung eines Anliegens der hochmittelalterlichen Zeit, in: WW 39, 1976, 2–25.

83 Flood, Regula bullata (s. Anm. 68) 55: „regula et vita istorum fratrum haec est, scilicet vivere in obedientia in castitate et sine proprio et Domini nostri Jesu Christi doctrinam et vestigia sequi, qui dicit: Si vis perfectus esse, vade et vende omnia quae habes et da pauperibus, et habebis thesaurum in coelo et veni sequere me (Mt 19.21). Item: si quis vult venire ad me et non odit patrem et matrem et uxorem et filios et fratres et sorores adhuc autem et animam suam, non potest meus esse discipulus" (Lc 14, 26). Et: omnis qui reliquerit patrem aut matrem aut sorores uxorem aut filios domos aut agros propter me, centuplum accipiet et vitam aeternam possidebit" (Mt 19.29). – Eßer, Testament (Anm. 71) 40: quod deberem vivere secundum formam sancti evangelii.

84 Zu dieser Zeitspanne K.-V. Selge, Rechtsgestalt und Idee der frühen Gemeinschaft des Franz von Assisi, in: Erneuerung der einen Kirche H. Bornkamm zum 65. Geburtstag gewidmet, Göttingen 1966, 1–31; ders. Franz von Assisi und die römische Kurie, in: Zs. für Theologie und Kirche 67, 1970, 129–161; ders., Franz von Assisi und Hugolino von Ostia, in: San Francesco nella ricerca storica degli ultimi ottanta anni (s. Anm. 60) 157–222. Selge spricht in „Rechtsgestalt 2" von Verwirrung, die den Leser auch nur eines Teils der unendlichen Franzliteratur befällt. Man weiß ja am Ende oft weniger als vor der Lektüre, wer Franz eigentlich war und was er wollte; so vielfältig sind die Antworten, die gegeben werden. Das Historische entgleitet einem über dem Anekdotischen; der Farbenreichtum seines Bildes verdunkelt seine tatsächlichen Ideen und Taten". Das vierte Convegno der società internazionale di studi francescani (Assisi, 15–17 ottobre 1976) hatte zum Thema: Francesco d'Assisi e franciscanesimo dal 1216 al 1226; ausführl. Bericht in Rivista di storia della chiesa in Italia 31, 1977, 251–257.

85 G. Odoardi, Porziuncola e Rivotorto, in: Miscellanea Francescana 69, 1969, 228–250.

86 L. Salvatorelli, Condizioni religiose d'Italia al principio del secolo XIII. Gioacchino da Fiore, in: X Congresso internazionale di scienze storiche (Relazioni III, Firenze 1955) 418–424. – M. D. Lambert, Franciscan poverty. The doctrine of the absolute poverty of Christ and the apostles in the franciscan order 1210–1323. London 1961. – H. Roggen, Die Lebensform des hl. Franziskus von Assisi in ihrem Verhältnis zur feudalen und bürgerlichen Gesellschaft Italiens, in: Franziskanische Studien 46, 1964, 1–57, 287–321. – Povertà e richezza (s. Anm. 58). – R. Manselli, Grundzüge der religiösen Geschichte Italiens im 12. Jahrhundert, in: Beiträge zur Geschichte Italiens im 12. Jahrhundert, (Vorträge und Forschungen, Sonderband 9) Sigmaringen 1971, 5–35. – O. da Spinetoli, Povertà evangelica e francescana, in: Laurentianum 13, 1972, 103–114, – La povertà del secolo XII (s. Anm. 58), besonders 255–282: R. Manselli, La povertà nella vita di Francesco d'Assisi. – K. Esser, Die Armutsauffassung des hl. Franziskus, in: Poverty in the middle ages, ed. by D. Flood, Werl/Westfalen 1975, 60–70.

87 Flood, Regula non bullata (s. Anm. 68) 64: Quando fratres vadunt per mundum „nihil portent per viam neque sacculum neque peram neque panem neque pecuniam neque virgam". – Boehmer, Analekten 22, Regula bullata: Fratres nihil sibi approprient nec domum nec locum nec aliquam rem. Et tamquam peregrini et advenae (1 Pt 2,11) in hoc saeculo in paupertate et humilitate Domino famulantes vadant pro elemosyna confidenter ... – E. Eßer, Testament (s. Anm. 71): Caveant sibi fratres, ut ecclesias, habitacula paupercula et omnia que pro ipsis construuntur, penitus non recipiant, nisi essent sicut decet sanctam paupertatem, quam in regula promisimus semper ibi hospitantes sicut advene et peregrini.

88 K. Eßer, Untersuchungen zum „Sacrum commercium beati Francisci cum domina paupertate", in: Miscellanea Melchor de Pobladura I, 1964, 1–33; deutsch von K. Eßer und E. Grau, Der Bund des heiligen Franziskus mit der Herrin Armut (Franziskan. Quellenschriften 9) Werl./Westf. 1966. – Esser, Anfänge 245–281; ders., Gehorsam und Autorität in der frühfranziskanischen

Gemeinschaft, in: Wissenschaft und Weisheit 34, 1971, 1–18 betrachtet den Gehorsam als wichtigsten Bestandteil der Armut, als die höchste Form der expropriatio. – Gegen G. Leff, Heresy in the later middle ages und seine Auffassung der Armut bei Franziskus wendet sich D. E. Flood wohl mit Recht in seiner Bespr. des Leff'schen Buches in Wissenschaft und Weisheit 34, 1971, 45 f. – A. Elsässer, Gehorsam-Geist der Untertänigkeit oder Freiheit der Kinder Gottes? Franz von Assisi und die heutige Zeit, in: Humanum, Moraltheologie im Dienst des Menschen, Düsseldorf 1972, 193–214.

89 Esser, Anfänge 168–189. – B. E. J. Stüdeli, Minoritenniederlassungen und mittelalterliche Stadt. Beiträge zur Bedeutung von Minoriten- und anderen Mendikantenanlagen im öffentlichen Leben der mittelalterlichen Stadtgemeinde insbesondere der deutschen Schweiz (Franziskanische Forschungen 21) Werl/ Westf. 1969. Die Arbeit von Stüdeli hat durch Heranziehung einer neuen Quellengattung wichtige Erkenntnisse zur Geschichte des Ordens vor allem im 13. Jahrhundert erbracht, durch einen Vergleich der Regelvorschriften mit der archivalischen Überlieferung zur Errichtung der ersten Niederlassungen; auch wenn er sich vornehmlich auf den (heute) schweizerischen und süddeutschen Raum stützt, können seine Ergebnisse wohl auch anderwärts gelten (das Zitat S. 27). – Eine Ergänzung bringt E. Wolter, Zur ersten Niederlassung der Franziskaner in Köln, in: Rheinische Vierteljahrsblätter 35, 1971, 175–200. – Zu weiterer Literatur und Forschungsvorhaben: L. Pellegrini, L'ordine francescano e la società cittadina in epoca Bonaventuriana. Un analisi del Determinationes questionum super regulam fratrum minorum, in: Laurentianum 15, 1974, 154–200, besonders 182 f.

90 Stadterweiterung und Vorstadt, hg. von E. Maschke und J. Sydow (Protokoll über die 6. Arbeitstagung des Arbeitskreises für Südwestdeutsche Stadtgeschichtsforschung, Konstanz 10.–12. November 1967. (Veröffentlichungen der Kommission für geschichtliche Landeskunde in Baden-Württemberg, Reihe B: Forschungen 51) Stuttgart 1969.

91 Stüdeli (Anm. 89) 54–67.

92 Siehe die Arbeiten von Selge.

93 Esser, Testament (s. Anm. 71) 40: nemo ostendebat michi, quid deberem facere, sed ipse Altissimus relevavit michi, quod deberem vivere secundum formam s. evangelii. – ebd. 42: salutationem michi dominus relevavit etc. – Flood, Regula non bullata (s. Anm. 68) 55: si quis divina inspiratione volens accipere hanc vitam etc.; ebd. 64: unde quicumque fratrum divina inspiratione voluerit ire inter saracenos et alios infideles ... – D. V. Lapsanski, Perfectio evangelica. Eine begriffsgeschichtliche Untersuchung im frühfranziskanischen Schrifttum. (Veröffentlichungen des Grabmann-Instituts 22) München–Paderborn–Wien 1974 (mit ausf. Lit.).

94 Aber deswegen braucht man nicht so weit zu gehen wie Papst Paul VI. in seinem Schreiben an den Generalminister Konstantin Koser vom 26. Mai 1973 (L'Osservatore Romano 4./5. Juni 1973 Nr. 127): „Est ergo sensus et famulatus Ecclesiae vocatio vestra primigenia atque nativa".

95 K. Eßer, Franziskus von Assisi und die Katharer seiner Zeit, in: AFH 51, 1958, 225–264. – Ilarino da Milano, Il dualismo cataro in Umbria al tempo di san Francesco, in: Atti del IV convegno di studi Umbri (Gubbio 22–26 maggio 1966),

Perugia 1967, 175–216. – K. Esser, Der hl. Franziskus und die religiösen Bewegungen seiner Zeit, in: San Francesco nella ricerca storica degli ultimi ottanta anni (s. Anm. 60) 95–123.

96 Lettres de Jaques de Vitry, édition critique, (hg.) von R. B. C. Huygens, Leiden 1960, 75 f., 131 ff.

97 L. Salvatorelli, Movimento Francescano e Gioachimismo, in: X Congresso internaz. di scienze storiche Roma 1955, Relazioni III, 1955, 403–448, spez. 435 ff.

98 Esser, Anfänge (s. Anm. 79). – E. Buonaiuti, Origini christiane e movimento Francescano: Saggi di storia del christianesimo, Vicenza 1957, 383–398; ders., Geschichte des Christentums, Band 2, Bern 1957, 255–275.

99 K.-V. Selge in: ZKG 79, 1968, 107.

100 Esser, Anfänge (s. Anm. 79) 32–35.

101 Siehe oben, Anm. 96.

102 Siehe Anm. 68, 69.

103 L. Landini, The causes of the clericalization of the order of Friars Minor 1209–1260 in the light of early Franciscan sources, Chicago 1968. – Die beste Darstellung des für den Orden so wichtigen Problems: R. Manselli, La clericalizzazione dei minori e San Bonaventura, in: S. Bonaventura francescano (Convegni del centro di studi sulla spiritualità medievale XIV) Todi 1974, 181–208. – Daß das Problem der Klerikalisierung des Ordens auch heute noch empfunden wird, kann man aus: Franziskanisches Leben, Gesammelte Dokumente, (hg.) von K. Eßer und E. Grau, Werl/Westf. 1968, 204 f. ersehen.

104 Esser, Anfänge 61–81, dazu K.-V. Selge in: ZKG 79, 1968, 106–108. Eine Liste der ministri generales für das 13. und den Anfang des 14. Jahrhunderts bei Gratien de Paris, Histoire de la fondation et de l'évolution de l'ordre des frères mineurs au XIIIe siècle. Paris 1928, 693. – Wichtig für die Entwicklung der Ämter bis zur Mitte des 13. Jahrhunderts: G. Barone, Note sull'organizzazione amministrativa e la vita delle province nei primi decenni di storia francescana, in: Studi sul medioevo cristiano, offerti a Raffaello Morghen (Istituto storico italiano per il medio evo, studi storici 83–87).

105 Esser, Anfänge 81–96. Eine Liste der Generalkapitel für das 13. und den Anfang des 14. Jahrhunderts bei Gratien de Paris (s. Anm. 104) 684.

106 Esser, Testament (s. Anm. 71) 158 f. – K. Ruh, Zur Grundlegung einer Geschichte der franziskanischen Mystik, in: Altdeutsche und altniederländische Mystik, (hg.) von K. Ruh, Darmstadt 1964, 258 ff.; S. 262: „Umso erstaunlicher die Bemühungen (nicht aller) franziskanischer Forscher, etwa in der Armutsfrage oder der Frage der wissenschaftlichen Studien einen consensus zwischen dem Stifter und der Ordenswirklichkeit herstellen zu wollen".

107 L. Izzo, La semplicità evangelica nella spiritualità di S. Francesco d'Assisi. Studi e ricerche, Roma 1971.

108 R. Manselli, L'ultima decisione di s. Francesco. Bernardo di Quintavalle e la benedizione di s. Francesco morente, in: Bullettino dell'istituto storico italiano 78, 1967, 137–153.

109 A. Rotzetter, Kreuzzugskritik und Ablehnung der Feudalordnung in der Gefolgschaft des Franziskus von Assisi, in: WW 35, 1972, 121–137. – Zur Krippenfrömmigkeit: O. Schmucki, Das Geheimnis der Geburt Jesu in der

Frömmigkeit des hl. Franziskus von Assisi, in: Collectanea Franciscana 41, 1971, 260–287. – Zur frühen franziskanischen Frömmigkeit auch: ders., „Secretum solitudinis". De circumstantiis externis orandi penes sanctum Franciscum Assisiensem, in: Collectanea Franciscana 39, 1969, 5–58; ders., „Mentis silentium" il programma contemplativo nel ordine francescano primitivo, in: Laurentianum 14, 1973, 177–222.

110 K. Esser, Das Gebet des hl. Franziskus vor dem Kreuzbild in San Damiano, in: Franziskanische Studien 34, 1952, 1–11; dazu G. Miccoli, La „conversione" di San Francesco, in: Studi medievali 3. serie 5, 1964, 789. – O. von Rieden, Das Leiden Christi im Leben des hl. Franziskus von Assisi. Eine quellenvergleichende Untersuchung im Lichte der zeitgenössischen Passionsfrömmigkeit, in: Collectanea Franciscana 30, 1960, 5–30, 129–145, 241–263, 353–397; vor allem S. 18–26: Franziskus und das mystische Tau. – H. Rahner, Antenna crucis V, das mystische Tau, in: Zeitschrift für katholische Theologie 75, 1933, 385–410, – D. Kartschoke, Signum Tau (zu Wolframs Willehalm 406, 17 ff.), in: Euphorion 61, 1967, 245–266. – S. Clasen, in: WW 35, 1972, 217–219.

111 O. von Rieden, Das Leiden Christi (s. Anm. 110), 353 ff.

112 W. Keuck, „Der Herr segne Dich". Der Segen des hl. Franziskus für Bruder Leo (vgl. num 6, 24–27), in: WW 39, 1976, 81–107.

113 O. von Rieden, De sancti Francisci Assisiensis stigmatum susceptione, in: Collectanea Franciscana 33, 1963, 210–266, 392–422; 34, 1964, 5–22, 241–338. – K. Ruh, Zur Grundlegung (s. Anm. 106) 241 ff. – W. von den Steinen, Menschen im Mittelalter. Gesammelte Forschungen, Betrachtungen, Bilder, (hg.) von P. Moos. Bern/München 1967, 278: „Und es schossen auf den glühenden Beter die Todeszeichen seines Gottes vom Himmel zur Erde. Es war, so melden die Geschichten, am Tag der Kreuzerhöhung, 1224 Jahre nach des Heilands Geburt: vielleicht die denkwürdigste Stunde des christlichen Äons".

114 H. Grundmann, Die Bulle „Quo elongati" (s. Anm. 69).

115 Von der Mitte des 13. Jahrhunderts an und besonders in der zweiten Hälfte des Jahrhunderts erscheinen Angehörige des Ordens in der Hierarchie zuerst in den Missionsgebieten; zur späteren Entwicklung R. Ritzler, I cardinali e i papi dei frati minori conventuali, in: Miscellanea Franciscana 71, 1971, 3–77; demnach sind aus den Franziskanerkonventualen ungefähr 1300 Bischöfe und Erzbischöfe, 10 Patriarchen, 32 Kardinäle und 4 Päpste hervorgegangen. – Eine ausführliche Untersuchung bietet W. R. Thomson, Friars in the cathedral. The first Franciscan bishops, 1226–1261. (Pontifical Institute of Mediaeval Studies. Studies and texts 33) Toronto 1975.

116 L. Salvatorelli, La personalità di San Francesco e il nucleo originario del Francescanesimo, in: X congresso internaz. di scienze storiche, Roma 4–11 settembre 1955, Relazioni III, Firenze 1955, 424–437, spez. 435: si trattava dunque, per l'apostolo Francesco, di ben altro e di ben piu che della fondazione di un Ordine religioso accanto agli altri. Una simile fondazione era estranea alla idea originaria francescana. Non un altro ordine religioso, ma una fraterna e libera communità apostolica era quel che Francesco voleva. S. Francesco e i suoi Minori dovevano essere il fermento, prodigalmente lanciato e liberamente circolante nella pasta cristiana, che doveva farla lievitare in nuova santità di vita; 438: Il dissidio implicito nel movimento francescano non poteva essere risolto

nell'Ordine e dall'Ordino, appunto perché l'Ordine era già per sé una rinuncia al francescanesimo integrale. – Dante, Divina comedia, übers. von O. Vossler, Paradiso XI 122–132:

Drum kannst Du wohl verstehen: wer nach seinen
Geboten handelt, ladet gute Ware
Jedoch nach neuer Kost ist seine Herde
lüstern geworden, und so läuft sie denn
nach weit verschiednen Triften auseinander
Je mehr sich seine Schäflein nun von ihm
entfernen, und je mehr sie sich verlaufen,
um so viel leerer kehren sie zum Stall.
Wohl gibts noch Brüder, die das Übel fürchten
und nicht vom Hirten weichen, wenige freilich,
und wenig Tuch genügt für ihre Kutten.

117 Stanislao da Campagnola, L'Angelo del sesto sigillo e l',,Alter Christus''. Genesi e sviluppo di due temi francescani nei secoli XIII–XIV, Roma 1971.

118 Dante, Paradiso XI, 49–53:

Von jenem Berg, dort wo er sanfter wird,
trat eine Sonne in die Welt, so warm,
wie diese manchmal aus dem Ganges steigt.
Drum soll, wer diesen Ort erwähnt, nicht mehr
Ascesi (Assisi) sagen, denn das wär zu wenig,
und richtig muß es heißen: Orient.

Das Sonnenmotiv klingt schon in der Kanonisationsbulle ,,Mira circa nos'' Gregors IX. im Jahre 1228 an: sicut sol in ecclesia Dei fulgens.

119 R. Manselli, Nos qui cum eo fuimus. San Francesco e la testimonianza dei tre compagni, in: Archivio di Filosofia (1972) 505–516; dazu La povertà del secolo XII (s. Anm. 58) 63 f., 72 f., 273 ff.

120 E. Benz, Ecclesia spiritualis. Kirchenidee und Geschichtstheologie der franziskan. Reformation, Stuttgart 1934, 2. Aufl. Darmstadt 1964. – B. Töpfer, Das kommende Reich des Friedens. Zur Entwicklung chiliastischer Zukunftshoffnungen im Hochmittelalter (Forschungen zur mittelalterlichen Geschichte 11) Berlin 1964, Kap. V, S. 211–257: Der Höhepunkt der franziskanisch-spiritualen Reformerwartung um 1300. – Franciscans d'Oc. Les spirituels ca 1280–1324 (Cahiers de Fanjeaux 10, Toulouse 1975. – G. Scalisi, L'idea di Chiesa negli spirituali e nei fraticelli (Studi e testi francescani 52) Roma–Vicenza 1973. – A. M. Ini, Nuovi documenti sugli spirituali di Toscana, in: AFH 66, 1973, 305–377. – E. Pásztor, Gli spirituali di fronte a san Bonaventura, in: S. Bonaventura francescano (Convegni del centro di studi sulla spiritualità medievale XVI) Todi 1974, 159–179, mit einer guten Übersicht über das Problem des Joachitismus im Orden. – Chi erano gli spirituali (Terzo convegno internazionale, Assisi, 16–18 ottobre 1975). Bericht über die Tagung in Rivista di storia della chiesa in Italia 30, 1976, 243–247.

121 A. Sisto, Figure del primo francescanesimo in Provenza. Ugo e Douceline di Digne (Biblioteca della RSLR. Studi e testi III) Firenze, 1071; dazu: J. Paul, Hugues de Digne, in: Cahiers de Fanjeaux 10, 1975, 69–97; L. von Auw, La vraie église d'après les lettres d'Angelo Clareno, in: L'attesa dell'etá nuova nella

spiritualità della fine del medioevo 16–19 ottobre 1960 (Convegni del centro di studi sulla spiritualità medievale III) Todi, 1962, 433–442 ; Dies., Angelo Clareno et les spirituels du Midi, in: Cahiers de Fanjeaux 10, 1975, 243–262. – E. R. Daniel, Spirituality and poverty: Angelo da Clareno and Ubertino da Casale, in: Medievalia et Humanistica, new series 4, 1973, 89–98. – R. Manselli, Pietro di Giovanni Olivi ed Ubertino da Casale (a proposito della lectura super Apocalipsim e dell'Arbor vitae crucifixae Jesu) in: Studi medievali 3. serie 6, 1965, 95–122. – Ch. T. Davis, Le pape Jean XXII et les spirituels. Ubertin de Casale, in: Cahiers de Fanjeaux 10, 1975, 263–283.

122 S. Gieben, Bibliographia Oliviana (1885–1967), in: Collectanea Franciscana 38, 1968, 167–195. – B. Töpfer, Das kommende Reich des Friedens, 217–232, 236.

123 R. Manselli, La „Lectura super Apocalipsim" di Pietro di Giovanni Olivi. Ricerche sull'eschatologismo medioevale (Istituto stor ital. per il medio evo, studi storici 19–21) Roma 1955 ; ders. ; La terza età, „Babylon" e l'anticristo mistico (a proposito di Pietro di Giovanni Olivi) in: Bullettino dell'istituto storico ital. per il medio evo 82, 1970, 47–79 ; ders., L'idéal du spirituel selon Pierre Jean-Olivi, in: Cahiers de Fanjeaux 10, 1975, 99–126. – D. E. Flood, Petrus Johannis Olivi. Ein neues Bild des angeblichen Spiritualenführers, in: Wissenschaft und Weisheit 34, 1971, 130–141; ders., Peter Olivi's Rule commentary. Edition and presentation (Veröffentlichungen des Instituts für europ. Gesch., Abt. Religionsgeschichte) Wiesbaden 1972. – St. da Campagnola, L'angelo del sesto sigillo 234–251. – D. Burr, The persecution of Peter Olivi, in: Transactions of the american philosophical society NS 66 p. 5, 1976.

124 Manselli, La terza età (s. Anm. 123), 79: „Fu tragicamente grave che chi poteva e doveva, non capí, anzi condannò l'uno e l'altro, (Olivi und Dante) senza accorgersi che erano la voce e l'espressione di masse assai più vaste, di vere e proprie folle di fedeli. Da questa incomprensione uscí, spezzata e sconvolta, la christianità medioevale."

125 R. Manselli, Spirituali e beghini in Provenza (Istituto storico ital. per il medio evo, studi storici 31–34) Roma 1959.

126 Die Geschichte des Armutsstreites ist sehr ausführlich behandelt bei: J. Miethke, Ockhams Weg zur Sozialphilosophie, Berlin 1969, besonders 348–427: Der Armutsstreit unter Johann XXII. – R. Manselli, Un papa in un'età di contradizzione: Giovanni XXII, in: Studi Romani 22, 1974, 444–456.

127 B. Töpfer, Die Anschauungen des Papstes Johannes XXII. über das dominium in der Bulle „Quia vir reprobus", in: Folia diplomatica I, Brno 1971. – A. Schütz, Die Prokuratorien und Instruktionen Ludwigs des Bayern für die Kurie (1331–1345). Ein Beitrag zu seinem Absolutionsprozeß (Münchener histor. Studien, Abt. Gesch. Hilfswiss 11), Kallmünz 1973. – H. J. Becker, Zwei unbekannte kanonistische Schriften des Bonagratia von Bergamo in Cod. vat. lat. 4009, in: QF 46, 1966, 219–276 mit Lit. – Giornata di studi Cesenati (Cesena 17–18 mai 1975) mit den Vorträgen von E. Páztor, Michele da Cesena nella crisi del francescanesimo ; A. Cocci, Michele da Cesena e Alvaro Pelagio ; C. Dolcini, Il pensiero politico di Michele de Cesena (1328–1338). – Th. Turley, Infallibilists in the curia of pope John XXII, in: Journal of medieval history 1, 1975, 71–101. – Wenn Ockham in der zweiten Phase seines Lebens in den Jahren des großen Streites mit der „avignonesischen Kirche" von München aus in die politische

Arena trat, so ging es bei ihm doch immer um die philosophisch-theologische Vertiefung der Auseinandersetzungen.

128 B. McGinn, Apocalypticism in the middle ages: An historiographical sketch, in: Mediaeval studies 37, 1975, 252–286. – Grundlegend B. Töpfer, Das kommende Reich (s. Anm. 120) 217–232, 236. – R. Manselli, La „Lectura super Apocalipsim" di Pietro di Giovanni Olivi, gibt in den Kap. 1–3 eine gute Einführung. – Mit einigen Vorbehalten ist zu nennen N. Cohn, Das Ringen um das tausendjährige Reich, Bern/München 1961; dazu die Bespr. von H. Grundmann in HZ 196, 1963, 661–666.

129 L'attesa dell'età nuova nella spiritualità della fine del medioevo 16–19 ottobre 1960 (convegni del centro di studi sulla spiritualità medievale III), Todi 1962, mit wichtigen Beiträgen – J. Ratzinger, Die Geschichtstheologie des heiligen Bonaventura, München–Zürich 1959.

130 H. D. Rauh, Das Bild des Antichrists im Mittelalter: von Tyconius zum deutschen Symbolismus (Beiträge zur Geschichte der Philosophie und Theologie des Mittelalters N.F.9) Münster 1973. Eine sehr ausführliche Darstellung der Antichrist-Auffassungen (nach langer Einführung) im hohen Mittelalter im sogenannten deutschen Symbolismus: Rupert von Deutz, Honorius Augustodunensis, Anselm von Havelberg, Otto von Freising, der ludus de antichristo, Gerhoch von Reichersberg, Hildegard von Bingen; das Wort Antichrist ist schon früh zur Brandmarkung von Ketzern, dann aber vor allem vom Investiturstreit an für Gegner der sog. Reform verwendet worden, also zur Polemik politisiert als „kirchenpolitisches Schlagwort". – H. M. Schaller, Endzeit-Erwartung und Antichrist-Vorstellungen in der Politik des 13. Jahrhunderts, in: Festschrift für Hermann Heimpel (Veröffentlichungen des Max-Planck-Instituts für Geschichte 36/II) Göttingen 1972, 924–947.

131 H. Grundmann (gest. 1970) hat sich sein Leben lang mit Joachim von Fiore beschäftigt, ohne aber die schon in seiner Diss. (1927) angekündigte kritische Edition der Hauptwerke Joachims fertigstellen zu können. (Zu Grundmann der Nachruf von A. Borst in DA 26, 1970, 327–367). Die letzte größere Arbeit Lex und sacramentum bei Joachim von Fiore, in: Miscellanea Mediaevalia 6, 1969, 31–48, gibt einen Überblick über den Stand der Forschung mit ausführl. Angaben zur Bibliographie, zu den in letzter Zeit aufgefundenen echten Joachim-Schriften; zur Bibliographie ist nachzutragen F. Russo, Rassegna bibliografica Gioachimita (1958–1967) in: Commentarii Cistercienses 19, 1968, 206–214; die Studie von Grundmann: Neue Forschungen über Joachim von Fiore (Münstersche Forschungen 1) Marburg 1950 enthält S. 64–84 das wichtige Kap. Joachims Lehre; neue Funde zum Lebensweg Joachims bei Grundmann: Zur Biographie Joachims von Fiore und Rainers von Ponza, in: DA 16 (1960) 437–546. – Noch immer grundlegend ist die große Arbeit von B. Töpfer, Das kommende Reich des Friedens (s. Anm. 120) besonders S. 48–103: Joachim von Fiore und das folgende Kap. S. 104–153: Das Weiterwirken der Anschauungen Joachims im 13. Jahrhundert im Franziskanerorden. – M. Reeves, The influence of prophecy in the later middle ages. A study in Joachimism, Oxford 1969; dazu E. Pásztor in Studi medievali 3. serie 12, 1971, 795–802; eine sehr ausführl. Stellungnahme ist in dem großen Beitrag im Bullettino dell'Istituto storico italiano per il medio evo 82, 1970, 1–157: Ricerche sull'influenza della profezia

nel basso medio evo mit Beiträgen von R. Manselli, F. Simoni, E. Pásztor, A. Volpato und G. Tognetti. – G. Wendelborn, Gott und Geschichte. Joachim von Fiore und die Hoffnung der Christenheit, Wien/Köln 1974. – M. E. Reeves, History and Prophecy in medieval Thought, in: Medievalia et Humanistica 5, 1974, 51–75.

132 Die Concordia wurde gedruckt in Venedig 1519, die Expositio und das Psalterium ebenfalls in Venedig 1527 (Nachdruck Frankfurt 1964–1965); der Tractatus super quattuor evangelia, ed. E. Buonaiuti (Fonti per la storia d'Italia 67) Roma 1930.

133 Töpfer (s. Anm. 120) 211–257, Kap. 5: Der Höhepunkt der franziskanisch-spiritualen Reformerwartung um 1300.

134 L. Tondelli, Il libro delle figure dell'abate Gioachino da Fiore, 2 Bde., Torino 1940, erweiterte Aufl. Torino 1953. – M. Reeves – B. Hirsch-Reich, The figurae of Joachim of Fiore, Oxford 1972.

135 K. Ruh, Joachitische Spiritualität im Werke Roberts von Boron, in: Typologia litterarum. Festschrift für Max Wehrli, Zürich 1969, 167–196; zur Weiterwirkung Joachims in politischer Hinsicht F. Seibt, Utopica, Düsseldorf 1972, 24–47: Neues Zeitalter und neue Welt, Joachim und Morus.

136 Wegen der inneren Verbundenheit ist immer noch lesenswert das Kapitel XIV: Die Botschaft Joachims von Floris, von E. Buonaiuti, Geschichte des Christentums II, Bern 1957, 215–237, wenn es auch der neueren Forschung nicht mehr ganz entspricht. Daraus sind einige Zitate entnommen.

137 K. Ruh, Bonaventura deutsch. Ein Beitrag zur deutschen Franziskaner-Mystik und Scholastik. (Bibliotheca Germanica 7) Bern/München 1956, 41.

138 Ebenda 51. – Der Anteil des Minoritenordens an der Entwicklung einer deutschsprachigen Theologie im 13. Jahrhundert ist nicht nur bedeutsam, sondern entscheidend. „... wir dürfen den Leitsatz aussprechen: Deutsche Prosa des 13. Jahrhunderts ist Prosa der Franziskaner".

139 G. Cracco, La spiritualità italiana del Tre-Quattrocento. Linee interpretative, in: Studia Patavina 18, 1971, 74–116.

140 Immer noch nützlich: K. Ruh, Altdeutsche Mystik. Ein Forschungsbericht I, II, in: Wirkendes Wort 7, 1956/57, 135–146, 212–231; ders., Bonaventura deutsch; ders., Franziskanisches Schrifttum im deutschen Mittelalter, Bd. 1: Texte, München 1965; so wurde lange das sogenannte „Mystische Handbuch" des Franziskaners Rudolf von Biberach" De septem itineribus aeternitatis" Bonaventura zugeschrieben und in die „Opera omnia" Bonaventuras (Paris 1864–1871, Bd. VIII, 393–482) aufgenommen. Darüber handelt ausführlich M. Schmidt, Rudolf von Biberach, Die siben strassen zu got. Die hochalemannische Übertragung nach der Handschrift Einsiedeln 278 (Spicilegium Bonaventurianum VI) Quaracchi 1969.

141 So zitiert bei Ruh, Bonaventura deutsch (s. Anm. 137) 42.

142 E. Hillenbrand, Nikolaus von Strassburg. Religiöse Bewegung und dominikanische Theologie im XIV. Jahrhundert. (Forschungen zur oberrheinischen Landesgeschichte 21) Freiburg 1968.

143 J. Koch, Kritische Studien zum Leben Meister Eckharts, in: AFP 29, 1959, 5–51 (mit Tabellen für die Jahre 1293–1322) und 30, 1960, 5–52 (die Kölner Jahre, der Prozeß und die Verurteilung), jetzt auch in J. Koch, Kleine Schriften 1 (Storia e Letteratura 127) Rom 1973, 247–347. In diesem Band sind weitere sechs

Schriften Kochs zum Thema Meister Eckhart abgedruckt. – Meister Eckhart der Prediger. Festschrift zum Eckhart-Gedenkjahr 1960, hg. von U. Nix und R. Öschlin, Freiburg 1960, darin 4–13: J. Koch, Meister Eckharts Lebensweg von 1293–1325; 13–21: Der Inquisitionsprozeß; ders., Meister Eckhart. Versuch eines Gesamtbildes, in: Die Kirche in der Zeitenwende, hg. von O. Kuss und E. Kleineidam, Salzburg ³1938, 277–309; jetzt auch in: Kleine Schriften 1, 201–238; ders., Meister Eckharts Weiterwirken im deutsch-niederländischen Raum im 14. und 15. Jahrhundert, in: La mystique rhénane. Colloque de Strasbourg 1961, Paris 1963, 133–156 (auch in: Kleine Schriften 1, 429–455) – I. Degenhardt, Studien zum Wandel des Eckhartbildes. (Studien zur Problemgeschichte der antiken und mittelalterlichen Philosophie III) Leiden 1967.

144 M.-H. Laurent, Autour du procès de Maître Eckhart, in: Divus Thomas (Piacenza) 39, 1936, 331–348, 430–447. – Degenhardt, Studien 3–15: Der Inquisitionsprozeß als Grundlage gegensätzlicher Eckhartsdeutungen. – F. Pelster, Ein Gutachten aus dem Eckehart-Prozeß in Avignon, in: Beiträge zur Gesch. der Philosophie und Theologie des Mittelalters, Supplementband III 2, 1935, 1099–1124. – J. Koch, Der Kardinal Jacques Fournier (Benedikt XII.) als Gutachter in theologischen Prozessen, in: Die Kirche und ihre Ämter und Stände, Festgabe für Joseph Kardinal Frings hg. von W. Corsten, A. Frotz, P. Linden, Köln 1960, 441–452, jetzt auch in Kleine Schriften 2, Roma 1973, 367–386, spez. 381–385: Der Inquisitionsprozeß gegen Meister Eckhart; ders., Philosphische und theologische Irrtumslisten von 1270–1329, in: Mélanges Mandonnet 2, 1930, 305–329, jetzt auch in Kleine Schriften 2, 423–450.

145 H. Denifle, Meister Eckharts lateinische Schriften und die Grundanschauungen seiner Lehre, in: Archiv für Literatur- und KG des Mittelalters 2, 1886, 630–633; der Widerruf scheint aber nicht die harte Kritik von J. Koch in Archivum Fratrum Praedicatorum 30, 1960, 38f. zu verdienen.

146 Denifle, Archiv für Literatur (s. Anm. 145) 2, 636–640. – Eine deutsche Übersetzung der Bulle: J. Quint, Meister Eckhart, deutsche Predigten und Traktate, München 1963², 449–455. – Ein deutsches Fragment der Bulle „In agro dominico" bei A. Patschovsky, Straßburger Beginenverfolgungen im 14. Jahrhundert, in: DA 30, 1974, 119–124; Text 195–198. – Das Schreiben des Papstes vom 15. April 1329 an den Erzbischof von Köln bei Denifle, Actenstücke zu Meister Eckharts Prozess, in: Zs. für deutsches Altertum und deutsche Literatur 29 N.F.17, 1885, 259–266, spez. 266; der Erzbischof wird angewiesen, gegen Verteidiger der verurteilten Sätze vorzugehen und die Bulle in Stadt, Bistum und Provinz verkünden zu lassen. Zur Interpretation der Bulle J. Koch, Meister Eckharts Weiterwirken 133–138.

147 Th. Käppelli in AFP 10, 1940, 293f.

148 O. Karrer–H. Piesch, Meister Eckharts Rechtfertigungsschrift vom Jahre 1326, Erfurt 1927, 129: „Ich habe zu bemerken, daß in dieser Predigt, die mir schon vor langem einmal vorgehalten wurde, sich vieles findet, was ich niemals gesagt habe. Auch ist viel Sinnloses, Dunkles, Wirres und gleichsam Schlaftrunkenes darin, weshalb ich es ganz und gar von mir wies".

149 Siehe Anm. 170.

150 Karrer-Piesch, Rechtfertigungsschrift (s. Anm. 148) 89.

151 ebenda 79.

152 ebenda 89.
153 ebenda 99.
154 ebenda 84.
155 ebenda 99.
156 ebenda 80.
157 ebenda 119.
158 ebenda 107, 121.
159 ebenda 77.
160 Karrer-Piesch, Rechtfertigungsschrift (s. Anm. 148) passim.
161 J. Koch in Meister Eckhart der Prediger 18 Anm. 17.
162 Meister Eckhart. Die deutschen und lateinischen Werke herausgegeben im Auftrage der Deutschen Forschungsgemeinschaft. Verlag Kohlhammer, Stuttgart.

A. Die deutschen Werke (DW) herausgegeben und übersetzt von Josef Quint. I. Predigten, 1958. II. Predigten 1971. III. Predigten, Lieferung 1–8, 1973–1975. V. Traktate, 1963.

B. Die lateinischen Werke (LW). I. Mag. Echardi Prologi. Expositio libri Genesis. Liber Parabolarum Genesis, herausgegeben und übersetzt von Konrad Weiss, 1964. II. S. 1–227: Expositio libri Exodi, herausgegeben und übersetzt von K. Weiss. S. 229–300: Sermones et lectiones super Ecclesiastici cap. 24, herausgegeben und übersetzt von Josef Koch. S. 301–502: Expositio libri Sapientiae, herausgegeben und übersetzt von J. Koch, bisher 10 Lieferungen, 1954–1975. III. Expositio s. evangelii secundum Johannem, herausgegeben und übersetzt von Karl Christ und J. Koch, bisher vier Lieferungen S. 1–304, 1936–1953. IV. Sermones, herausgegeben und übersetzt von E. Benz, B. Decker und J. Koch, 1956. V. S. 1–26: Collatio in libros sententiarum, herausgegeben und übersetzt von J. Koch; S. 27–83: Quaestiones Parisienses herausgegeben und übersetzt von B. Geyer; S. 85–99: Sermo die b. Augustini Parisius habitus, herausgegeben und übersetzt von B. Geyer; S. 101–129: Tractatus super oratione dominica, herausgegeben und übersetzt von E. Seeberg, 1/2 Lieferung, 1936.

C. Untersuchungen. J. Quint, Neue Handschriftenfunde zur Überlieferung der deutschen Werke Meister Eckharts und seiner Schule, 1940. Von der Leipziger Ausgabe: Magistri Eckardi opera latina sind nur drei Lieferungen erschienen: 1.: Super oratione dominica ed. R. Klibansky, 1934. 2.: Opus tripartitum, Prologi ed. H. Bascour, 1935. 3.: Quaestiones Parisienses ed. A. Dondaine, 1936. Immer noch wichtig: Deutsche Mystiker des vierzehnten Jahrhunderts Bd. 2: Meister Eckhart 1 (einzige Abteilung) Predigten und Traktate, Hg. F. Pfeiffer, Leipzig 1857, Neudruck 1962. Zu den Ausgaben I. Degenhardt 294–304.
163 Zum Text der Predigten: Quint DW II, 1971, S. XIII: Ich brauche nicht zu wiederholen, wie hochproblematisch, ja teilweise verhängnisvoll brüchig, die handschriftliche Überlieferung der deutschen Predigten Eckharts ist, so daß unvermeidlich, selbst bei sorgfältigster und verständnisvollster Textkritik immer ein Rest von strittigen und ungewissen Textstellen übrigbleiben kann.
164 Quint DW V 137–163; deutsche Übersetzung bei Quint, Meister Eckhart. Deutsche Predigten und Traktate 1963², 53–100 und DW V 505–538.
165 Quint, DW V 505: Das sind die Reden, die der Vikar von Thüringen, der Prior von Erfurt, Bruder Eckhart, Predigerordens, mit solchen geistlichen Kindern

geführt hat, die ihn zu diesen Reden nach vielem fragten, als sie zu abendlichen Lehrgesprächen beieinander saßen.

166 Quint, Meister Eckharts Buch der göttlichen Tröstung und von dem edlen Menschen (Liber Benedictus): Kleine Texte für Vorlesungen und Übungen 55, Bonn 1952. – DW V 1–105, deutsche Übers.: Quint, Deutsche Predigten und Traktate 101–139. DW V 471–497.

167 Quint, DW V 106–136, deutsche Übers. Quint, Deutsche Predigten und Traktate 140–149. – DW V 498–504. Zum Inhalt: H. Piesch, Der Aufstieg des Menschen zu Gott nach der Predigt: „Vom edlen Menschen" in: Meister Eckhart der Prediger 167–199.

168 Quint, DW V 377–468; deutsche Übers. DW V 539–547. Zur Frage der Echtheit: J. Quint, Das Echtheitsproblem des Traktates „von Abegescheidenheit" (Fr. Pfeiffer, Meister Eckhart, Traktat Nr. IX S. 483–493) in: La mystique rhénane. Colloque de Strasbourg, 16–19 Mai 1961, Paris 1963, 39–57; dazu K. Weiß ebenda 58.

169 Zur Bedeutung des Begriffs: Quint DW V 438ff.

170 A. Daniels, Eine lateinische Rechtfertigungsschrift des Meisters Eckhart mit einem Geleitwort von Cl. Baeumker (Beiträge zur Geschichte der Philosophie des Mittelalters XXIII 5) Münster/Westf. 1923. – G. Théry, Edition critique des pièces relatives au procès d'Eckhart contenues dans le manuscrit 33b de la bibliothèque de Soest, in: Archives d'histoire doctrinale et littéraire du moyen-âge 1, 1926, 129–268. – O. Karrer–H. Piesch, Meister Eckharts Rechtfertigungsschrift 1927.

171 LW I 111–113: Die Stellung der Prozeßakten in der hsl. Überlieferung. – Quint, DW V 565f.: Verzeichnis der aus Traktaten dieses Bandes exzerpierten Artikel der Bulle, des Avignoner „Gutachtens" und der sogenannten Rechtfertigungsschrift. – Die Prozeßakten und die Rechtfertigungsschrift sollten von J. Koch in LW V kritisch herausgegeben werden; doch ist Koch inzwischen gestorben.

172 LW I 25f. Zur Arbeitsweise und Quellenbenutzung J. Koch, LW III S. XXVII–XXX.

173 Quint DW V 3: Auf der Grundlage so unfester Überlieferung wird sich denn auch der ursprüngliche Wortlaut des BgT an manchen Stellen ebensowenig mit letzter Evidenz konstituieren lassen wie der Text der deutschen Predigten.

174 Quint, Meister Eckharts Buch der göttlichen Tröstung S. XII: Der Vergleich der hier gebotenen neuen kritischen Ausgabe mit den bisherigen Ausgaben von Pfeiffer und Strauch wird leicht erkennen lassen an wie vielen Stellen ... der Text der beiden Ausgaben von Fehlern z. T. schwerster Art durchsetzt ist, so daß was in den bisherigen Ausgaben stand, stellenweise sinnlos und unverständlich war und auch für die Übersetzer unverständlich blieb, so sehr sie sich bemühten, diesen Stellen doch irgendwie einen möglichen Sinn abzugewinnen.

175 Ders., Deutsche Predigten und Traktate 533: Fast alle diese deutschen Übersetzungen, vor allem die drei umfangreichsten und verbreitetsten unter ihnen von Hermann Büttner, Walter Lehmann und Friedrich Schulze-Maizier, verraten durch bezeichnende Übersetzungsfehler, daß ihre Verfasser als Nicht-Germanisten das Mittelhochdeutsche nicht genügend beherrschen und schon dadurch empfindlichen Mißverständnissen ausgesetzt sind.

176 Über das Weiterwirken des Meisters und seine sehr verschiedenen, ja

gegensätzlichen Deutungen in den folgenden Jahrhunderten bis auf unsere Zeit gibt die Arbeit von Degenhardt, Studien zum Wandel des Eckhartbildes (Studien zur Problemgeschichte der antiken und mittelalterlichen Philosophie III) Leiden 1967 gute und umfassende Auskunft. Darauf fußend hat E. von Bracken, Meister Eckhart neue philosophische Lösungen aufgezeigt. – A. M. Haas, Meister Eckhart im Spiegel der marxistischen Ideologie, in: Wirkendes Wort 22, 1972, 123–133.

177 K. Ruh, Wirkendes Wort 7, 1956/57, 217 ff.

178 Degenhardt 205 f.

179 Quint DW II, Predigt 53 S. 525–541. Übers. 732 f.

180 D. Mieth, Die Einheit von Vita activa und vita contemplativa in den deutschen Predigten und Traktaten Meister Eckharts und bei Johannes Tauler, Regensburg 1969, 119–233, näherhin in der Interpretation der Predigt Meister Eckharts über Maria und Martha (Pfeiffer 47 ff. Predigt IX): Intravit Jesus in quoddam castellum et mulier quaedam, Martha nomine, excepit illum . . . ; ders., Christus, das Soziale im Menschen. Texterschließungen zu Meister Eckhart, Düsseldorf 1972.

181 Zur Deutung der Persönlichkeit: H. Kunisch, Offenbarung und Gehorsam. Versuch über Meister Eckharts religiöse Persönlichkeit, in: Meister Eckhart der Prediger 104–148. – A. M. Haas, NIM DIN SELBES WAR. Studien zur Lehre von der Selbsterkenntnis bei Meister Eckhart, Johannes Tauler und Heinrich Seuse, Freiburg/Schw. 1971, 15–75: Zur Frage der Selbsterkenntnis bei Meister Eckhart.

182 Kunisch, Offenbarung und Gehorsam (s. Anm. 181) 148.

183 H. Grundmann, Die Frauen und die Literatur im Mittelalter. Ein Beitrag zur Frage nach der Entstehung des Schrifttums in der Volkssprache, in: Archiv für Kulturgeschichte 26, 1936, 129–161; ders., Rel. Bewegungen 459 ff. 467 ff. – C. Erickson–K. Casey, Women in the middle ages. A working bibliography, in: Mediaeval studies 37, 1975, 340–359. – M. Bernards, Die Frau in der Welt und die Kirche während des 11. Jahrhunderts, in: Sacris Erudiri 20, 1971, 39–100; er weist eine gewisse Offenheit für die Frau in der Welt nach: nicht nur das Kloster für die religiöse Frau. – E. Power, Medieval Women, Cambridge, 1975. – La Femme dans les civilisations des Xe–XIIIe siècles. Actes du coloque tenu à Poitiers les 23–25 septembre 1976, Poitiers, 1977.

184 Grundmann, Die Frauen (s. Anm. 183), 159.

185 E. Hillenbrand, Nikolaus von Straßburg. Religiöse Bewegung und dominikanische Theologie im XIV. Jahrhundert (Forschungen zur Oberrheinischen Landesgeschichte 21) 1968.

186 Etwas anderer Ansicht ist H. Ch. Scheeben, Zur Biographie Johann Taulers, in: Johannes Tauler, ein deutscher Mystiker, Gedenkschrift zum 600. Todestag hg. von E. Filthaut, Essen 1961, 26 ff.

187 H. Wilms, Geschichte der deutschen Dominikanerinnen, Dülmen 1920, 6, Hillenbrand 62. – statistische Angaben bei Grundmann, Rel. Bewegung 312 ff.

188 Hillenbrand 66 ff. – W. Schmidt, Zur deutschen Erbauungsliteratur des späten Mittelalters, in: Altdeutsche und altniederländische Mystik hg. von K. Ruh (Wege der Forschung XXIII) 1964, 448 ff. – A. Bruckner, Weibliche Schreibtätigkeit im schweizerischen Spätmittelalter, in: Festschrift B. Bischoff, Stuttgart

1971, 441–448. – Zur Bedeutung des Buches für die Spiritualität auch J. Sudbrack, Die geistliche Theologie des Johannes von Kastl, Münster/Westf., 1967, 99ff. – Zur Frage ob Mitschriften oder spätere Notierungen: W. Stammler, in: Tauler, ein deutscher Mystiker (s. Anm. 186) 75.

189 Dazu die grundlegende und ausführliche Arbeit von W. Blank, Die Nonnenviten des 14. Jahrhunderts. Eine Studie zur hagiographischen Literatur des Mittelalters unter besonderer Berücksichtigung der Visionen und Lichtphänomene. Diss. phil. Freiburg/Br. 1962. Zu den textlichen Grundlagen 45–81, die Quelleneditionen 272, 270: „So stehen die Schwesternviten vor uns als ein neues literarisches Genus an dem alten Zweig der Hagiographie, ohne innere Eigenständigkeit, als ein Produkt des um Reform bemühten Fleißes, erwachsen aus dem Streben nach einer vorbildlichen Lebensform, als ein literarischer Niederschlag fremder Erlebnisse. Doch bei allen sich darin spiegelnden Verirrungen geben sie Zeugnis eines bewegten Glaubens, menschlicher Liebenswürdigkeit und eines Hauchs von Frömmigkeit und einzigartiger Gottesliebe, die Schauen und Arbeit umschließt."

190 Das Leben der Schwestern von Töß, beschrieben von Elsbeth Stagel, hg. von E. Vetter (Deutsche Texte des Mittelalters) 6, 1906. Zur Geschichte des Klosters M.-C. Däniker-Gysin, Geschichte des Dominikanerinnenklosters Töß 1233–1523: 289. Neujahrsblatt der Stadtbibliothek Winterthur, 1958. – Für Elsbeth Stagel als Verfasserin der Viten: K. Bihlmeyer, Heinrich Seuse, Deutsche Schriften, Stuttgart 1907, 126f. – J. Schwietering, Zur Autorschaft von Seuses Vita, in: Altdeutsche und Altniederländische Mystik 312; Blank, Nonnenviten 65f. „die Abfassung der Schwesterviten durch Elsbeth ist unbestritten"; Ch. Pleuser, Tradition und Ursprünglichkeit in der Vita Seuses, in: Heinrich Seuse. Studien zum 600. Todestag 1366–1966 (hg.) von E. Filthaut, Köln 1966, 138: „Wir wissen, daß Elsbeth Stagel die Schwesternviten zu Töss schrieb". – D. Planzer, Das Horologium Sapientiae und die Echtheit der Vita des seligen Heinrich Seuse O.P., in: Archivum Fratrum Praedicatorum 1, 1931, 192; ders., AFP 12, 1942, 334 in der Besprechung von C. Gröber, Der Mystiker H. Seuse: „anderseits besitzen wir ein sicher echtes Werk der Stagel, die Viten der Tösser Schwestern". – J. A. Bizet, Henri Suso et le déclin de la scolastique, Paris 1946, 44ff.

191 K. Grubmüller, Die Viten der Schwestern von Töss und Elsbeth Stagel (Überlieferung und literarische Einheit), in: Zeitschrift für deutsches Altertum und deutsche Literatur 98, 1969, 171–204. S. 204: „Daß die falsch gestellte Frage nach der Autorenpersönlichkeit der Stagel allenthalben Verlegenheit hinterläßt, ist nur ein Hinweis darauf, wie die gerechte Würdigung der Schwesternviten durch die vorzeitige, den Gattungszusammenhang verdeckende Bindung an den Verfassernamen Elsbeth Stagel und die mit der angeblichen Biographie Seuses verbundenen mystischen Assoziationen verhindert worden zu sein scheint".

192 H. Denifle, Die deutschen Schriften des seligen Heinrich Seuse aus dem Predigerorden, München 1880. – K. Bihlmeyer, Heinrich Seuse. Deutsche Schriften, Stuttgart 1907. – C. Gröber, Der Mystiker Heinrich Seuse. Die Geschichte seines Lebens. Die Entstehung seiner Werke, Freiburg 1941; die Arbeit zeichnet sich aus durch gute Konstanzer Lokalkenntnisse, läßt aber andrerseits Genauigkeit zugunsten der Phantasie vermissen; dazu: Heinrich

Seuse. Studien zum 600. Todestag 1366–1966, hg. von E. Filthaut, Köln 1966, 67; AFP 29, 1959, 39 Anm. 116, 44 Anm. 128; Besprechung von D. Planzer in AFP 12, 1942, 331–340; AFP 30, 1960, 5. – J.-A. Bizet, Henri Suso et le déclin de la scolastique, Paris 1946 (mit ausführlicher Literatur). – K. Ruh, Altdeutsche Mystik. Ein Forschungsbericht, in: Wirkendes Wort 7, 1956/57, 221–223. – A. M. Haas, NIM DIN SELBES WAR. Studien zur Lehre von der Selbsterkenntnis bei Meister Eckhart, Johannes Tauler und Heinrich Seuse, Freiburg/Schweiz 1971 (zu Seuse: 154–208).

193 I. M. Frank, Zur Studienorganisation der Dominikanerprovinz Teutonia in der ersten Hälfte des 14. Jahrhunderts und zum Studiengang des seligen Heinrich Seuse OP., in: Filthaut, Seuse-Studien 39–69.

194 A. Rieber, Auf der Suche nach dem Grab Heinrich Seuses. Von Grabungen und Bodenaufschlüssen in Kirche und Kloster der Dominikaner in Ulm 1612–1966, in: Filthaut, Seuse-Studien 457–477.

195 G. Hofmann, Seuses Werke in deutschsprachigen Handschriften des späten Mittelalters, in: Fuldaer Geschichtsblätter 45, 1969, 113–206. – K. Bihlmeyer, Heinrich Seuse, Deutsche Schriften, Stuttgart 1907.

196 Bihlmeyer, Seuse 90^{+}–94^{+}, Text 326–359. – Haas, NIM DIN SELBES WAR 157–188. – H. Piesch, Seuses „Büchlein der Wahrheit" und Meister Eckhart, in: Filthaut, Seuse-Studien 91–133 gibt eine ausführliche Analyse und Wertung; dazu auch J. Koch, in: La mystique rhénane (s. Anm. 143) 142 f.

197 Pius Künzle, Heinrich Seuses Horologium Sapientiae. Erste Kritische Ausgabe unter Benützung der Vorarbeiten von Dominikus Planzer, Freiburg/Schweiz 1977.

198 Bihlmeyer, Seuse 117^{+}–120^{+}, Gr. Briefbuchtext 405–494, Briefbüchlein Text 360–401. Zum Verhältnis zwischen Gr. Briefbuch und Briefbüchlein, W. Blank, Zum Stilwandel in Seuses Briefbüchern, in: Filthaut, Seuse-Studien 171–190.

199 Bihlmeyer, Seuse 120^{+} f., Text 495–536.

200 Bihlmeyer, Seuse 132^{+}–136^{+}. – Haas, NIM DIN SELBES WAR (s. Anm. 181) 156 Anm. 9: Es ist daher durchaus möglich, daß die letzte Redaktion des Musterbuches nicht von der alleinigen Hand Seuses stammt, sondern beispielsweise – von den Dominikanerinnen zu Töss.

201 K. Ruh, Altdeutsche Mystik. Ein Forschungsbericht, in: Wirkendes Wort 7, 1956/57, 221–223.

202 D. Planzer, Das Horologium Sapientiae und die Echtheit der Vita des seligen Heinrich Seuse OP, in: AFP 1, 1931, 181–196.

203 Bihlmeyer, Die Selbstbiographie in der deutschen Mystik des Mittelalters, in: Theologische Quartalschrift 114, 1933, 504–544, spez. 528–533. – Allem nach ist die Vita langsam entstanden, unter Benutzung früherer Arbeiten, so auch Planzer, Das Horologium Sapientiae 197 ff., der das Horologium als Vorlage der Kapitel 2–4 der Vita nachweist.

204 Bizet, Henri Suso 15–36.

205 J. Ancelet-Hustache, Le problème le l'authenticité de la vie de Suso, in: La mystique rhénane (oben Anm. 143), 193–206, und kurze Erwiderung von J. Bizet 205: Intervention de M. Bizet; dazu K. Ruh in Altdeutsche und altniederländische Mystik (s. Anm. 188) 309, Anm.: „Die Ausführungen der Verfasserin können methodisch und sachlich nur noch als von gestern anmuten".

206 J. Schwietering, Zur Autorschaft von Seuses Vita, in: K. Ruh, Altdeutsche und altniederländische Mystik (s. Anm. 188) 308–323.

207 A.-M. Holenstein-Hasler, Studien zur Vita Heinrich Seuses, in: Zeitschrift für Schweizerische Kirchengeschichte 62, 1968, 185–332.

208 K. Ruh in: Wirkendes Wort 7, 1956/57, 222; ders., auch in Filthaut, Seuse-Studien 191 Anm. 5: Daß die Vita zu den authentischen Schriften Seuses gehört, dürfte seit Schwietering ... nicht mehr in Frage gestellt werden.

209 Horologium Sapientiae, ed. Strange, Köln 1861, 10: Notandum quoque, quod locucio ista, quantum ad interrogationem discipuli et responsionem sapientie vel econverso, solum posita est ad fervensiorem modum tradendi... Visiones quoque in sequentibus contente, non sunt omnes accipiende secundum litteram, licet multe ad litteram contingerint, sed est figurata locucio. – 11: Que omnia non quidem ad litteram, sed secundum sua signata vera fuerunt... Porro huius figurate locucionis occulta misteria diligens lector faciliter poterit advertere, si tamen sollertem curam studuerit adhibere. Ähnlich auch im Prolog zum Büchlein der ewigen Weisheit, Bihlmeyer, Seuse 197.

210 Dies hat schon Planzer, AFP, 1942, 335 hervorgehoben: „Seuse gibt also selbst die Möglichkeit zu, daß es sich in vielen Erzählungen und vor allem in Visionsberichten um eine literarische Fiktion handelt, um eine figurata locutio. Das ist sicher auch für die Vita zu berücksichtigen, die mir auf weite Strecken hin eben doch als ein Lehrbuch des aszetischen Lebens erscheint; was aber nicht bedeutet, daß sie nur das ist."

211 K. Grubmüller, Die Viten der Schwestern von Töss und Elsbeth Stagel, : Zeitschrift für deutsches Altertum und deutsche Literatur 98, 1969, 202f. – Zur literarischen Qualität die beiden wichtigen Arbeiten von B. Boesch, Zur Minneauffassung Seuses, in: Festschrift J. Quint, 1964, 57–68 und: Seuses religiöse Sprache, in: Festgabe für Friedrich Maurer, 1968, 223–245.

212 Boesch, Zur Minneauffassung Seuses 67. – K. Ruh, Zur Grundlegung einer Geschichte der franziskanischen Mystik, in: K. Ruh (Hg.), Altdeutsche und altniederländische Mystik (s. Anm. 188) 253: „Denn die ‚Vita', wie wir sie lesen, ist unbezweifelbar beides: sie ist Bekenntnis, aber gestaltet mit den Stilformen der Legende – und des höfischen Romans." – Die Arbeit von Ch. Pleuser, Tradition und Ursprünglichkeit in der Via Seuses: Filthaut, Seuse-Studien 135–160, untersucht die Komposition der Vita, die in ihrer kunstvollen Zusammenfügung von wirklichen Ereignissen, hagiographischem Material und literarischen Fiktion eine Einheit darstellt, „eine Lehre vom mystischen Weg des Menschen zu Gott sein soll" (142); „Seuse will in der Vita nicht eine historische Aussage machen, sondern eine religiöse" (143). Das gelte für das ganze Exemplar: „Das Exemplar ist eine Sammlung mystischer Spekulationen und Belehrungen" (145).

213 H. Kunisch, Die mittelalterliche Mystik und die deutsche Sprache, in: Literaturwiss. Jahrbuch der Görres-Gesellschaft N.F. 6, 1965, 37–90, spez. zu Seuse 69–84. – M. Bindschedler, Seuses Begriff der Ritterschaft, in: Filthaut, Seuse-Studien 233–239. – G. Baldus, Die Gestalt des „dieners" im Werke Heinrich Seuses, Diss. phil. Bonn 1966 (1970) 73–154. – Holenstein-Hasler (s. Anm. 207) 261–308. – Boesch, Seuses religiöse Sprache (s. Anm. 211) 225, 237.

214 W. Muschg, Die Mystik in der Schweiz 1200–1500, Frauenfeld und Leipzig 1935,

242–279; dazu die Besprechung von H. Kunisch: Anzeiger für deutsches Altertum und deutsche Literatur 56, 1937, 165–173.

215 Holenstein-Hasler (s. Anm. 207) 202 ff. – Zum Thomismus Seuses: J.-A. Bizet, Die These des primum cognitum bei Seuse, in: Festschrift J. Quint, 1964, 35–37, während er in seinem Aufsatz, Die geistesgeschichtliche Bedeutung der deutschen Mystik, in: Vierteljahrsschrift für Literaturwiss. und Geistesgeschichte 40, 1966, 305–315 ausführlich Seuse behandelnd seinen Augustinismus betont.

216 Zum Beispiel: U. Schülke, Konrads Buchlein von der geistlichen Gemahelschaft, München 1970.

217 K. Ruh, Zur Grundlegung einer Geschichte der franziskanischen Mystik 240–274; zu Seuses Vita 253: sie steht nämlich unbezweifelbar unter dem Einfluß der Franziskuslegenden. – M. Mückshoff, Der Einfluß des hl. Bonaventura auf die deutsche Theologie mit bes. Berücksichtigung der Theologie und Mystik des seligen Heinrich Seuse, in: S. Bonaventura 1274–1974. Volumen commemorativum anni septimi centenarii a morte s. Bonaventurae doctoris seraphici, Grottaferrata, 1974. – Demgegenüber hat Künzle in seiner Edition des Horologium die Einflüsse der dominikanischen Liturgie und des Stundengebetes, besonders aber die dominikanische Ordensspiritualität stark betont.

218 Trotz zahlreicher Studien zu Taulers Leben und Wirken gibt es noch keine große zusammenfassende Darstellung. Über die Taulerforschung K. Ruh, Altdeutsche Mystik, in: Wirkendes Wort 7, 1956/57, 223 f. – Zum 600. Todestag erschien: Johannes Tauler. Ein deutscher Mystiker. Gedenkschrift zum 600. Todestag (hg.) von E. Filthaut, Essen 1961, aus der folgende Beiträge zu Leben und Umwelt notiert seien: S. 8–18: A. Walz, Denifles Verdienst um die Taulerforschung; S. 19–36: Ch. Scheeben, Zur Biographie Johann Taulers; S. 37–74: ders., Der Konvent der Predigerbrüder in Strassburg. Die religiöse Heimat Taulers; S. 436–479: G. Hofmann. Literaturgeschichtliche Grundlegung zur Tauler-Forschung. – In diesem Zusammenhang immer noch nützlich W. Muschg, Die Mystik in der Schweiz, Frauenfeld und Leipzig 1935, 280 ff. – Für die innere Entwicklung: I. Weilner, Johannes Taulers Bekehrungsweg. Die Erfahrungsgrundlagen seiner Mystik, Regensburg 1961. – Eine tiefschürfende Untersuchung mit zahlreichen Literaturangaben bietet A. M. Haas, *Nim din selbes war*, 76–153: Johannes Taulers Lehre von der Selbsterkenntnis des Menschen. – Ch. Pleuser, Die Benennungen und der Begriff des Leidens bei J. Tauler, Berlin 1967, nimmt in Kap. II kritisch Stellung zu Scheeben, Zur Biographie J. T.

219 Sein Grabstein abgebildet in LThK IX, 1937, Sp. 1023.

220 F. Vetter, Die Predigten Taulers aus der Engelberger und der Freiburger Handschrift sowie aus Schmidts Abschriften der ehemaligen Straßburger Handschriften, Berlin 1910, Neudruck 1968. – A. L. Corin, Sermons de J. Tauler et autres écrits mystiques, 2 Bde, Liège 1924/1929. – Neuhochdeutsche Übertragung von G. Hofmann, Johannes Tauler, Predigten, Freiburg/Br. 1961. – Ch. Pleusner bietet in der vorher genannten Arbeit S. 11–33 eine gute Übersicht zur Textgrundlage, bes. S. 31–33: Vergleichende Tafel der Ausgaben Vetter, Corin und Naumann.

221 P. Wyser, Der Seelengrund in Taulers Predigten, in: Lebendiges Mittelalter.

Festgabe für W. Stammler, Freiburg/Schweiz 1958, 204–311, dazu: Taulers Terminologie vom Seelengrund, in: Altdeutsche und altniederländische Mystik (s. Anm. 188) 324–352, und in: Platonismus in der Philosophie des Mittelalters (Hg.) W. Beierwaltes, Darmstadt 1969, 381–409. – C. Champollion, La place des termes „gemuete" et „grunt" dans la vocabulaire de Tauler, in: La mystique rhénane (s. Anm. 143) 179–192. – A. Walz, „Grund" und „Gemüt" bei Tauler. Erwägungen zur geistlichen und predigerischen Ausdrucksweise eines Rufers zur Innerlichkeit, in: Angelicum 40, 1963, 328–369.

222 D. Mieth, Die Einheit von vita activa und vita contemplativa in den deutschen Predigten und Traktaten Meister Eckharts und bei Johannes Tauler. (Studien zur Geschichte der katholischen Moraltheologie 15) Regensburg 1969, 235–330. – J.-A. Bizet, Tauler, auteur mystique?, in: La mystique rhénane (s. Anm. 143) 169–178.

223 B. Moeller, Tauler und Luther, in: La mystique rhénane (s. Anm. 143) 157–168. – S. Ozment, Homo spiritualis. A comparative study of the anthropology of Johannes Tauler, Jean Gerson and Martin Luther (1509–1516) in the context of their theological thought, Leiden 1969.

224 R. R. Post, The modern devotion. Confrontation with reformation and humanism (Studies in medieval and Reformation thougth III) Leiden 1968.

225 Grundmann, Relazioni III 468.

III. „Häresie" und „Ketzerei" als mittelalterliche christliche Konfessionen

1 H. Grundmann, Bibliographie zur Ketzergeschichte des Mittelalters (1900–1966) in: Sussidi eruditi fasc. 20, Roma 1967; ders., Bibliographie des Etudes récentes (après 1900) sur les Hérésies mediévales, in: Hérésies et sociétés dans l'Europe préindustrielle 11e–18e siècles, Paris 1968, 407–479; ders., Ketzergeschichte des Mittelalters, in: Die Kirche in ihrer Geschichte (hg.) von K. Dietrich und E. Wolf, Bd 2, Lieferung G (1. Teil) ^{2}1967^{2}, mit ausführl. Lit. – L. Sommariva, Studi recenti sulle eresie medievali (1939–1952) in: Rivista storica italiana 64, 1952, 237–268, eine vorzügliche Übersicht über die stark zunehmende Erforschung der mittelalterlichen Ketzerei gegen die Mitte des 20. Jahrhunderts. – R. Morghen, L'eresia nel Medioevo, in: Medio evo cristiano, Bari 1965^{4}, Nachdruck 1968, 204–281, auch in O. Capitani, L'eresia medievale, Bologna 1972^{2} 61–119, und von O. Capitani 199–204: Indicazioni bibliografiche per ulteriori approfondimenti. – X congresso internazionale di science storiche Roma 4–11 settembre 1955, Relazioni III storia del Medioevo 305–541; dazu die Diskussion in: Atti del X congresso, Roma 1957, 344–371. – G. Leff, Heresy in the later Middle Ages. The relation of heterodoxy to disent c. 1250–c. 1450, Manchester-New York 1967, 2 Bde; dazu die Besprechungen von A. Molnár in: Communio viatorum 11,3 1968, 162–168 und von D. E. Flood in: Wissenschaft und Weisheit 34, 1971, 42–47. – J. Fearns, Ketzer und Ketzerbekämpfung im Hochmittelalter, Göttingen 1968. – C. N. L. Brooke, Heresy and religious sentiment: 1000–1250 in: Bulletin of the Institute of historical research 41, 1968, 115–131. – R. I. Moore, The origins of medieval heresy, in: History 55,

1970, 21–36. – V. Mudroch, Medieval heresy: gleanings and reflections, in: Essays on the reconstruction of medieval history ed. by V. Mudroch and G. S. Couse, Montreal and London 1974, 146–170. – Immer noch sehr nützlich: E. Dupré Theseider, Introduzione alle eresie medievali, Bologna 1953.

2 H. Grundmann, Religiöse Bewegungen im Mittelalter. Untersuchungen über die geschichtlichen Zusammenhänge zwischen der Ketzerei, den Bettelorden und der religiösen Frauenbewegung im 12. und 13. Jahrhundert und über die geschichtlichen Grundlagen der deutschen Mystik, Berlin 1935, Nachdruck Darmstadt 1961 mit den zwei Beiträgen des Verf. auf dem X Congresso internaz. di scienze storiche in Rom 1955: Eresie e nuovi ordini religiose nel secolo XII, und La mistica tedesca nei suoi reflessi populari: il Beghinismo in: Relazioni III 357–402 und 467–484. Beide Beiträge mit Zusätzen auch in: Archiv für Kulturgeschichte 37, 1955, 129–182.

3 H. Grundmann, Ketzerverhöre des Spätmittelalters als quellenkritisches Problem, in: DA 21, 1965, 519–575. – A. Patschovsky, Der Passauer Anonymus. Ein Sammelwerk über Ketzer, Juden, Antichrist aus der Mitte des 13. Jahrhunderts. (Schriften der MGH 22) Stuttgart 1968. – Sehr wichtig: A. Patschovsky, Probleme ketzergeschichtlicher Quellenforschung, in: Mittelalterliche Textüberlieferungen und ihre kritische Aufarbeitung. Beiträge der Monumenta Germaniae historica zum 31. deutschen Historikertag Mannheim 1976, München, 1976, 86–91.

4 Grundmann, Ketzerverhöre 555ff. spricht von wenigen erhaltenen deutschen Ketzer-Büchern. – R. Cegna, „Oportet et haereses esse" Guido Terreni su Catari e Valdesi, in: RSLR 3, 1967, 29 erwähnt häretische opuscoli.

5 Sommariva (s. Anm. 1) 249ff. – Capitani, L'eresia medievale 10f., 200.

6 Seit seiner ersten Studie zum Problem der Häresie im Mittelalter: Osservazioni critiche su alcune questioni fondamentali reguardanti le origini e i caratteri delle eresie medioevali, in: Archivio soc. Romana 67, 1944, 97–151, ist er immer wieder auf das Thema zurückgekommen unter Verwertung der inzwischen erschienenen Literatur; zunächst in seinem Buche Medioevo cristiano 1965[4] und Nachdruck 1968, dann auf dem X. intern. Historikerkongreß in Rom 1955: Relazioni III, 333–356: Movimenti religiosi popolari nel periodo della riforma della chiesa, und in Hérésies et sociétés dans l'Europe pré-industrielle 11e–18e siècles, 1968, 121–138: Problèmes sur l'origine de l'Hérésie au moyen âge, mit wenigen Änderungen, in: Revue historique 236, 1966, 1–16. Der Abschnitt L'eresia nel Medioevo aus Medioevo cristiano, 1958 ist in dem Sammelband von O. Capitani, L'eresia medievale 1972[2] 61–119 abgedruckt. Grundsätzliche Fragen zur Beurteilung der Häresie im Mittelalter sind auch behandelt im Beitrag: Storia della chiesa e storia dell'eresia in tre opere recenti, in: Bullettino storico italiano per il medioevo 81, 1969, 297–316 und im Sammelband: I Laici nella „societas christiana" 582–596: Aspetti ereticali dei movimenti religiosi popolari.

7 A. Dondaine, L'origine de l'hérésie médievale, in: Rivista di storia della chiesa in Italia 6, 1952, 47–78. Dazu die Erwiderung von Morghen, Le origini dell'eresia medioevale in: Occidente, Risposta a P. Dondaine, in: Ricerche di storia religiosa 1, 1954, 84–107.

8 H. Grundmann, Ketzergeschichte des Mittelalters (s. Anm. 1) 2ff.; ders., Oportet et haereses esse. Das Problem der Ketzerei im Spiegel der mittelalterli-

chen Bibelexegese, in: Archiv für Kulturgesch. 45, 1963, 129–164; grundlegend: R. Cegna, „Oportet et haereses esse". Guido Terreni su Catari e Valdesi, in: RSLR 3, 1967, 28–64; zum Begriff der Häresie 29ff.

9 Wichtig wegen der soziologischen Beiträge: Hérésies et sociétés dans l'Europe pré-industrielle 11e–18e siècles. Communications et débats du Colloque de Royaumont présentés par J. Le Goff (Civilisation et sociétés 10) Paris, 1968. Das Colloque fand schon vom 27.–30. Mai 1962 statt. In vielen Referaten und ausführlichen Diskussionen ist der Begriff der Häresie vorwiegend unter soziologischen Gesichtspunkten erörtert worden. Im folgenden zitiert: Colloque de Royaumont. – The concept of heresy in the middle ages (11 th–13 th C) (Medievalia Loveniensia series I/Studia IV) Leuven–The Hague, 1976; darin besonders wichtig 42–103: O. Hageneder, Der Häresiebegriff bei den Juristen des 12. und 13. Jahrhunderts und 104–143: H. G. Walther. Häresie und päpstliche Politik: Ketzerbegriff und Ketzergesetzgebung in der Übergangsphase von der Dekretistik zur Dekretalistik.

10 So zitiert bei Grundmann, Oportet et haereses esse (s. Anm. 8) 139. – Zu Thomas von Aquin Grundmann ebenda 160ff. und Cegna (s. Anm. 8) 29ff.

11 Dazu M.-D. Chenu, Orthodoxie et hérésie. Le point de vue du theologien: Colloque de Royaumont 9–14 und Diskussion 15–17; ders., Kontestation ohne Schisma in der Kirche des Mittelalters, in: Concilium 9, 1973, 545–550, spez. 547; beide Artikel verwenden das teilweise gleiche Material, so wörtlich Colloque 10 = Concilium 547.

12 Morghen, Colloque de Royaumont 16 und Storia della chiesa e storia dell'eresia (s. Anm. 6) 315. – T. Manteuffel, Colloque de Royaumont 97–100: Naissance d'une hérésie und die Diskussion 101–103; ausführlicher: Die Geburt der Ketzerei (Geist und Gesellschaft. Texte zum Studium der sozialen Entwicklung) Wien–Frankfurt–Zürich 1965; Naissance d'une hérésie. Les adeptes de la pauvreté volontaire au moyen âge, Paris-La Haye 1970. Polnische Ausgabe 1963.

13 G. Volpe, Movimenti religiosi e sette ereticali nella società medievale italiana, Firenze 1926². – A. de Stefano, Riformatori ed eretici del Medioevo, Palermo 1938.

14 E. Werner–M. Erbstösser, Sozial-religiöse Bewegungen im Mittelalter in: Wiss. Zeitschrift der Karl-Marx-Universität 7, 1957–58, 257–282. – M. Erbstösser–E. Werner, Ideologische Probleme des mittelalterlichen Plebejertums. Die freigeistige Häresie und ihre sozialen Wurzeln (Forschungen zur mittelalterlichen Geschichte 7) 1960; ders., Sozialreligiöse Strömungen im späten Mittelalter (Forschungen zur mittelalterlichen Geschichte 16) 1970. – E. Werner, Häresie und Gesellschaft im 11. Jahrhundert (Sitzungsberichte der sächs. Akademie der Wiss. zu Leipzig. Philologisch-histor. Klasse, Band 117, Heft 5) Berlin 1975, eine Auseinandersetzung mit der neueren bürgerlichen Geschichtsauffassung.

15 Grundmann, in X Congresso internaz. 383, 396–402: Soziale Aspekte der religiösen Bewegung, ferner in mehreren Besprechungen im DA.

16 Morghen, X Congresso internaz. 337–340; Colloque de Royaumont 131, Storia della chiesa (s. Anm. 6) 300.

17 Leff (s. Anm. 1) 10f.

18 R. Manselli, Les hérétiques dans la societé italienne du 13e siècle, in: Colloque de Royaumont 199–202., ders., Grundzüge der religiösen Geschichte Italiens im 12.

Jahrhundert (Vorträge und Forschungen, Sonderband) 9, Sigmaringen 1971, 24; ders., Motivi spirituali dei novi ordini e dei movimenti religiosi popolari nel sec. XI, in: Chiesa e riforma nella spiritualità del sec. XI, 13–16-ottobre 1963 (Convegni del centro di studi sulla spiritualità medievale VI) Todi 1968, 119 f.: mi bastera quindi osservare che, a mio avviso la interpretazione marxistica della storia, specialmente quando venga applicata ai fatti religiosi può servire, ma non riuscirà mai ad interpretare tutta la realtà; ne potrà mai escludere appunto quei motivi che qui ci interessano: quelli spirituali.

19 C. Violante, Hérésie urbaines et hérésies rurales en Italie du 11e au 13e siècle, in: Colloque de Royaumont 171–195, in ital. Übersetzung: Eresie nelle città e nel contado in Italia dall'XI al XIII secolo, in: Studi sulla cristianità medioevale, Milano, 1972, 349–379. – E. Dupré Theseider, Mondo cittadino e movimenti ereticali nel medio evo. Saggi a cura di A. Vasina, Bologna 1978.

20 A. Molnár, Das Ketzertum des Mittelalters, in: Communio Viatorum 11, 1968, 162–168 (Besprechung von G. Leff, Heresy in the later Middle Ages).

21 G. Cracco, Riforma ed eresia in momenti della cultura europea tra X e XI secolo, in: RSLR 7, 1971, 411–477, zu Charisma 414, 423: „il carisma, cioè l'obbedienza allo spirito, che si contrappone al potere costituito e lo giudica"; ders., Realtà e carisma nell'Europa del Mille, Torino 1971, bringt eine Veränderung und Erweiterung desselben Themas; im Anhang 99–142 Texte zum Thema.

22 H. Maisonneuve, Etudes sur les origines de l'Inquisition, Paris 1960^{2}, 93–149: La renaissance de l'hérésie.

23 Cracco, Riforma (s. Anm. 21) 464 ff.

24 Zu Rather von Verona Cracco, Riforma 458 ff. – G. Vinay, Una storiografia inattuale (premessa a un Convegno rateriano, in: Studi medievali III serie 11, 1970, 313–329); die Vorträge der Tagung in Todi vom 12.–15. Oktober 1969 erschienen unter dem Titel: Raterio da Verona (Convegni del centro di studi sulla spiritualità medievale X) Todi 1973.

25 Cracco, Riforma 415.

26 R. Manselli, Studi sulle eresie del secolo XII (Istituto storico italiano per il medio evo, Studi storici 5) Roma 1953, 2. Aufl. 1975: I – Pietrobrusiani ed. Enriciani. Ricerca storiografica; II – Pietro de Bruis; III – Il monaco Enrico. – J. Fearns, Peter von Bruis und die religiöse Bewegung des 12. Jahrhunderts, in: Archiv für Kulturgeschichte 48, 1966, 311–335; ders., (Hg.) Petri Venerabilis contra Petrobrusianos hereticos (Corpus christianorum, continuatio mediaevalis 10) Tournholt 1968. – J. Chatillon, Pierre le Vénérable et les Petrobrusiens, in: Pierre Abélard – Pierre le Vénérable 165–179 mit weiterer Literatur.

27 Maisonneuve, Etudes 123 f. – Manselli (vgl. vorhergehende Anm.).

28 G. Leff, Heresy in the later middle ages, zwei Bände, New York 1967.

29 A. Borst, Die Katharer (Schriften der MGH 12) Stuttgart 1953, grundlegend, zur Quellenlage bes. 1–58; in französischer Übers. mit Nachwort, Paris, 1974. – R. Manselli, L'eresia del male, Napoli 1963; 96–117: L'eresia catara come problema storiografico, abgedruckt in O. Capitani, L'eresia medievale, Bologna 1971, 121–141, 137–141: Nota d'aggiornamento dell'autore, wo auch viele neuere Arbeiten von Manselli aufgeführt sind. – A. Frugoni, L'eresia catara nell'occidente medievale, Roma 1966. – E. Delaruelle, L'état actuel des études sur le catharisme, in: Cathares en Languedoc (Cahiers de Fanjeaux 3) Tolouse 1968,

19–41. – Chr. Thouzellier, Hérésie et hérétiques. Vaudois, cathares, patarins, albigeois (Storia e letteratura 116) Roma 1969, im wesentlichen gesammelte Aufsätze, neu „Patarins" 204–221 und „Albigeois" 223–262. – R. Nelli–F. Niel–J. Duvernoy–D. Roché, Les Cathares, Paris 1969.

30 Die Kontroverse Dondaine – Morghen s. Anm. 7.

31 H. Grundmann, in: X congresso internaz. di scienze storiche Roma 4–11 settembre 1955, Relazioni III 365, 367ff., 373f. – D. Anguélow, Le Bogomilisme en Bulgarie, introduction de J. Duvernoy, Toulouse 1962. – M. Loos, Dualist heresy in the middle ages, Prag 1974. – E. Werner, Die Bogomilen in Bulgarien: Forschungen und Fortschritte, in: Studi medievali 3. serie, 3. 1962, 249–278; ders., Geschichte des mittelalterlichen Dualismus: neue Fakten und alte Konzeptionen, in: Zs. für Geschichtswiss. 23, 1975, 538–551. – G. Wild, Bogumilen und Katharer in ihrer Symbolik, Teil 1, Die Symbolik des Katharertums und das Problem des heterodoxen Symbols im Rahmen der abendländischen Kultureinheit, Wiesbaden 1970. Der Schwerpunkt dieser Arbeit liegt auf dem balkanischen Gebiet mit der Untersuchung der Grabstelen in Bosnien mit umfassender Heranziehung der slavischen Literatur ohne aber zu endgültigen Ergebnissen zu führen. Was die berühmten und von der lokalen französischen Forschung sehr beachteten Katharer-Grabstelen in einem ziemlich geschlossenen Gebiet innerhalb des Languedoc angeht, so kommt er im Gegensatz zur örtlichen Forschung zum Schluß, „daß die sogenannten Katharerdenkmäler Südfrankreichs weder historisch noch in ihrer Symboldeutung mit der Bewegung des Katharertums in Zusammenhang zu bringen sind". Doch hat R. Manselli in seiner ausführlichen Besprechung in Studi medievali, 3. serie 13, 1972, 880–886 auf die mangelnde Vertrautheit mit der wichtigsten Literatur über die Katharer aufmerksam gemacht. – R. Manselli, Les „Chrétiens" de Bosnie: le catarisme en Europe orientale, in: RHE 72, 1977, 600–614.

32 Zur Lehre der Katharer A. Borst, Die Katharer 143–222. – R. Manselli, Dolore e morte nella esperienza religiosa catara, in: Il dolore e la morte nella spiritualità dei secoli XII e XIII (Convegni del centro di studi sulla spiritualità medievale 5) Todi 1967, 233–259. – ders., Eglise et théologies cathares, in: Cathares en Languedoc, 129–176. – ders., Per la storia della fede albigese nel secolo XIV: Quattro documenti dell'inquisizione di Carcassona, in: Studi sul Medioevo cristiano offerti a Raffaello Morghen (Istituto storico italiano per il Medio Evo, studi storici fasc. 83–87) 1, 1974 (Roma), 499–518; wichtig für die Vielfalt der Lehre zu Beginn des 14. Jahrhunderts im Zusammenhang mit der Mission des Pierre Autier ins alte Katharergebiet. – In der großen Arbeit von R. Manselli, La „christianitas" medioevale di fronte all' eresia, in: Concetto, storia, miti e immagini del medio evo a cura di Vittore Branca (Civilità europea e civiltà veneziana. Aspetti e problemi) Firenze 1973, 91–133 finden sich viele wichtige Beiträge zur Lehre der Katharer. – Y. Dossat, Les Cathares d'après les documents de l'inquisition, in: Cathares en Languedoc, 71–104. – G. Schmitz-Valckenberg, Grundlehren katharischer Sekten des 13. Jahrhunderts. Eine theologische Untersuchung mit besonderer Berücksichtiung von Adversus Catharos et Valdenses des Moneta von Cremona, Paderborn 1971; Besprechung in DA 31, 1975, 292f. von A. Patschovski; Speculum 48, 1973, 404–406 von R. E. Lerner. – F. Sanjek, Raynerius Sacconi O. P. Summa de Katharis, in: AFP 44, 1974,

31–60. – Bis jetzt sind nur zwei katharische Quellen bekannt: Chr. Thouzellier, Un traité cathare inédit du début du XIIIe siècle d'après le „Liber contra Manicheos" de Durand de Huesca (Bibliothèque de la Revue d'Histoire Ecclésiastique 37) Louvain 1961 und der nach der Mitte des 13. Jahrhunderts (ca. 1250–1276/80) wohl von einem Schüler des bekannten Johannes de Lugio verfaßte Liber de duobus principibus; dazu Borst, Die Katharer 254–318, neue Edition von Chr. Thouzellier, Livre des deux principes, introduction, texte critique, traduction, notes et index. (Sources chrétiennes 198) Paris 1973. Besprechung in DA 33, 1977, 625f. (A. Patschovsky). – Zur Polemik: M.-H. Vicaire, Les cathares albigeois vus par les polemistes, in: Cathares en Languedoc 105–128. – K.-V. Selge, Die ersten Waldenser 2 Bde. Der Liber antiheresis des Durandus von Osca, Berlin 1967. – Ch. Thouzellier, Une somme anticathare, le „Liber contra Manicheos" de Durand de Huesca (Spicilegium sacrum Lovaniense 32) Louvain 1964. Der Liber antiheresies entstand wohl um die 90er Jahre des 12. Jahrhunderts, der Liber contra Manicheos um 1220.

33 R. Manselli, Dolore e morte (s. Anm. 32) 7.

34 Die Listen bei Borst, Die Katharer 231–239.

35 Borst, Die Katharer 229f.

36 R. Manselli, Grundzüge der religiösen Geschichte Italiens im 12. Jahrhundert, in: Beiträge zur Geschichte Italiens im 12. Jahrhundert (Vorträge und Forschungen, Sonderband 9) Sigmaringen 1971, 32–35.

37 Borst, Die Katharer 90–98.

38 G. Koch, Frauenfrage und Ketzertum im Mittelalter. Die Frauenbewegung im Rahmen des Katharismus und des Waldensertums und ihre soziale Wurzeln, Berlin 1962; ders. Die Frau im mittelalterlichen Katharismus und Waldensertum, in: Studi medievali 3. serie 5, 1964, 741–774.

39 E. Griffe, Les débuts de l'aventure cathare en Languedoc (1140–1190) Paris 1969; ausführliche Besprechung in ZKG 82, 1969, 393–396 von K.-V. Selge. Von der früheren Literatur seien genannt: Chr. Thouzellier, Catharisme et valdéisme en Languedoc à la fin du XIIe et au début du XIIIe siècle. Politique pontificale – Controverses, Louvain-Paris 1969^2. – R. Nelli, La vie quotidienne des Cathares du Languedoc au XIIIe siècle, Paris 1969. – Wichtig die Cahiers de Fanjeaux, die seit 1966 in Toulouse erscheinen: 1. Saint Dominique en Languedoc, 1966; 2. Vaudois languedociens et pauvres catholiques, 1967; 3. Cathares en Languedoc, 1968; 4. Paix de Dieu et guerre sainte en Languedoc au XIIIe siècle, 1969; 5. Les universités du Languedoc au XIIIe siècle, 1970; 6. Le crédo, la morale et l'inquisition, 1971; 7. Les évêques, les clercs et le roi (1250–1300), 1972; 8. Les mendiants en pays d'Oc au XIIIe siècle, 1973; 9. La naissance et l'essor du gothique méridional au XIIIe siècle, 1974; 10. Franciscains d'Oc. Les spirituels (1280–1324), 1975; 11. La religion populaire en Languedoc au XIIIe siècle à la moitié du XIVe siècle, 1976.

40 Griffe, Les débuts 36ff. – R. Manselli, Una designazione dell' eresia catara: „Arriana heresis", in: Bullettino dell'Istituto storico italiano per il medioevo 68, 1956, 233–246. – Y. Congar, Arriana haeresis, in: Revue des sciences philosophiques et theologiques 43, 1950, 449–461.

41 Griffe, Les débuts 56ff.

42 Griffe, Les débuts 59ff.

43 Das besagte Dokument taucht als Kopie von 1232 erst im 17. Jahrhundert auf und wurde 1660 ediert. Anschließend begannen Auseinandersetzungen über die Echtheit, die bis heute nicht abgeschlossen sind. Neuere kritische Editionen liegen vor von A. Dondaine, Les actes du concile albigeois de Saint-Felix de Caraman, in: Miscellanea G. Mercati V (Studi e testi 125) Città del Vaticano, 1946, 324–355 und im Beitrag von F. Šanjek, Le rassemblement hérétique de Saint-Felix-de-Caraman (1167) et les églises cathares au XIIe siècle, in: RHE 67, 1972, 767–799, wo auf S. 771 Anm. 2 frühere Editionen aufgeführt sind. Während Dondaine (oben) und R. Manselli, L'eresia 169ff. und Griffe, Les débuts 67–83 für die Echtheit eintreten, hat sich noch in Cahiers de Fanjeaux 3, 1968, 201–214 Y. Dossat dagegen ausgesprochen; Zweifel an der Echtheit äußerte auch R. I. Moore, Nicétas, émissaire de Dragovitch, a-t-il traversé les Alpes? in: Annales du Midi 85, 1973, 85–90. – Zur Echtheitsfrage auch Manselli, Les chretiens (s. Anm. 31) 601, 612. – Der oben genannte Aufsatz von Šanjek betont die Zuverlässigkeit der Überlieferung und bietet eine Zusammenstellung des Schrifttums dar unter besonderer Beachtung der den Balkan betreffenden Partien.

44 Y. Congar, Henri de Marcy, abbé de Clairvaux, cardinal-évêque d'Albano et légat pontifical, in: Studia Anselmiana 43, 1958, 1–90.

45 E. Griffe, Le Languedoc cathare de 1190–1210, Paris 1971.

46 Y. Dossat, la repression de l'hérésie par les évêques, in: Cahiers de Fanjeaux 6, 1972, 217–272.

47 Zum Vorgehen gegen die Katharer besonders wichtig Maisonneuve, Etudes (s. Anm. 22); – H. Roscher, Papst Innozenz III. und die Kreuzzüge, Göttingen 1969 bes. 214–253; 221ff. sind Ketzerkrieg- und Kreuzzugsaufrufe eingehend analysiert. – Die Problematik der Kreuzzugsaufrufe ist auch erörtert in Cahiers de Fanjeaux 4, Toulouse 1969: Paix de Dieu et guerre sainte en Languedoc au XIIIe siècle. – D. Roché, L'église romaine et les cathares albigeois, Narbonne 1969.

48 J.-P. Cartier, Histoire de la croisade contre les Albigeois, Paris 1968. – D. Paladilhe, Les grandes heures cathares, Paris 1969. – J. Madaule, The Albigensian crusade, New York 1967. – M. Roquebert, L'epopée cathare, 1198–1212. L'invasion, Toulouse 1970, sehr ausführlich; 525–537: L'implantation du catharisme occitan à la veille de la croisade; vom selben Verf. in Vorbereitung: L'épopée cathare: 1213–1229, L'intervention des Royautés. – W. L. Wakefield, Heresy, Crusade and Inquisition in Southern France 1100–1250, London 1974.

49 Zu Simon von Montfort: Y. Dossat in Cahiers de Fanjeaux 4, Toulouse, 1969, 281–302; Roquebert, L'epopée cathare (s. Anm. 48) 279f.

50 A. Dondaine, La Hiérarchie cathare en Italie, in: Archivum Fratrum Praedicatorum 19, 1949, 280–312; 20, 1950, 234–324.

51 Manselli, L'eresia del male, 197ff., zu den Zahlen der Anhänger 274f.

52 E. Dupré-Theseider, Le catharisme languedocien et Italie, in: Cathares en Languedoc, 299–316. – Ilarino da Milano, Il Dualismo cataro in Umbria al tempo di S. Francesco, in: Atti del IV congresso di studi umbri, Gubbio 1966, 175–216.

53 Die zusammenfassende Arbeit von R. E. Lerner, The heresy of the Free Spirit in the later middle ages, Berkeley–Los Angeles–London 1972 verweist auf die bei Grundmann, Bibliographie zur Ketzergeschichte des Mittelalters aufgeführte

Literatur, verzeichnet aber S. 244–246 die von ihm benützten Handschriften. E. McLaughlin, The heresy of the Free Spirit and late Medieval Mysticism, in: Medievalia et Humanistica 4, 1973, 37–54.

54 J.-L. de Mosheim, De beghardis et beguinabus commentarius, (hg.) von G.-M. Martini, Leipzig 1790. – W. Wattenbach, Über die Sekte der Brüder vom freien Geiste. Mit Nachträgen über die Waldenser in der Mark und in Pommern, in: Sitzungsberichte der königl. preuss. Akademie der Wiss. zu Berlin, Phil.-hist. Klasse (1887) 517–544. – L. Fumi, Eretici e ribelli nell'Umbria. Studio storico di un decennio (1320–1330), Todi, 1916. – A. De Stefano, Intorno alle origini e alla natura della „secta spiritus libertatis", in: Archivum Romanicum 11, 1927, 150–162. – L. Oliger, De secta spiritus libertatis in Umbria saec. XIV. Disquisitio et documenta, Roma 1943.

55 N. Cohn, Das Ringen um das Tausendjährige Reich, Revolutionärer Messianismus im Mittelalter und sein Fortleben in den modernen totalitären Bewegungen, Bern–München 1961, 135–174. – H. Grundmann, Ketzerverhöre des Spätmittelalters als quellenkritisches Problem, in: DA 21, 1965, 519–575. – G. Leff, Heresy in the Later Middle Ages. 1, 308–407.

56 R. Guarnieri, Il movimento del Libero Spirito. Testi e documenti: in Archivio italiano per la storia della pietà 4, 1965, 351–708; dazu eine gute Zusammenfassung im Dictionnaire de Spiritualité 5, 1964, Sp. 1241–1268: Frères du libre esprit.

57 Edizione provisoria: Marguerite Porete, le Mirouer des simples âmes anienties et qui seulement demourent en vouloir et desir d'amour, Roma 1961.

58 M. Doiron, Margaret Porete. The mirror of simple souls. A middle english translation. With an appendix: The glosses by „M. N." and Richard Methley to the mirror of simple souls by E Colledge and R. Guarnieri, in: Archivio italiano per la storia della pietà 5, 1968, 241–355, 357–382.

59 J. Orcibal. Le „Miroir des simples âmes" et la „secte" de libre esprit, in: Revue de l'histoire des religions 176, 1969, 35–60, weist die Porete eher in die Mystik als in die Häresie des Freien Geistes. – Lerner, The heresy of the Free Spirit 68–78, 200–208. – K. Ruh, „Le miroir des simples âmes" der Marguerite Porete, in: Verbum et Signum 2, 1975, 365–387.

60 M. Erbstösser–E. Werner, Ideologische Probleme des mittelalterlichen Plebejertums. Die freigeistige Häresie und ihre sozialen Wurzeln (Forschungen zur mittelalterlichen Geschichte 7) Berlin 1960.

61 Grundmann, Ketzergeschichte 41 ff., 52 ff. Eine vorzügliche kurze Zusammenfassung bietet Patschovsky in DA 30, 1974, 96 ff.

62 K. Albert, Amalrich von Bena und der mittelalterliche Pantheismus. Die Auseinandersetzungen an der Pariser Universität im XIII. Jahrhundert (Miscellanea mediaevalia 10) Berlin–New York 1976, 193–212.

63 G. Hofmann, Die Brüder und Schwestern des freien Geistes zur Zeit Heinrich Seuses, in: Heinrich Seuse. Studien zum 600. Todestag 1366–1966, (hg.) E. F. Filthaut, Köln 1966, 9–32.

64 J. De Guibert, Documenta ecclesiastica christianae perfectionis studium spectantia, Roma 1931, 116–125. – Patschovsky, Passauer Anonymus, 38–41. – Grundmann, Ketzergeschichte 45 f.; eine neue kritische Edition ist von Patschovsky vorbereitet, vgl. Patschovsky, Die Anfänge einer ständigen Inquisition in

Böhmen 75 Anm. 284; zum Sektenproblem Patschovsky, Die Anfänge 65–78.

65 Grundmann, Ketzerverhöre 557ff. – Erbstösser, Sozialreligiöse Strömungen 97, 104, 109, 113.

66 Die wichtigsten seien hier genannt: In den Verhören während der Beginenverfolgung in Straßburg seit 1317 kommen auch „freigeistige" Ansichten zum Vorschein; Patschovsky, Straßburger Beginenverfolgung 92ff., 127ff. – Die Protokolle über die in Brünn nach 1335 verhörten Albert und Johann von Brünn bei Leff, Heresy, 709–716 und Lerner, Free Spirit, 106–112. – Zum Verhör der Schweidnitzer Beginen 1332 Lerner, Free Spirit, 112–119, dazu Patschovsky, Böhmen 61 Anm. 237. – Im Jahre 1342 wurde in Würzburg Hermann Kucherer, ein Angehöriger der freigeistigen Häresie, verhört: Monumenta Boica XL, 1870, 415–421; dazu Erbstösser, Sozialreligiöse Strömungen (s. Anm. 14) 87–89. – Das Protokoll der Inquisition gegen Konstantin aus Arnheim in Erfurt hat Erbstösser, Sozialreligiöse Strömungen 160–163 nach einer neu aufgefundenen Handschrift herausgegeben; zur Sache ebd. 91–96. – Ebenfalls in Erfurt wurde 1367 Johann Hartmann aus Oßmannstet verhört, das lateinische Protokoll mit deutscher Übersetzung bei Werner-Erbstösser, Ideologische Probleme 136–153; dazu Grundmann, Ketzerverhöre 537ff. und Erbstösser, Sozialreligiöse Strömungen 98ff. – Mit dem eben genannten Protokoll von 1367 ist die Untersuchung gegen Konrad Kannler 1381 in Eichstätt eng verwandt. Edition des Notariatsinstruments bei Grundmann, Ketzerverhöre 561–566; zum Verhör selbst ebd. 535–550; Erbstösser, Sozialreligiöse Strömungen 103. – Gegen den Lollarden Hans Becker wurde 1458 in Mainz verhandelt; die „Articuli confessionis" bei Grundmann, Ketzerverhöre 566–574.

67 E. W. McDonnall, The Beguines and Beghards in medieval culture. With special emphasis on the Belgian scene. New Brunswick–New Jersey 1954, mit sehr ausführl. Lit. – A. Schmidt, Tractatus contra hereticos beckardos, lulhardos et swestriones des Wasmud von Homburg, in: Archiv für mittelrheinische Kirchengeschichte 14, 1962, 336–386. – D. Kurze, Die festländischen Lollarden. Zur Geschichte der religiösen Bewegungen im ausgehenden Mittelalter, in: Archiv für Kulturgeschichte 47, 1965, 48–76. – Grundmann, Ketzergeschichte 47f. – R. E. Lerner, The heresy of the Free Spirit in the late middle ages, Berkeley–Los Angeles–London 1972, wichtig für die nicht ganz durchsichtigen Zusammenhänge zwischen Bewegung des Freien Geistes und den Beginen und Begarden. – A. Patschovsky, Straßburger Beginenverfolgungen im 14. Jahrhundert, in: DA 30, 1974, 56–198; über die Straßburger Verhältnisse hinaus in kritischer Prüfung der bisherigen Auffassungen und Ergebnisse eine alle früheren Darstellungen weit überholende präzise Arbeit mit kritischer Edition wichtiger, nicht nur Straßburg betreffender Texte in den Textbeilagen. – Aus den für die Territorialgeschichte wichtigen Untersuchungen seien genannt: J. Asen, Die Beginen in Köln, in: Annalen des histor. Vereins für den Niederrhein 111, 1927, 91–180, 112, 1928, 71–148; dazu W. Janssen, Unbekannte Synodalstatuten der Kölner Erzbischöfe Heinrich von Virneburg (1306–1322) und Walram von Jülich (1322–1349), in: Annalen des histor. Vereins für den Niederrhein 172, 1970, 113–154. – E. G. Neumann, Rheinisches Beginen- und Begardenwesen. Ein Mainzer Beitrag zur religiösen Bewegung am Rhein, Diss. phil. Mainz 1960. – G. Peters, Norddeutsches Beginen- und Begardenwesen im Mittelalter, in:

Niedersächsisches Jahrbuch für Landesgeschichte 41/42, 1969/1970, 50–118. – B. Degler-Spengler, Die Beginen in Basel, in: Basler Zeits. für Geschichte und Altertumskunde 69, 1969, 5–83; dazu die ausführl. Besprechung von K. Elm, Klarissen und Beginen in Basel, Beiträge zur Helvetia sacra, in: Freiburger Diözesanarchiv 90, 1970, 316–332 mit Stellungnahme zu neuerer Lit. – O. Nübel, Mittelalterliche Beginen- und Sozialsiedlungen in den Niederlanden, Tübingen 1970. – Zu Böhmen Patschovsky, Die Anfänge 73–77.

68 E. Müller, Das Konzil von Vienne, 1311–1312. Seine Quellen und seine Geschichte, Münster/Westf. 1934.

69 G. Koch, Frauenfrage und Ketzertum im Mittelalter. Die Frauenbewegung im Rahmen des Katharismus und des Waldensertums und ihre sozialen Wurzeln (Forschungen zur mittelalterlichen Geschichte 9) Berlin 1962; dazu Besprechung in DA 19, 1963, 547 f. (Grundmann), ZKG 74, 1963, 373 f. (Gerlich) und Bullettino del'Istituto storico italiano per il medio evo 81, 1969, 301–309 (Morghen); die Arbeit auch gekürzt: Die Frau im mittelalterlichen Katharismus und Waldensertum, in: Studi medievali 3. serie, 5, 1964, 741–774. – Beziehungen zu Mystikerkreisen sind in Basel nachgewiesen, Degler-Spengler, Die Beginen in Basel (s. Anm. 67).

70 Erbstösser, Sozialreligiöse Strömungen (s. Anm. 14) 109–114 (wichtig!).

71 E. Müller, Das Konzil von Vienne (s. Anm. 68) 577–587; Grundmann, Ketzerverhöre 530–535; die Dekrete „Cum de quibusdam mulieribus" und „Ad nostrum", in: Conciliorum oecumenicorum decreta, Bologna ³1973, 374, 377 f. – Deutsche Inhaltsangabe bei Müller, Das Konzil von Vienne 582 ff. – Patschovsky, Straßburger Beginenverfolgungen 117 (Zusammenfassung). – J. Tarrant, The Clementine Decrees on the Beguines: Conciliar and papal versions, in AHP 12, 1974, 300–308.

72 J. Gonnet – A. Molnár, Les Vaudois au moyen âge, Torino 1974 (mit sehr ausführlichen Literaturangaben und Stellungnahmen zum Stand der Forschung); einige Kapitel sind in der Darstellung von A. Molnár, Storia dei Valdesi I: dalle origini all'adesione alle riforma (1176–1532) Torino 1974. – K.-V. Selge, Die ersten Waldenser, mit Edition des Liber antiheresis des Durandus von Osca. Bd. 1: Untersuchung und Darstellung; Bd. 2: Der Liber antiheresis des Durandus von Osca. (Arbeiten zur Kirchengeschichte 37) Berlin 1967; Besprechung: Mediaevalia Bohemica 1969, 157–161 (A. Molnár); ZKG 81, 1970, 260–263 (V. Vinay); Studi medievali 3. serie 13, 1972, 1132–1135 (E. Pásztor). – K.-V. Selge, Die Erforschung der mittelalterlichen Waldensergeschichte, in: Theologische Rundschau NF 33, 1968, 281–343. – Ch. Thouzellier, Catharisme et valdéisme en Languedoc à la fin du XIIe et au début du XIIIe s. Politique pontificale, Paris 1966. – G. Gonnet, Le confessioni di fede valdesi prima della riforma, Torino 1967; Besprechung: ZKG 81, 1970, 121–124 (V. Vinay). – A. Patschovsky, Der Passauer Anonymus. (Schriften der MGH 22) Stuttgart 1968 (sehr wichtig, vgl. Namen- und Sachverzeichnis. – A. Patschovsky – K.-V. Selge, Quellen zur Geschichte der Waldenser. (Texte zur Kirchen- und Theologiegeschichte 18) Gütersloh 1973, dazu die ausführliche und sehr sachkundige Besprechung in RSLR 10, 1974, 172–178 (R. Cegna). – K.-V. Selge, Il valdismo medievale tra conservazione e rivoluzione, in: Bollettino della società di studi valdesi Nr. 133, giugno 1973, 3–16; ders., Reflessioni sul carattere

sociale e sulla religiosità del valdismo francese primitivo, in: Protestantesimo 29, 1974, 11–39.

73 Der Vorname Petrus ist nicht gesichert und erscheint erst in der zweiten Hälfte des 14. Jahrhunderts, vgl. Selge, Die ersten Waldenser I 2, Anm. 3.

74 Gegen die einseitige Betonung der Predigt und die Zurückstellung der Armut hat sich gewandt: Ch. Thouzellier, Hérésie et pauvreté à la fin du XIIe et au début du XIIIe siècle, in: Etudes sur l'Histoire de la pauvreté sous la direction de Michel Mollat I, Paris 1974, 371–388, spez. gegen Selge 379.

75 Selge, Die ersten Waldenser I, 242.

76 Vaudois languedociens et pauvres catholiques (Cahiers de Fanjeaux 2) Toulouse 1967; Selge, Die ersten Waldenser II, Der Liber antiheresis des Durandus von Osca.

77 Das Ketzergesetz „Ad abolendam" bei Selge, Texte zur Inquisition, Gütersloh 1967, 26–29.

78 Selge, Die ersten Waldenser 279.

79 R. Zerfaß, Der Streit um die Laienpredigt. (Untersuchungen zur praktischen Theologie 2) Freiburg–Basel–Wien 1974; zu den Waldensern 59–82, 211ff.

80 Karte bei Selge, Die ersten Waldenser, am Ende von Band 1.

81 D. Kurze hat in seiner Abhandlung: Zur Ketzergeschichte der Mark Brandenburg und Pommerns vornehmlich im 14. Jahrhundert. Luziferianer, Puzkeller und Waldenser, in: Jahrbuch für die Geschichte Mittel- und Ostdeutschlands 16/17, 1968, 50–94 Forschungen von W. Wattenbach aus dem letzten Jahrhundert aufgegriffen und durch neue Handschriftenfunde erheblich erweitert. Die neueste Publikation von Kurze, Quellen zur Ketzergeschichte Brandenburgs und Pommerns (Veröffentlichungen der histor. Kommission zu Berlin 45, Quellenwerke Band 6) Berlin–New York 1975 legt das zum Teil schon früher bekannte, aber jetzt vollständig erschlossene, sehr umfangreiche Material zu Prozessen, hauptsächlich gegen Waldenser, in einem relativ kleinen Territorium in der zweiten Hälfte des 14. Jahrhunderts vor. Der größte Teil geht auf die Verhöre durch den auch in Österreich tätigen Coelestinerprovinzial Peter Zwicker in Stettin in den Jahren 1392–1394 zurück. Von den ursprünglich ungefähr 450 Protokollen sind etwa 250 erhalten. Wenn auch die Hunderte von Verhören meist nach dem gleichen Schema verlaufen und ein ähnliches Bild aufweisen und deshalb das Ergebnis für die allgemeine Ketzergeschichte nicht viel Neues bringt, so ist die Fülle des Materials staunenswert; es enthält wie keine andere derartige Quelle eine große Menge von Namen, auch von Haeresiarchen, und bietet äußerst wertvolle Notizen zur territorialen Ausbreitung und zur Orts- und Sozialgeschichte. Die Arbeit ist durch vorzügliche Register erschlossen und enthält reichliche Literaturangaben.

82 A. Patschovsky, Die Anfänge einer ständigen Inquisition in Böhmen, Berlin–New York 1975, spricht S. 79 von Tausenden, die mit der Inquisition zu tun hatten. Wichtig sind auch die Angaben über Waldenser in Böhmen im 14. Jahrhundert.

83 Beispiele bei Kurze, Zur Ketzergeschichte 84: „Während einige für die Toten beten, sei es aus verschwommener Überzeugung, aus Gewohnheit, aus Freundschaft zu den Verstorbenen oder auch nur, um sich dem Gebot des Ortspfarrers nicht offen zu widersetzen, lehnt die Mehrzahl die Fürbitte ab mit

dem Hinweis, es gäbe nur zwei Wege, einen direkt in den Himmel und den anderen ebenso direkt in die Hölle; und ein Radikaler meint schließlich, die Fürbitte für die Verstorbenen sei genau so sinnlos, wie wenn man einem toten Pferd noch Futter vorwürfe. Daß das Weihwasser nutzlos sei, wollen einige nicht einsehen, viele nehmen es aus Gewohnheit oder, um sich nicht verdächtig zu machen, andere meinen, Regenwasser habe dieselbe Wirkung, oder gestehen zynisch, das geweihte Waser in heißer Jahreszeit zur Erfrischung benutzt zu haben“.

84 M. Erbstößer, Sozialreligiöse Strömungen im späten Mittelalter (Forschungen zu mittelalterlichen Geschichte Band 16) Berlin, 1970, 119–159: Waldensertum, will vor allem die soziale Basis, das ideologische und organisatorische Verhältnis zwischen dem esoterischen und exoterischen Kreis und die Ursachen der Verbreitung untersuchen und stellt einen Vergleich zu anderen Häresien an.

85 Kurze, Zur Ketzergeschichte 88.

86 Kurze, Zur Ketzergeschichte 90 und Nachtrag bei Erbstößer, Sozialreligiöse Strömungen 173 f.

87 J. Gonnet-A. Molnár, Les Vaudois au moyen âge, Torino, 1974, 209–282; A. Molnár, Storia dei Valdesi 1, Torino 1974, 159–196. – Zu Hussiten im Westen jetzt H. Heimpel, Drei Inquisitions-Verfahren aus dem Jahre 1425. Akten der Prozesse gegen die deutschen Hussiten Johannes Drändorf und Peter Turnau sowie gegen Drändorfs Diener Martin Borchard (Veröffentl. des Max-Planck-Instituts für Geschichte 24) Göttingen 1969.

88 Sehr ausführlich jetzt D. Kurze, Märkische Waldenser und Böhmische Brüder. Zur brandenburgischen Ketzergeschichte und ihrer Nachwirkung im 15. und 16. Jahrhundert, in: Festschrift für W. Schlesinger (Mitteldeutsche Forschungen 74/II) 2, Köln–Wien 1974, 456–502. – F. Machilek, Ein Eichstätter Inquisitionsverfahren aus dem Jahre 1460, in: Jahrbuch für fränkische Landesforschung 34/35, 1975, 417–446 berichtet von taboritisch-waldensischen Ketzergemeinden. – R. Cegna, I Valdesi di Moravia nell'ultimo medio evo, in: RSLR 1, 1965, 392–423; ders. L'ussitismo piemontese nel' 400, in: RSLR 7, 1971, 3–69; ders., Appunti sull'Valdismo Hussita: la dottrina sociale di Nicola di Cerruc (della rosa nera) detto il Dresdense. Vortrag auf dem XI convegno di studi sulla riforma ed i movimenti religiosi in Italia (Torre-Pellice 2–3 settembre 1971) s. RSLR 8, 1972, 438–443.

89 G. G. Meersseman, Dossier de l'Ordre de la Pénitence au XIII. siècle, Fribourg 1961; ders., Disciplinati e penitenti nel duecento, in: Il movimento dei Disciplinati 43–72. – Weitere Studien sind verzeichnet in Bibliografia di G. G. Meersseman nr. 134, 140, 147, 150, 151, 153. (Miscellanea Gilles Gérard Meersseman) Padova 1970; ders., Per la storiografia delle confraternite laicali nell'Alto medio evo, in: Storiografia e Storia. Studi in onore di Eugenio Dupré Theseider, Roma 1974, 39–62, mit Untersuchung der ältesten Statuten.

90 L'ordine della penitenza di San Francesco d'Assisi nel secolo XIII. Atti del convegno di Studi Francescani Assisi, 3-4-5 luglio 1972, in: Collectanea Franciscana 43, 1973, auch gesondert Roma 1973.

91 Il movimento dei Disciplinati nel settimo centenario dal suo inizio. Atti del convegno internazionale, Perugia, 25–28 settembre 1960 (Deputazione di storia patria per l'Umbria, appendice al Bollettino n. 9) Perugia 1962; Dazu A. Frugoni,

Sui flaggellanti del 1260, in: Bullettino dell'Istituto storico italiano per il medio evo 75, 1963, 211–237. – Über das 1963 gegründete Centro di documentazione sul movimento dei Disciplinati: RSLR 4, 1968, 648f. – Risultati e prospettive della ricerca sul movimento dei Disciplinati. Convegno internazionale di studio, Perugia, 5–7 dicembre 1969 (Deputazione di storia patria per l'Umbria. Centro di documentazione sul movimento dei Disciplinati) Perugia, 1962 317–326); darin besonders wichtig: R. Morghen, Le confraternite di Disciplinati e gli aspetti della religiosità laica nell'età moderna. – Zum Stand der Erforschung das Referat von P. L. Meloni, Topografia, diffusione e aspetti delle confraternite dei Disciplinati, in Risultati 15–98.; über einzelne der etwa 2000 Bruderschaften der Disciplinati in Italien berichten aus der reichen Materialsammlung in Perugia die „Quaderni del centro di documentazione sul movimento dei Disciplinati."

92 R. Manselli, L'anno 1260 fu anno gioachimitico?, in: Il movimento 99–108.

93 L. Sbriziolo, Per la storia delle confraternite veneziane: dalle deliberazioni miste (1310–1476) del consiglio dei Dieci. Le scuole dei Battuti, in: Miscellanea Gilles Gérard Meersseman, Padova 1970, 715–763. – Ch. de la Roncière, La place des confrèriers dans l'encadrement religieux du contado Florentin: L'exemple de la Val d'Elsa, in: Mélanges de l'école française de Rome. Moyen âge temps modernes 85, 1973, 31–77.633–671. – G. Cecchini, Raniero Fasani et les Flagellants, in: Mélanges de l'école française de Rome. Moyen ages temps modernes 87, 1975, 339–359. – G. De Sandre Gasparini, Statuti di confraternite religiose di Padova nel medio evo (Fonti e ricerche di storia ecclesiastica padovana VI) Padova 1974.

94 M. Erbstößer, Sozialreligiöse Strömungen im späten Mittelalter. Geissler, Freigeister und Waldenser im XIV. Jahrhundert (Forschungen zur mittelalterlichen Geschichte 16) Berlin 1970; zu den Geißlern S. 10–69.

95 E. Delaruelle, Pourquoi n'y eut-il pas de Flagellants en France en 1349?, in: Risultati 292–304; Das Verbot der Geißlerzüge erfolgte am 20. Okt. 1349.

96 E. Delaruelle, L'Antéchrist chez S. Vincent Ferrier, S. Bernardin de Sienne et autour de Jeanne d'Arc, in: L'Attesa dell'etá nuova nella spiritualità della fine del medioevo (16–19 ottobre 1960, Convegni del centro di studi sulla spiritualità medievale III) Todi 1962, 37–64.

97 G. Tognetti, Sul moto dei bianchi nel 1399, in: Bullettino dell'Istituto storico italiano per il medio evo 78, 1967, 205–343.

98 F. Graus, Ketzerbewegungen und soziale Unruhen im 14. Jahrhundert in: Zeitschrift für histor. Forschung 1, 1974, 3.21.

99 A. Borst, Lebensformen im Mittelalter, Frankfurt–Berlin 1973.

100 J. Fearns, Ketzer und Ketzerbekämpfung im Hochmittelalter, 7: „Vor allem hat die größere Sachlichkeit, mit der die Inquisition in der modernen Literatur behandelt wird, vieles dazu beigetragen, diese nur schwer begreifliche Erscheinung des mittelalterlichen Kirchen- und Geisteslebens verständlicher zu machen".

101 K.-V. Selge, Texte zur Inquisition (Texte zur Kirchen- und Theologiegeschichte 4) Gütersloh 1967, 5.

102 Maisonneuve, Etudes sur les origines de l'Inquisition. (L'Eglise et l'Etat au moyen-âge VII) Paris [2]1920. – Th. Bühler-Reimann, Enquête – Inquesta – Inquisitio, in: ZSavRG Kan. Abt. 61, 1975, 53–62. – Zur neueren Forschung:

P. Patschovsky, Die Anfänge einer ständigen Inquisition in Böhmen. (Beiträge zur Geschichte und Quellenkunde des Mittelalters 3) Berlin–New York 1976.

103 Von wichtiger Literatur, außer Maisonneuve, ist zu nennen: H. Grundmann, Ketzergeschichte; Cahiers de Fanjeaux 6: Le crédo, la morale et l'inquisition, Toulouse 1971, darin besonders 175–197 die vorzügliche Zusammenfassung von Manselli: De la „persuasio" à la „coercitio", 217–251 Y. Dossat, La repression de l'hérésie par les évêques, und 379–403: Notes et discussions. – Dagegen sind die Ausführungen in G. Hasenhüttl – J. Nolte, Formen kirchlicher Ketzerbewältigung. (Texte zur Religionswissenschaft und Theologie, historische Sektion II, 1) Düsseldorf 1976, S. 36–54: Ketzerverfolgung im christlichen Mittelalter dürftig.

104 Manselli, Cahiers de Fanjeaux 6, 185f. und 380f.; das Edikt von Verona bei Selge, Texte zur Inquisition 26–29 und bei Fearns, Ketzer und Ketzerbekämpfung 61–63.

105 O. Hageneder, Studien zur Dekretale „Vergentis" (X. V. 7, 10). Ein Beitrag zur Häretikergesetzgebung Innocenz' III., in: ZSavRG Kan. Abt. 49, 1963, 138–173. – W. Ullmann, The significance of Innocent III's decretal Vergentis, in: Etudes d'histoire du droit cononique dédiées à Gabriel Le Bras, Paris 1965, 729–741.

106 B. Moeller, Papst Innocenz III. und die Wende des Mittelalters, in: Bleibendes im Wandel der Kirchengeschichte. Kirchenhistorische Studien (hg.) von Bernd Moeller und Gerhard Ruhbach, Tübingen 1973, 151–167 bes. 160ff.

107 Conciliorum oecumenicorum decreta, [3]1973, 233–235, constitutio tertia.

108 Zu Gregor IX.s. Fearns, Ketzer und Ketzerbekämpfung 72ff., Selge, Texte zur Inquisition, 41ff.; zu Innozenz IV, Selge 77.

109 A. Patschovsky, Die Anfänge einer ständigen Inquisition in Böhmen 1–15. – A. Dondaine, Le manuel de l'inquisiteur, in AFP 17, 1947, 85–194. – A. Patschovsky, Der Passauer Anonymus. Ein Sammelwerk über Ketzer, Juden, Antichrist aus der Mitte des 13. Jahrhunderts (Schriften der MGH 22) 1968; von Patschovsky wird eine kritische Edition vorbereitet.

110 Grundmann, Ketzerverhöre DA 21, 1965, 519–575, besonders 559: „Dann kommt er [der Historiker] mit den traditionellen, inquisitorischen Kategorien der Ketzer- und Sektengeschichte nicht mehr aus. Er muß sie gleichsam abheben von dem, was die Inquisitoren auf ihre Art glaubwürdig bezeugen, muß es mit eigenen Augen zu sehen versuchen und dabei die Reste und Spuren von Ketzerschriften zu Hilfe nehmen. Nur so kann auch die Ketzergeschichte zu einem Stück aufschlußreicher Geistesgeschichte werden, an der Inquisitoren und Ketzer, Rechtgläubige und Irrende oder Suchende gleichermaßen beteiligt sind, nicht nur als Widersacher, sondern auch als Partner einer sie beide umfassenden Geisteswelt. Auch die Inquisitoren können uns durch kritische Analyse ihrer Akten verständlicher werden und die unentbehrlichsten, ergiebigsten Zeugnisse geben für das, wofür und wogegen sie wirkten". – A. Patschovsky, Probleme ketzergeschichtlicher Quellenforschung, in: Mittelalterliche Textüberlieferungen und ihre kritische Aufarbeitung. (Beiträge der MGH zum 31. Deutschen Historikertag Mannheim 1976) München 1976, 86–91. – D. Kurze, Quellen zur Ketzergeschichte Brandenburgs und Pommerns (s. Anm. 81).

111 A. Patschovsky, Die Anfänge einer ständigen Inquisition in Böhmen 79 und Kurze (s. vorige Anm.).

112 In diesem Zusammenhang interessiert der Beitrag von P. Segl, „Stabit Constantinopoli". Inquisition und päpstliche Orientpolitik unter Gregor IX., in: DA 32, 1976, 209–220, wo zahlreiche Fälle von Sendung nach Konstantinopel erwähnt werden, wohl zur Verstärkung der dort gegen die Griechen Kämpfenden.

113 Die Arbeit von Mariano da Alatri, Inquisitori veneti nel duecento, in: Collectanea Franciscana 30, 1960, 398–452 illustriert die mächtige und oft gewalttätige Stellung der Inquisitoren aus dem Franziskanerorden, die seit der Mitte des 13. Jahrhunderts in Venetien neben Dominikanern tätig waren, vor allem gegen die Katharer von Sirmione, von denen 1278 über 200 in Verona verbrannt wurden. Aus dem umfänglichen Quellenmaterial ergeben sich schwere Anklagen gegen einige der Inquisitoren besonders in finanzieller Hinsicht; die Inquisitoren waren oft von der Jurisdiktion ihres Ordens eximiert und mehrere wurden später Bischöfe im östlichen Oberitalien; ders., „Eresie" perseguite dall'inquisizione in Italia nel corso del duecento, in: The concept of heresy in the middle ages (11th–13th c.) Leuven 1976, 211–224.

114 Ilarino da Milano, Dualismo cataro e Francescanesimo inquisitoriale a Viterbo nel secolo XIII, in: Atti del convegno di studio VII centenario del 1° conclave (1268–1271), Viterbo o. J. [1975] 173–197. – R. Orioli – L. Paolini, L'eresia a Bologna fra XIII e XIV secolo (Istituto storico ital. per il medio evo, studi storici 93–96) 2 Bde. Roma 1975; Bd. 1 von L. Paolini: L'eresia catara alla fine del duecento ist wichtig für das Ende des Katharismus in Italien und für die böse Stimmung gegen die Inquisition und die Dominikaner. Bd. II von R. Orioli, L'eresia dolciniana weist deren Verbreitung vor allem in der ländlichen Umgebung aus Bologneser Inquisitionsakten nach. – L. Paolini publiziert ein Inquisitionshandbuch aus Bologna: De officio inquisitionis. La procedura inquisitoriale a Bologna e a Ferrara nel Trecento. Introduzione, testo critico e note, Bologna 1976.

115 F. Bock, Studien zum politischen Inquisitionsprozeß Johannes XXII., in: QF 26, 1935–1936, 21–142.

116 Zum Widerstand gegen Inquisitoren: Patschovsky, Die Anfänge einer ständigen Inquisition in Böhmen 46–65 passim; wichtig die Zusammenfassung 65: Hält man sich diesen und die zuvor besprochenen Fälle vor Augen ... so wird deutlich, in welchem Maße die ursprünglich rein zur Bekämpfung Irrgläubiger geschaffene Ketzer-Inquisition ausufern konnte und auch ausgeufert war. Sie hatte sich auf Bereiche ausgedehnt, die nur noch sehr entfernt etwas mit Glaubensdingen zu tun hatten, und war damit aufgrund der ihr eigenen Rechtskonstitution, um ein modernes Wort zu gebrauchen: zu einem „Terrorinstrument geworden, vor dem kein Bürger eines Landes mehr sicher war". – Zu späteren Inquisitionsverfahren und ihren Problemen H. Heimpel, Zwei Wormser Inquisitionen aus den Jahren 1421 und 1422 (Abhandlungen der Akademie der Wissenschaft. in Göttingen, phil-hist. Klasse, 3. Folge Nr. 73, Göttingen 1969; ders., Drei Inquisitionsverfahren aus dem Jahre 1425 (Veröffentlichungen des Max-Planck-Instituts für Geschichte 24) Göttingen 1969.

117 H. G. Walther, Häresie und päpstliche Politik: Ketzerbegriff und Ketzergesetzgebung in der Übergangsphase von der Dekretistik zur Dekretalistik, in: The concept of heresy 143.

Anhang I

Schrifttum und Forschungszentren

Die im Folgenden angeführten Angaben beschränken sich auf eine Auswahl neuerer Arbeiten, Arbeitsrichtungen und Arbeitsgruppen, die zum Verständnis des hier behandelten Themas hilfreich sein können. Allgemein wird auf die Bibliographien in den Handbüchern und besonders in der Revue d'histoire ecclésiastique (RHE) verwiesen. Erwähnt sei aber H. Boockmann, Literaturbericht, Späteres Mittelalter in: Geschichte in Wissenschaft und Unterricht 25, 1974, 624–644; 689–708.

Von neueren Gesamtdarstellungen seien genannt:
Handbuch der europäischen Geschichte (Hg.) Th. Schieder, Stuttgart: Band 1: Europa im Wandel von der Antike zum Mittelalter (Hg.) Th. Schieffer, 1976.
Band 3: Die Entstehung des neuzeitlichen Europas (Hg.) J. Engel, 1971.

La civiltà del Medioevo europeo, Roma.
P. Brezzi, L'urto delle civiltà nel alto Medioevo. Dagli stanziamenti barbarici all'unificazione carolingia, 1971.
Ders.: Società feudale e vita cittadina dal IX al XII secolo, 1972.
Ders.: Il secolo del rinnovamento. La rinascità politica, economica e spirituale del Duecento (1190–1313), 1973.
Ders.: Il dissolversi del mondo medioevale (1313–1453/54), 1973.

Deutsche Geschichte (Hg.) J. Leuschner, Göttingen.
Band 1: J. Fleckenstein, Grundlagen und Beginn der deutschen Geschichte, 1974.
Band 3: J. Leuschener, Deutschland im späten Mittelalter, 1975.
B. Töpfer, Vom staufischen Imperium zum Hausmachtkönigtum. Deutsche Geschichte vom Wormser Konkordat 1122 bis zur Doppelwahl von 1314, Weimar 1976.
Storia d'Italia II, 1: Dalla caduta dell'Impero romano al secolo XVIII, Torino 1974.

Für die Kirchengeschichte sei zunächst auf die beiden neuen Handbücher verwiesen: Handbuch der Kirchengeschichte (Hg.) H. Jedin, Freiburg. Band III, die mittelalterliche Kirche, erster Halbband: vom kirchlichen Frühmittelalter zur gregorianischen Reform, 1966, Zweiter Halbband: vom kirchlichen Hochmittelalter bis zum Vorabend der Reformation, 1968. Die Kirche in ihrer Geschichte. Ein Handbuch (Hg.) K. D. Schmidt und E. Wolf, Göttingen, erscheint in Lieferungen seit 1960, besonders hervorzuheben: B. Moeller, Spätmittelalter, 1966 und H. Grundmann, Ketzergeschichte des Mittelalters, 1963.

A. Paravicini Bagliani, La storiografia pontificia del secolo XIII. Prospettive di ricerca, in: Röm. hist. Mitteilungen 18, 1976, 45–54.
M. Miglio, Storiografia pontificia del Quattrocento, Bologna 1975.
Problemi di storia della Chiesa. Il Medioevo dei secoli XII–XV, Milano 1976.
W. Ullmann, The papacy and political ideas in the middle ages, London 1976.
Ders.: Kurze Geschichte des Papsttums im Mittelalter, Berlin–New York 1978.

Von der neuen Reihe: Päpste und Papsttum (Hg.) G. Denzler, Stuttgart, sind schon mehrere Bände erschienen.

In Storia d'Italia II, 1, Torino 1974, S. 429–1079; Storia religiosa von G. Miccoli mit viel Literatur; dazu die sehr ausführliche und sehr kritische Besprechung von G. Penco in Rivista di storia della Chiesa in Italia 30, 1976, 119–145.

G. Penco, Storia della Chiesa in Italia I. Dalle origini al concilio di Trento, Milano 1978.

Nützliche Hilfsmittel:

Ein weithin sichtbares Zeichen der lebhaften Erforschung des mittelalterlichen Mönchtums ist das auf 25 Bände berechnete große Unternehmen von K. Hallinger: Corpus consuetudinum monasticarum (Siegburg); seit 1963 sind mehr als zehn Bände erschienen.

Das Buch von M. Escobar, Ordini e congregazioni religiosi (zwei Bände), Torino 1951–1953, wird jetzt ersetzt durch das weit umfänglichere Dizionario degli Istituti di perfezione (Rom), seit 1974 drei Bände.

Bibliotheca Sanctorum, Roma seit 1961.

Dizionario biografico degli Italiani, Roma seit 1959, mit jeweils sehr ausführlicher Literatur.

Lexikon des Mittelalters, München und Zürich, seit 1978 zwei Lieferungen.

Wichtige Zeitschriften:

Archivum Franciscanum Historicum (AFH).

Archivum Fratrum Praedicatorum (AFP).

Archivum historiae Pontificiae (AHP).

Bullettino dell'Istituto storico Italiano per il Medio Evo e Archivio Muratoriano (Roma).

Deutsches Archiv für Erforschung des Mittelalters (DA).

Historisches Jahrbuch der Görres-Gesellschaft (HJ).

Historische Zeitschrift (HZ).

Miscellanea mediaevalia.

Mitteilungen des österreichischen Instituts für Geschichtsforschung (MIÖG).

Quellen und Forschungen aus ital. Archiven und Bibliotheken (QF).

Rivista di storia della Chiesa in Italia (RSCI).

Rivista di storia e letteratura religiosa (RSLR).

Römische Quartalschrift für christliche Altertumskunde und Kirchengeschichte (RQ).

Studi medievali, terza serie, seit 1960.

Wissenschaft und Weisheit (WW).

Zeitschrift der Savigny-Stiftung für Rechtsgeschichte, kanon. Abteilung (ZSavRG-kan. Abt.)

Zeitschrift für Kirchengeschichte (ZKG).

Neue Forschungszentren

Nach dem zweiten Weltkrieg sind in der nunmehr anbrechenden Epoche der häufigen Tagungen und Kongresse in einigen Ländern regelmäßig tagende Arbeitsgruppen von internationaler Zusammensetzung entstanden. Für den Bereich der mittelalterlichen Kirchengeschichte erwies sich die literarische und monumentale Überlieferung Italiens als höchst ertragsreich, und so sind die großen italienischen Zentren: Spoleto, Todi, Mendola-Milano von besonderer Bedeutung.

Im Jahre 1951 fand in Spoleto der erste internationale Kongreß für langobardische Forschung statt; ihm folgte im Jahre darauf der zweite internationale Kongreß für die Erforschung des hohen Mittelalters, der sich mit den langobardischen Zentren in Oberitalien beschäftigte. Vor diesem zweiten Kongreß wurde aber schon im Juni 1952 in Spoleto das „Centro italiano di studi sull'alto medioevo" offiziell eröffnet mit der programmatischen Rede von Gian Piero Bognetti: Dal congresso di studi langobardi al Centro di studi per l'alto medioevo. Die Tagungen der Settimane di studio fanden von da ab und finden noch jährlich statt und haben schon die stattliche Zahl von 27 Studienwochen erreicht. Daneben laufen auch die „Congressi" in unregelmäßigen Abständen weiter. (Il centro italiano di studi sull'alto mediovo. Venticinque anni di attività 1952–1977, Spoleto 1977).

Die 1904 gegründete Zeitschrift (Studi medievali wird seit 1960 als „Serie terza" auch vom Centro herausgegeben mit Schwerpunkt auf der Geistesgeschichte des Mittelalters; außerdem die „Biblioteca di Studi medievali".

In kurzem Abstand von der Gründung des Centro in Spoleto entstand 1955 im nicht weit von Spoleto entfernten Todi ein neuer Forschungs-Tagungsort, die Accademia Tudertina. Centro di studi sulla spiritualità medievale sotto gli auspici dell'università degli studi di Perugia. Noch mehr als in Spoleto werden in Todi geistesgeschichtliche Themen der mittelalterlichen „Spiritualität" behandelt. Zu erwähnen ist auch die Collana „Res Tudertinae" edita dalla Biblioteca capitolare di Todi.

Spoleto-Congressi

1951 I congresso internazionale di studi longobardi, Spoleto.
1952 2° congresso internazionale di studi sull'alto medioevo. (Grado-Aquilea-Gorizia-Cividale-Udine)
1956 3° congresso internazionale di studi sull'alto medioevo (Benevento-Montevergine-Salerno-Amalfi)
1967 4° congresso internazionale di studi sull'alto Medioevo: Pavia capitale di Regno. (Pavia)
1971 V congresso internazionale di studi sull'alto medioevo: Lucca e la Tuscia nell'alto medioevo (Lucca)
1978 VI congresso internazionale di studi sull'alto medioevo: Longobardi e Lombardia: Aspetti di civiltà longobarda. (Milano)

Spoleto-Settimane di Studio

1953 I. I problemi della civiltà carolingia.
1954 II. I problemi comuni dell'Europa Post-carolingia.
1955 III. I Goti in occidente: Problemi.
1956 IV. Il monachesimo nell'alto medioevo e la formazione della civiltà occidentale.

1957 V. Caratteri del secolo VII in occidente.
1959 VII. Le chiese nei regni dell'Europa occidentale e i loro rapporti con Roma sino all'800.
1961 IX. Il passagio dall'antichità al medioevo in occidente.
1962 X. La bibbia nell'alto medioevo.
1964 XII. L'islam e occidente nell'alto medioevo.
1966 XIV. La conversione al cristianesimo nell'Europa dell'alto medioevo.
1968 XVI. I Normanni e la loro espansione in Europa nell'alto medioevo.
1969 XVII. La storiografia altomedievale.
1971 XIX. La scuola nell'occidente latino dell'alto medioevo.
1972 XX. I problemi dell'occidente nel secolo VIII.
1974 XXII. La cultura antica nell'Occidente latino dal VII all'XI secolo.
1975 XXIII. Simboli e simbologia nell'alto medioevo.
1976 XXIV. Il matrimonio nella società altomedievale.
1978 XXVI. Gli ebrei nell'alto medioevo.
1979 XXVII. Nascità dell'Europa ed Europa carolingia: Un'equazione da verificare.

Todi. Convegni del centro di studi sulla spiritualità medievale

1951 I. Jacopone e il suo tempo.
1960 II. Spiritualità Cluniacense.
1962 III. L'attesa del età nuova nella spiritualità della fine del medioevo.
1963 IV. Pellegrinaggi e culto dei Santi in Europa fino alla I[a] crociata.
1967 V. Il dolore e la morte nella spiritualità dei secoli XII e XIII.
1968 VI. Chiesa e riforma nella spiritualità del secolo XI.
1969 VIII. Povertà e richezza nella spiritualità dei secoli XI e XII.
1973 IX. San Francesco nella, ricerca storica degli ultimi ottanta anni.
X. Raterio da Verona.
1974 XIV. San Bonaventura Francescano.
1977 XVIII. Culto cristiano e politica imperiale carolingia.

Dem Beispiele von Spoleto und Todi folgte im Jahre 1959 das Centro di studi medioevali der kath. Universität von Mailand mit den in dreijährigem Turnus abgehaltenen und bisher ausschließlich das XI und XII Jahrhundert betreffenden Settimane intern. di studio auf dem Mendelpaß. Die Themen der bisherigen Tagungen sind in den Anmerkungen 85–92 des ersten Abschnitts angeführt.

Bei diesen italienischen Unternehmungen ist die ausführliche Publikation der „Relazioni" und „Comunicazioni" und der jeweils anschließenden Diskussion sehr zu begrüßen. Die Fülle der Beiträge ist manchmal fast erdrückend und ungleichwertig, da auch junge Forscher mit Recht zu Wort kommen dürfen und auch Studenten Zutritt haben. Viele Probleme bleiben ungelöst, sind aber angeschnitten und zur Klärung vorbereitet, was vor allem die europäische Zusammensetzung der Teilnehmer bewirkt.

Von den in anderen Ländern fast zu gleicher Zeit entstandenen Forschungs-Zentren sei nur genannt: Konstanzer Arbeitskreis für mittelalterliche Geschichte, seit 1952 mit jährlichen großen und kleineren Tagungen mit internationaler Beteiligung. Vorwiegend stehen zur Behandlung: deutsche Geschichte des frühen und hohen

Mittelalters, besonders Verfassungsgeschichte, Rechtsgeschichte und Wirtschaftsgeschichte. Einige Tagungen, Themen und Ergebnisse sind auch für die Kirchengeschichte wichtig. Die Publikation erfolgt in der Reihe „Vorträge und Forschungen" mit Sonderbänden.

Von Bedeutung ist auch das junge Institut für Frühmittelalterforschung der Universität Münster mit seinem Jahrbuch „Frühmittelalterliche Studien".

In Frankreich sind zu nennen: Cahiers de civilisation médiévale, X^e^–XIIe siècles, Université de Poitiers. Von außerordentlicher Wichtigkeit für die Kirchengeschichte sind die Cahiers de Fanjeaux, die die Vorträge der jährlichen Tagungen seit 1966 enthalten, aufgezählt im Abschnitt III Anm. 39.

Anhang II

Papstliste des Mittelalters

In der Geschichte der Papstlisten spiegeln sich die verschiedenen, im Laufe der Jahrhunderte herrschenden Auffassungen über das Papsttum wider. Verwiesen sei nur auf zwei wichtige Gesichtspunkte:

1. Darstellung des geschichtlichen Befundes, soweit dies bei der jeweiligen Quellenlage möglich ist.
2. Von der dogmatischen und kanonistischen Basis ausgehend: Zurückdrängung und auch Verfälschung des geschichtlichen Befundes zugunsten der gerade herrschenden ekklesiologischen Doktrin bis zur Formulierung: Päpste und Gegenpäpste.

Was den historischen Befund angeht, so waren die später so genannten Gegenpäpste eben doch römische Bischöfe oder Päpste für einen mehr oder minder großen Teil der Christenheit, für bestimmte Gebiete und für eine bestimmte Zeit; und ihre Verwaltungsmaßnahmen und ihre Gnadenvermittlung wurde von ihren Anhängern anerkannt. Daß sie sich nicht auf die Dauer behaupten konnten, war das Ergebnis einer machtpolitischen Lösung, wenn auch vordergründig auf Synodalurteile und Schauprozesse und ähnliche Formen der Bewältigung der Vergangenheit verwiesen wurde. Diejenigen aber, die sich mit den gleichen politischen Mitteln durchsetzen konnten, wurden damals oder später als „rechtmäßige" Päpste angesehen und durch kuriale Sprachregelung und auch durch Kanonisation als solche empfohlen. Kein Zufall, daß gerade in der Zeit der Gegenreformation – ähnlich wie bei der Frage der Zählung der Allgemeinen Konzilien – die entsprechenden Männer am Werk waren.

Der zweite und meist vertretene Gesichtspunkt ist der Anspruch: Legitimität durch die „ununterbrochene Nachfolge" der römischen Bischöfe im imaginären Petrusamt nachweisen zu können. Wie in einer demnächst erscheinenden Untersuchung gezeigt wird, wurde aber schon durch das Konzil von Konstanz und vor allem durch die amtlichen Schriftstücke Martins V. unmittelbar nach Beginn seiner Regierung die ganze Epoche des Großen Schismas hinsichtlich der Rechtmäßigkeit der Päpste in den drei Obedienzen ausgeklammert. Während also in den Supplikenregistern und Bullenausfertigungen Martins V. die Päpste des Großen Schismas keinen Anspruch auf allgemeine Anerkennung erheben können und Inhaber der drei Obedienzen – also auch der als rechtmäßig ausgegebenen römischen – als „papa NN sic in sua obedientia nuncupatus" bezeichnet wurden, sind erst später die noch Jahrhunderte und bis auf unsere Zeit weiter wirkenden „Kriterien des kanonischen Rechtes und der Theologie" zum Zuge gekommen. Unter den neueren Listen Annuario Pontificio, RGG, R.W. Southern, Kirche und Gesellschaft im Abendland des Mittelalters, 1976, W. Ullmann, Kurze Geschichte des Papsttums im Mittelalter, 1978, trägt die von R. Bäumer bearbeitete Liste in [2]LThk 8, 1963, 54–59, dem historischen Befund am meisten Rechnung.

Die folgende Liste versucht unter Weglassung aller späteren Konstruktionen und der so unsicheren laufenden Zählung die jeweilige geschichtliche Situation wiederzugeben. Zum Problem: K. A. Fink, Zur Beurteilung des Großen abendländischen Schismas, in: ZKG 73, 1962, 335–343.

NB: Die mit + bezeichneten Namen gelten in den bisherigen Listen als Gegenpäpste.

Gregor I. der Große	590–604
Sabinian	604–606
Bonifatius IV.	608–615
Deusdedit	615–618
Bonifatius V.	619–625
Honorius I.	625–638
Severinus	640
Johannes IV.	640–642
Theodor I.	642–649
Martin I.	649–655
Eugen I.	654–657
Vitalian	657–672
Adeodat II.	672–676
Donus	676–678
Agatho	678–681
Leo II.	682–683
Benedikt II.	684–685
Johannes V.	685–686
Konon	686–687
Theodor +	687
Paschalis +	687
Sergius I.	687–701
Johannes VI.	701–705
Johannes VII.	705–707
Sisinnius	708
Konstantin I.	708–715
Gregor II.	715–731
Gregor III.	731–741
Zacharias	741–752
Stephan II.	752
Stephan III.	752–757
Paul I.	757–767
Konstantin +	767–769
Philipp +	768
Stephan III.	768–772
Hadrian I.	772–795
Leo III.	795–816
Stephan IV.	816–817
Paschalis I.	817–824
Eugen II.	824–827
Valentin	827
Gregor IV.	827–844
Johannes +	844
Sergius II.	844–847
Leo IV.	847–855
Benedikt III.	855–858
Anastasius Bibl. +	855
Nikolaus I.	858–867
Hadrian II.	867–872
Johannes VIII.	872–882
Marinus I.	882–884
Hadrian III.	884–885
Stephan V. (VI.)	885–891
Formosus	891–896
Bonifatius VI.	896
Stephan VI. (VII.)	896–897
Romanus	897
Theodor II.	897
Johannes IX.	898–900
Benedikt IV.	900–903
Leo V.	903
Christoforus +	903–904
Sergius III.	904–911
Anastasius III.	911–913
Lando	913–914
Johannes X.	914–928
Leo VI.	928
Stephan VII. (VIII.)	928–931
Johannes XI.	931–935
Leo VII.	935–939
Stephan VIII. (IX.)	939–942
Marinus II.	942–946
Agapit II.	946–955
Johannes XII.	955–963
Leo VIII.	963–965
Benedikt V.	964–966
Johannes XIII.	965–972
Benedikt VI.	973–974
Bonifatius VII. +	974–985
Benedikt VII.	974–983
Johannes XIV.	983–984
Johannes XV.	985–996

Gregor V.	996–999
Johannes XVI. +	997–998
Silvester II.	999–1003
Johannes XVII.	1003
Johannes XVIII.	1004–1009
Sergius IV.	1009–1012
Benedikt VIII.	1012–1024
Gregor VI. +	1012
Johannes XIX.	1024–1032
Benedikt IX.	1032–1044
Silvester III.	1045
Benedikt IX.	1045
Gregor VI.	1045–1046
Clemens II.	1046–1047
Benedikt IX.	1047–1048
Damasus II.	1048
Leo IX.	1049–1054
Victor II.	1055–1057
Stephan IX.	1057–1058
Benedikt X. +	1058–1059
Nikolaus II.	1059–1061
Alexander II.	1061–1073
Honorius II. +	1061–1072
Gregor VII.	1073–1085
Clemens III +	1080–1100
Victor III.	1086–1087
Urban II.	1088–1099
Paschalis II.	1099–1118
Theodoricus +	1100–1102
Albert +	1102
Silvester IV. +	1105–1111
Gelasius II.	1118–1119
Gregor VIII. +	1118–1121
Calixt II.	1119–1124
Honorius II.	1124–1130
Coelestin II. +	1124
Innozenz II.	1130–1143
Anaklet II. +	1130–1138
Victor IV. +	1138
Coelestin II.	1143–1144
Lucius II.	1144–1145
Eugen III.	1145–1153
Anastasius IV.	1153–1154
Hadrian IV.	1154–1159
Alexander III.	1159–1181
Victor IV. +	1159–1164
Paschalis III. +	1164–1168
Calixt III. +	1168–1178
Innozenz III. +	1179–1180
Lucius III.	1181–1185
Urban III.	1185–1187
Gregor VIII.	1187
Clemens III.	1187–1191
Coelestin III.	1191–1198
Innozenz III.	1198–1216
Honorius III.	1216–1227
Gregor IX.	1227–1241
Coelestin IV.	1241
Innozenz IV.	1243–1254
Alexander IV.	1254–1261
Urban IV.	1261–1264
Clemens IV.	1265–1268
Gregor X.	1271–1276
Innozenz V.	1276
Hadrian V.	1276
Johannes XXI.	1276–1277
Nikolaus III.	1277–1280
Martin IV.	1281–1285
Honorius IV.	1285–1287
Nikolaus IV.	1288–1292
Coelestin V.	1294
Bonifatius VIII.	1294–1303
Benedikt XI.	1303–1304
Clemens V.	1304–1314
Johannes XXII.	1316–1334
Nikolaus V. +	1328–1330
Benedikt XII.	1334–1342
Clemens VI.	1342–1352
Innozenz VI.	1352–1362
Urban V.	1362–1370
Gregor XI.	1370–1378

Großes abendländisches Schisma

Römische Obedienz

Urban VI.	1378–1389
Bonifatius IX.	1389–1404
Innozenz VII.	1404–1406
Gregor XII.	1406–1415

Avignoneser Obedienz

Clemens VII.	1378–1394
Benedikt XIII.	1394–1423

Pisaner Konzils-Obedienz

Alexander V.	1409–1410
Jonannes XXIII. sen.	1410–1415

Martin V.	1417–1431	
Eugen IV.	1431–1447	
Felix V. +	1439–1449	(Basler Konzilsobedienz)
Nikolaus V.	1447–1455	

Personenregister

Nachtrag

Das Manuskript wurde im Frühjahr 1980 abgeschlossen.

Bei der Drucklegung haben meine verehrten Kollegen Herr Prof. Rudolf Reinhardt (Tübingen) und Herr Prof. Georg Schwaiger (München) in vielfacher Form sehr geholfen. Dafür sei ihnen auch hier herzlich gedankt.

Auch dem Verlag, besonders Herrn Dr. Wieckenberg und Frau Kinzel-Amuser, bin ich zu großem Dank verpflichtet.

Tübingen, April 1981 K.A.F.

Buchanzeigen